中等职业教育会计类专业系列教材

商品流通企业会计核算实务

（修订版）

李　博　刘礼菊　主　编
王智莲　彭　娟　副主编
谢丽萍　主　审

科学出版社
北　京

内 容 简 介

本书遵循"以就业为向导"的职业教育思想，基于工作任务分析和企业岗位调研对内容进行编排，是中等职业学校会计专业培养适合商品流通企业会计岗位人员的专业教材。全书内容凸显模块化，共分七个模块，从结构上分为三个部分：第一部分介绍企业的基本情况及政策；第二部分是核心内容，结合商品流通企业的实际情况，分模块进行会计核算，包括数量进价金额、售价金额、电商贸易、连锁贸易四个模块的会计处理；第三部分进行相关税费及经营成果的核算处理，展示了商品流通企业核算的工作过程。本书贴近实际，涵盖最新的电商贸易、连锁贸易会计处理，具有较强的针对性和实用性，使学生在真实的情景下"学做一体"，缩短了学生就业的适应期。

本书可以作为中等职业技术学校会计专业的教材，也可以作为会计从业人员上岗、培训使用教材，还可以作为财经、金融等相关行业人士的自学用书。

图书在版编目（CIP）数据

商品流通企业会计核算实务（修订版）/李博，刘礼菊主编. —北京：科学出版社，2017.7

（中等职业教育会计类专业系列教材）

ISBN 978-7-03-053458-3

Ⅰ. ①商… Ⅱ. ①李… ②刘… Ⅲ. ①商品会计-中等专业学校-教材 Ⅳ. ①F715.51

中国版本图书馆 CIP 数据核字（2017）第 136651 号

责任编辑：任锋娟 王 琳 / 责任校对：赵丽杰
责任印制：吕春珉 / 封面设计：艺和天下

科学出版社 出版
北京东黄城根北街 16 号
邮政编码：100717
http://www.sciencep.com

铭浩彩色印装有限公司 印刷

科学出版社发行 各地新华书店经销

*

2017 年 7 月第 一 版 开本：787×1092 1/16
2021 年 1 月修 订 版 印张：14 1/4
2021 年 1 月第五次印刷 字数：337 000

定价：39.00 元

（如有印装质量问题，我社负责调换〈铭浩〉）
销售部电话 010-62136230 编辑部电话 010-62135763-2041

前　言

本书遵循“以就业为向导”的职业教育思想，执行财政部 2011 年颁布的《小企业会计准则》和 2016 年 5 月 1 日起全面实施“营改增”后的最新税收政策，基于工作任务分析和企业岗位调研对内容进行编排。

根据众多中职学校调研得知，中职毕业生大多在中小企业工作，而中小企业又以商品流通企业居多。近年来，商品流通企业中的电商企业、加盟连锁企业迅猛发展，而目前既适用中职学生又涵盖电商、加盟连锁业务并执行全面“营改增”税收政策的商品流通企业会计教材十分少，基于此，本书应运而生。

本书以简练的文字阐述了商品流通企业会计的基本理论和基本方法，通过模拟小企业佛山市乐华贸易有限公司会计岗位的典型工作任务来构建学习内容，每项工作任务均选择小企业日常发生的经济业务作为案例。本书涵盖了最新的电商贸易、连锁贸易会计处理，介绍了职业岗位技能知识，同时每个案例均附有仿真原始凭证。全书包括 7 个模块、16 个任务和 43 个活动，每个活动均是商品流通业会计日常工作内容，通过知识链接、活动描述、活动指导、活动拓展和学习与评价等栏目，引导学习者学习和动手操作，将小企业会计核算的法规制度的学习与职业技能的训练完全置于职业情境当中，使学生在真实的情境下“学做一体”。

与传统商品流通企业会计教材相比，本书具有以下几个特点。

（1）教材与时俱进。本书执行《小企业会计准则》和全面“营改增”后的最新税收政策，使教材内容能适应当前会计实务和经济发展新变化。

（2）内容通俗易懂，凸显模块化。本书理论与实践相结合，工作过程与教学过程相对接，充分考虑中职学生的认知规律和岗位定位，以大量仿真的原始凭证反映商品流通企业经济业务的发生。这样，学生在真实的情境下进行岗位核算学习，能提高动手能力，尽量做到与实际工作一致，逐步提高职业判断能力。在文字内容的表达上，力求做到直观、简练、深入浅出、通俗易懂。

（3）实用性强。本书以典型商品流通企业作为编写对象，以同一会计主体（加盟连锁店除外）涵盖传统商品流通企业核算、电商核算、连锁核算等内容，以新颖的结构真正做到所学即所用。

（4）讲练结合。本书每个任务后面配有学习与评价栏目，便于学生自主学习和检测学习效果（答案可登录出版社网站 www.abook.cn 下载），使其在短期内能更好地将专业理论知识转化为自己的职业技能。

本书建议学时为 80 学时，具体学时分配见下表，仅供参考。

模块	学时分配			
	讲授	实训	机动	合计
模块一　认识小微商品流通企业执行的会计政策	2	2		4
模块二　数量进价金额核算	10	6		16
模块三　售价金额核算	12	8		20
模块四　处理电商模式下商品流转的会计核算业务	6	4		10
模块五　处理连锁经营模式下商品流转的会计核算业务	5	5		10
模块六　费用、税金及利润的核算	4	6		10
模块七　财务报表编制	3	5		8
机动			2	2
合计	42	36	2	80

本书由李博、刘礼菊担任主编，王智莲、彭娟担任副主编。具体的编写分工如下：刘礼菊负责模块一、模块五的编写；王智莲负责模块二的编写；彭娟负责模块三的编写；李博负责模块四的编写；张金菊负责模块六的编写；李黎负责模块七的编写。全书由谢丽萍负责主审，李博负责总纂。

在本书的编写过程中，编者征求了财经类学校一线老师的意见，并得到部分商品流通企业会计岗位人员，尤其是电商、连锁会计岗位人员的鼎力支持，在此一并表示感谢。

由于编者专业水平和实践经验有限，书中不足之处在所难免，敬请读者批评指正，以便日后修正。

目 录

模块一　认识小微商品流通企业执行的会计政策

我国企业会计准则体系是由适用于大中型企业的《企业会计准则》与适用于小微型企业的《小企业会计准则》共同构成的。我国境内每一家企业都要根据自身所处行业和相关法律的规定，选择本企业会计核算应执行的会计准则以及会计政策。

任务　认识佛山市乐华贸易有限公司

学习目标

（1）能够按照标准判断企业的规模。
（2）了解我国企业会计准则体系构成。
（3）了解《小企业会计准则》的适用范围。
（4）能够说出目前商品流通企业的类型。
（5）熟悉商品流通企业库存商品的核算方法。
（6）了解营改增及增值税会计处理规定相关知识。
（7）培养对职业的认同感，树立爱岗敬业的意识。

知识链接

《小企业会计准则》适用范围的规定

1. 小企业的划分标准

小企业是我国国民经济和社会发展的重要力量，具体包括中型、小型、微型企业三种类型。促进小企业发展，是保持国民经济平稳较快发展的重要基础，是关系民生和社会稳定的重大战略任务。为了给予小企业更多税收优惠、专项支持、清理减免收费等针对性和有效性的政策支持，工业和信息化部、国家统计局、国家发展和改革委员会、财政部经国务院同意于 2011 年 6 月 18 日发布《中小企业划型标准规定》。根据企业从业人员、资产总额、营业收入等指标，结合行业特点规定了农林牧渔业、工业等十六个行业中型、小型和微型企业的划型标准，具体如表 1.1 所示。

表 1.1　中、小、微型企业的划型标准

序号	行业	类型	划分指标			划型关系
			从业人员 X/人	资产总额 Y/万元	营业收入 Z/万元	
1	农、林、牧、渔业	中型	—	—	$500 \leqslant Z < 20\,000$	—
		小型			$50 \leqslant Z < 500$	
		微型			$Z < 50$	

续表

序号	行业	类型	划分指标			划型关系
			从业人员 X/人	资产总额 Y/万元	营业收入 Z/万元	
2	工业	中型	$300\leqslant X<1\,000$	—	$2\,000\leqslant Z<40\,000$	两者同时满足
		小型	$20\leqslant X<300$		$300\leqslant Z<2\,000$	两者同时满足
		微型	$X<20$		$Z<300$	两者满足其一
3	建筑业	中型	—	$5\,000\leqslant Y<80\,000$	$6\,000\leqslant Z<80\,000$	两者同时满足
		小型		$300\leqslant Y<5\,000$	$300\leqslant Z<6\,000$	两者同时满足
		微型		$Y<300$	$Z<300$	两者满足其一
4	批发业	中型	$20\leqslant X<200$	—	$5\,000\leqslant Z<40\,000$	两者同时满足
		小型	$5\leqslant X<20$		$1\,000\leqslant Z<5\,000$	两者同时满足
		微型	$X<5$		$Z<1\,000$	两者满足其一
5	零售业	中型	$50\leqslant X<300$	—	$500\leqslant Z<20\,000$	两者同时满足
		小型	$10\leqslant X<50$		$100\leqslant Z<500$	两者同时满足
		微型	$X<10$		$Z<100$	两者满足其一
6	交通运输业	中型	$300\leqslant X<1\,000$	—	$3\,000\leqslant Z<30\,000$	两者同时满足
		小型	$20\leqslant X<300$		$200\leqslant Z<3\,000$	两者同时满足
		微型	$X<20$		$Z<200$	两者满足其一
7	仓储业	中型	$100\leqslant X<200$	—	$1\,000\leqslant Z<30\,000$	两者同时满足
		小型	$20\leqslant X<100$		$100\leqslant Z<1\,000$	两者同时满足
		微型	$X<20$		$Z<100$	两者满足其一
8	邮政业	中型	$300\leqslant X<1\,000$	—	$2\,000\leqslant Z<30\,000$	两者同时满足
		小型	$20\leqslant X<300$		$100\leqslant Z<2\,000$	两者同时满足
		微型	$X<20$		$Z<100$	两者满足其一
9	住宿业	中型	$100\leqslant X<300$	—	$2\,000\leqslant Z<10\,000$	两者同时满足
		小型	$10\leqslant X<100$		$100\leqslant Z<2\,000$	两者同时满足
		微型	$X<10$		100	两者满足其一
10	餐饮业	中型	$100\leqslant X<300$	—	$2\,000\leqslant Z<10\,000$	两者同时满足
		小型	$10\leqslant X<100$		$100\leqslant Z<2\,000$	两者同时满足
		微型	$X<10$		$Z<100$	两者满足其一
11	信息传输业	中型	$100\leqslant X<2\,000$	—	$1\,000\leqslant Z<10\,000$	两者同时满足
		小型	$10\leqslant X<100$		$100\leqslant Z<1000$	两者同时满足
		微型	$X<10$		$Z<100$	两者满足其一
12	软件和信息技术服务业	中型	$100\leqslant X<300$	—	$1\,000\leqslant Z<10\,000$	两者同时满足
		小型	$10\leqslant X<100$		$50\leqslant Z<1000$	两者同时满足
		微型	$X<10$		$Z<50$	两者满足其一
13	房地产开发经营	中型	—	$5\,000\leqslant Y<10\,000$	$1\,000\leqslant Z<200\,000$	两者同时满足
		小型		$2\,000\leqslant Y<5\,000$	$100\leqslant Z<1\,000$	两者同时满足
		微型		$Y<2\,000$	$Z<100$	两者满足其一
14	物业管理	中型	$300\leqslant X<1\,000$	—	$1\,000\leqslant Z<5\,000$	两者同时满足
		小型	$100\leqslant X<300$		$500\leqslant Z<1000$	两者同时满足
		微型	$X<100$		$Z<500$	两者满足其一
15	租赁和商务服务业	中型	$100\leqslant X<300$	$8\,000\leqslant Y<12\,000$	—	两者同时满足
		小型	$10\leqslant X<100$	$100\leqslant Y<8\,000$		两者同时满足
		微型	$X<10$	$Y<100$		两者满足其一
16	其他未列明行业	中型	$100\leqslant X<300$	—	—	—
		小型	$10\leqslant X<100$			
		微型	$X<10$			

备注：

（1）工业：包括采矿业、制造业、电力、热力、燃气及水生产和供应业；

（2）交通运输业：不包括铁路运输业；

（3）信息传输业：包括电信、互联网和相关服务；

（4）其他未列明行业：包括科学研究和技术服务业，水利、环境和公共设施管理业，居民服务、修理和其他服务业，社会工作，文化、体育和娱乐业等五个行业。

2.《小企业会计准则》的适用范围

为了规范小企业会计确认、计量和报告行为，促进小企业可持续发展，发挥小企业在国民经济和社会发展中的重要作用，财政部于 2011 年制定并发布了《小企业会计准则》，这标志着由适用于大中型企业的《企业会计准则》与适用于小企业的《小企业会计准则》共同构成的企业会计准则体系基本建成。

《小企业会计准则》第二条规定："本准则适用于在中华人民共和国境内依法设立的、符合《中小企业划型标准规定》所规定的小型企业标准的企业。"

小企业中若存在以下三类例外情形，应执行《企业会计准则》。

（1）股票或债券在市场上公开交易的小企业。具体包括：①已经在深圳证券交易所中小板和创业板上市的小企业；②已经在上海证券交易所和深圳证券交易所发行公司债券的小企业；③已经发行企业债券的小企业；④已经在境外股票上市的小企业；⑤预期在上海证券交易所或深圳证券交易所或境外上市的小企业和预期发行企业债券或公司债券的小企业。这类小企业实际上已经成为公众公司，承担着社会公众受托责任，受到法律和政府的监管，其财务报表的外部使用者主要是投资者、债权人和社会公众等，这些外部使用者不参与企业的经营管理。根据我国有关股票或债券公开发行和交易的规定，这类企业应当依据《企业会计准则》编制财务报告，进行报送并且定期向社会公开其财务报告。

（2）金融机构或其他具有金融性质的小企业。包括：非上市小型金融机构，具有金融性质的小型基金，如小型投资基金等。这类小企业实质上具有金融业务性质，其共同的特点是：以不同方式受托持有和管理他人的资金，并且对委托人都负有保证资金安全和收益的责任和义务，受到法律和政府的监管，其财务报表的外部使用者主要是投资者、债权人和社会公众，这些外部使用者不参与企业的经营管理。

（3）企业集团内的母公司和子公司。母公司这类小企业需要对外提供合并财务报表。子公司这类小企业需要将其财务报表纳入集团的合并财务报表。也就是说，企业集团内的母公司和子公司不论规模大小均要执行《企业会计准则》。

活动一 认知佛山市乐华贸易有限公司的基本情况

活动描述

2014 年 6 月 8 日，乐华注册成立佛山市乐华贸易有限公司。会计主管黄小美按期到国家税务总局佛山市新城区税务分局办理了税务登记证后，登录国家税务总局广东省电子税务局录入公司的基本资料，佛山市乐华贸易有限公司的基本资料见表 1.2。

表 1.2 佛山市乐华贸易有限公司的基本资料

<table>
<tr><td>企业名称</td><td colspan="5">佛山市乐华贸易有限公司</td></tr>
<tr><td>统一社会信用代码</td><td colspan="2">440103190488800123</td><td>行业</td><td colspan="2">商品流通企业</td></tr>
<tr><td>主营项目类别</td><td colspan="5">家具</td></tr>
<tr><td>经营范围</td><td colspan="5">家具批发贸易（许可审批类商品除外）；家具零售贸易（许可审批类商品除外）</td></tr>
<tr><td>商事主体类型</td><td colspan="2">有限责任公司（自然人投资或控股）</td><td>成立日期</td><td colspan="2">2014 年 6 月</td></tr>
<tr><td>注册资金</td><td colspan="2">人民币壹佰万元</td><td>法人代表</td><td colspan="2">乐华</td></tr>
<tr><td>经营场所</td><td colspan="2">佛山市新城区中山九路 12 号</td><td>电话</td><td colspan="2">0757-83000025</td></tr>
<tr><td>开户银行</td><td colspan="2">佛山市建行新城区支行</td><td>账号</td><td colspan="2">4402123596217954（基本存款户）</td></tr>
<tr><td rowspan="3">财务人员</td><td>会计主管</td><td>黄小美</td><td>会计</td><td colspan="2">管彰</td></tr>
<tr><td rowspan="2">出纳</td><td colspan="4">钱前，身份证号：440606198205024681</td></tr>
<tr><td colspan="4">发证机关：佛山市公安局乐从分局</td></tr>
<tr><td>执行会计制度</td><td colspan="5">《小企业会计准则》</td></tr>
<tr><td>从业人员</td><td colspan="5">18 人（名单略）</td></tr>
</table>

公司组织机构情况：设立财务部、门店中心、连锁中心、电商中心等部门。

各部门的工作职责：财务部设会计主管、会计、出纳员三个岗位，主要负责货款及往来款结算、及时将营业款送存银行、正确计算成本、核算经济业务、申报纳税、及时向管理层提供财务信息资料等；门店中心主要负责大宗商品的销售、零售及采购管理；其连锁中心负责加盟连锁管理，本市有一家特许加盟连锁店；电商中心负责网上销售，开设的网店店铺为 7 号店。

活动指导

1）录入公司的基本资料

根据企业法人营业执照等相关资料，登录国家税务总局广东省电子税务局（https://etax.guangdong.chinatax.gov.cn/xxmh/），凭用户名、密码进入本企业页面，录入公司的相关资料。

2）确定适用的会计制度

佛山市乐华贸易有限公司是一家商品流通企业，从业人数为 18 人。根据《中小企业划型标准规定》的行业标准进行判断，佛山市乐华贸易有限公司属于小型企业，应执行《小企业会计准则》。

活动二 认知佛山市乐华贸易有限公司的会计政策

活动描述

佛山市乐华贸易有限公司的财务人员，认真学习《小企业会计准则》《小企业会计准则释义》，并根据生产经营的实际情况制定本公司的会计政策。

活动指导

1）佛山市乐华贸易有限公司执行《小企业会计准则》和现行税法

（1）大宗销售部门按照进价金额核算。

（2）零售部门按照售价金额核算。

（3）电商中心划分为在线付款至担保方和直接收款两种模式核算。

（4）连锁企业采用特许加盟经营模式核算，采购按进价金额核算。

（5）资产损失实际发生时予以确认。

（6）损益核算采用账结法。

2）税费核算

（1）经国家税务总局佛山市新城区税务分局确认该企业为一般纳税人，增值税税率为 13%，假设本书取得的增值税专用发票均通过认证。

（2）经国家税务总局佛山市新城区税务分局核定：城市维护建设税税率为 7%，教育费附加税率为 3%，企业所得税税率为 25%。企业所得税按季预缴，全年汇算清缴。

学习与评价

1. 判断题

（1）我国会计准则分为《企业会计准则》和《小企业会计准则》。（　　）

（2）企业划分标准是按收入总额来划分的。（　　）

（3）商品流通企业只能适用《小企业会计准则》。（　　）

2. 单项选择题

佛山市乐华贸易有限公司的目标是成为上市公司，但现阶段应该执行（　　）。

A．会计制度　　B．会计准则

C．小企业会计准则　　D．基本会计准则

3. 多项选择题

下列小企业中，应该执行会计准则的是（　　）。

A．发现股票在股票市场交易的企业　　B．外资个人企业

C．小型融资公司　　D．上市公司独立核算的门店

模块二　数量进价金额核算

数量进价金额核算是以实物数量和进价金额两种指标来反映商品流通过程及其结果的一种核算方法。这种核算商品购、销、存的方法，主要为商业批发企业所采用。图 2.1 为采购员采购商品的情境图。

图 2.1　采购员采购商品的情境图

任务一　批发企业购进商品的核算

学习目标

（1）了解批发企业购进商品的分类。

（2）了解批发企业购进商品的成本计量标准。

（3）能够正确处理批发企业购进商品的业务核算。

（4）初步树立内部控制的意识。

知识链接

批发企业购进商品核算的法规制度

批发企业大批地向工农业生产部门采购商品，又成批地供应出去，将社会产品从生产领域转入流通领域和再生产领域，它是工业与农业、地区与地区、生产企业与零售企业之间的纽带。批发企业需要储备一定数量的商品，随时掌握各种商品进、销、存的数量和结存金额；同时，批发企业又经营着大宗的商品购销活动，虽然交易次数较少，而每次的成交额却较大，且每次交易都必须填制各种有关凭证，以反映和控制商品的交易活动。因此，批发企业一般采用数量进价金额核算。

一、批发企业购进商品的分类

商品购进是业务流程的起点，为商品销售和储存提供物质基础。批发企业商品购进的渠道包括向工农业生产部门购进，向其他商品流通小企业购进，接收进口等。批发企业商品购进按照进货地区的不同，可分为同城购进和异地购进。

（1）同城购进。一般情况下，同城购进的商品，由于与供货方在同一城市，商品验收与货款结算在同一天内办理，因此，同城购进一般采用提货制或送货制的交接货方式。货款结算大多采用支票结算、商业汇票、委托收款等结算方式。

（2）异地购进。由于企业与供货方不在同一城市，商品由供货方委托运输单位运输或供货方运输，运费一般由供货方代垫，最后由购货方负担或供货方、购货方按比例负担。异地购进一般采用发货制的交接货方式。货款结算大多采用托收承付、银行汇票、网银转账等结算方式。

二、批发企业购进商品的成本计量

《小企业会计准则》第十二条规定："小企业取得的存货，应当按照成本进行计量。""外购存货的成本包括：购买价款、相关税费、运输费、装卸费、保险费以及在外购存货过程中发生的其他直接费用，但不含按照税法规定可以抵扣的增值税进项税额。"

小企业（批发业、零售业）在购买商品过程中发生的运输费、装卸费、包装费、保险费、运输途中的合理损耗和入库前的挑选整理费等，在发生时直接计入当期销售费用，不计入所购商品的成本。

三、批发企业购进商品核算的账户

1）"库存商品"账户

"库存商品"账户属于资产类账户，用于核算企业全部的自有库存商品的价值，包括存放在仓库、门市部和寄存在外库的商品，委托其他单位代管、代销的商品，陈列展览的商品等。库存商品的核算分总账和明细账，总账反映商品进价总额，库存商品明细账按商品的种类、名称、规格和存放地点进行设置，核算各种商品的数量和进价金额。该账户结构如图 2.2 所示。

借　　　　库存商品（资产类）	贷
购入、加工回收、上月销售退回验收入库、盘盈的商品价值	按商品进货原价计算并结转的已销商品进价成本，加工拨出、盘亏减少的商品价值
期末余额：库存商品进货原价的结余数额	

图 2.2 "库存商品"账户结构

2）“在途物资”账户

“在途物资”账户属于资产类账户，用于核算企业在运输途中尚未验收入库的在途商品的进价成本。该账户按照供货单位或商品类别等设置明细账，进行明细分类核算。该账户结构如图 2.3 所示。

借　　在途物资（资产类）	贷
已支付货款但尚未验收入库的在途商品进价成本	商品验收入库的成本
期末余额：企业在途商品的进价成本	

图 2.3 “在途物资”账户结构

3）“销售费用”账户

“销售费用”账户属于损益类账户，在商品流通企业中，该账户用于核算在购买商品过程中发生的运输费、装卸费、包装费、保险费、运输途中的合理损耗和入库前的挑选整理费以及销售商品过程中发生的各种费用。期末，结转后本科目无余额。该账户结构如图 2.4 所示。

借　　销售费用（损益类）	贷
购进商品发生的各种费用 销售部门发生的各种费用 支付代销商品手续费	期末，结转入本年利润科目的余额

图 2.4 “销售费用”账户结构

4）“银行存款”账户

“银行存款”账户属于资产类账户，用于核算商品流通企业存入银行或其他金融机构的各种款项。企业按开户银行、存款种类分别设置“银行存款日记账”，进行明细分类核算。该账户结构如图 2.5 所示。

借　　银行存款（资产类）	贷
登记存款的增加数	登记存款的减少数
期末余额：存款的结存余额	

图 2.5 “银行存款”账户结构

5）“应交税费——应交增值税”账户

“应交税费——应交增值税”账户属于负债类账户，用于核算小企业计算与缴纳增值税的情况。小企业一般纳税人“应交税费——应交增值税”的明细账主要设置“进项税额”“已交税金”“销项税额”“进项税额转出”“出口退税”等专栏进行核算。该账户结构如图 2.6 所示。

借	应交税费——应交增值税（负债类） 贷
支付的进项税额 上交税款	收取的销项税额 转出的进项税额 出口产品退税
期末余额：留待下期抵扣的进项税额	欠交增值税额

图 2.6 “应交税费——应交增值税”账户结构

小提示

《增值税会计处理规定》指出，增值税一般纳税人应在“应交增值税”明细账内设置“进项税额”“销项税额抵减”“已交税金”“转出未交增值税”“减免税款”“出口抵减内销产品应纳税额”“销项税额”“出口退税”“进项税额转出”“转出多交增值税”等专栏。

6）“预付账款”账户

“预付账款”账户属于资产类账户，用来核算企业按照购销合同规定预先支付给供货单位的货款。月末该明细账如有贷方余额，应填列在“资产负债表”上负债方“应付账款”项目内。该账户结构如图 2.7 所示。

借	预付账款（资产类） 贷
支付预付款项 补付款项	购买商品时应付的价款
期末余额：尚未结算的预付款项	

图 2.7 “预付账款”账户结构

活动一 同城商品购进的核算

活动（一） 单货同到

活动描述

2019 年 8 月 2 日，佛山市乐华贸易有限公司采购部采购一批商务座椅等，商品已验收入库（图 2.8）。财务部门根据收到的发票（图 2.9）开出支票（图 2.10）付款。

商品验收单

供货单位：欣美家具有限公司

收货单位：佛山市乐华贸易有限公司配送中心　　2019 年 8 月 2 日　　收字第 01 号

商品货号	品名规格	单位	实收（进价）		
			数量	单价	金额
	M06 会议椅	张	200	125.00	25 000.00
	M80 会议椅	张	300	150.00	45 000.00
	培训桌	张	200	80.00	16 000.00
	204#实木培训台	张	80	720.00	57 600.00
合计					143 600.00
备注			商品送货制		

复核：　　会计：管彰　　验收人：钟明　　制单：张华

图 2.8　商品验收单

4400114140　　**广东增值税专用发票**　　No. 24888945

发票联

开票日期 2019 年 08 月 02 日

购货单位	名　　称：佛山市乐华贸易有限公司 纳税人识别号：440103190488800123 地 址、电 话：佛山新城中山九路 12 号，0757-83000025 开户行及账号：佛山市建行新城区支行，4002123596217954					密码区	（略）
货物或应税劳务名称	规格型号	单位	数 量	单 价	金 额	税率	税 额
M06 会议椅		张	200	125.00	25 000.00	13%	3 250.00
M80 会议椅		张	300	150.00	45 000.00	13%	5 850.00
培训桌		张	200	80.00	16 000.00	13%	2 080.00
204#实木培训台		张	80	720.00	57 600.00	13%	7 488.00
合　计					¥143 600.00		¥18 668.00
价税合计（大写）	⊗壹拾陆万贰仟贰佰陆拾捌圆整				（小写）¥162 268.00		
销货单位	名　　称：欣美家具有限公司 纳税人识别号：410188816763087123 地 址、电 话：佛山市德富路 10 号，0757-28004390 开户行及账号：工行德富路支行 4309201278637856					备注	欣美家具有限公司 410188816763087123 发票专用章

第三联：发票联 购货方记账凭证

收款人：陈霞红　　复核：邓鸿　　开票人：李辉　　销货单位（章）

注：抵扣联略，以下同。

图 2.9　增值税专用发票

中国建设银行
支票存根
100322355
58900868
附加信息
出票日期：2019 年 08 月 02 日
收款人：欣美家具有限公司
金额：¥162 268.00
用途：货款
单位主管　乐华　　会计　管彰

图 2.10　支票存根

活动指导

商品购进是批发企业商品流通的起点。小企业（批发企业、零售业）商品采购成本包括买价和相关税费，其中，相关税费是指关税、消费税、资源税、不能抵扣的增值税等。购买商品过程中发生的运输费、装卸费、包装费、保险费、运输途中的合理损耗和入库前的挑选整理费等，在发生时直接计入当期销售费用，不计入所购商品的成本。

本业务的商品采购成本是增值税专用发票上的商品购买价 143 600 元。根据货物增值税专用发票（发票联）、支票（存根联）及商品验收单（财会联）作出账务处理（表 2.1）。

表 2.1　记账凭证

日期	摘要	会计分录	附件
2019-8-2	采购商品，商品已验收入库	借：库存商品——M06 会议椅　25 000.00 ——M80 会议椅　45 000.00 ——培训桌　16 000.00 ——204#实木培训台　57 600.00 应交税费——应交增值税（进项税额）18 668.00 贷：银行存款　162 268.00	3

活动拓展

续上述业务资料中，佛山市乐华贸易有限公司向欣美家具有限公司购进的家具已运到，配送中心在验收时，发现 M80 会议椅溢余 12 张，204#实木培训台少 5 张，原因待查。购进家具发生溢余和短缺，应由配送中心和运输部门一起作出详细的记录和鉴定，并填制商品发生溢缺报告单（图 2.11）。

商品发生溢缺报告单

收货单位：佛山市乐华贸易有限公司

供货单位：欣美家具有限公司　　2019 年 8 月 2 日　　发货单位编号：Y1023

货号	品名规格	单位	应收数量	实收数量	溢余		短缺	
					数量	金额	数量	金额
M80 会议椅		张	300	312	12	1 800.00		
204#实木培训台		张	80	75			5	3 600.00
原因	待查							
处理意见	领导批示		财会部门意见			经办人意见		

图 2.11　商品发生溢缺报告单

购进商品发生溢余或短缺的原因很多，有的可能是由于商品本身的性能或自然条件的变化而造成的商品自然升溢或损耗，有的是由于工作失误造成的多发或少发，或者由运输部门失职造成的丢失、破坏等。对于购进商品发生溢余或短缺，未查明原因前，先通过“待处理财产损溢——待处理流动资产损溢”账户核算，经查明原因再转销此账户。在年末结转前处理完毕，处理后本账户无余额。该账户结构如图 2.12 所示。

借　　待处理财产损溢——待处理流动资产损溢	贷
① 商品短缺发生数 ② 商品溢余转销数	① 商品溢余发生数 ② 商品短缺转销数

图 2.12 “待处理财产损溢——待处理流动资产损溢”账户结构

（1）M80 会议椅验收入库，按实收数量入库，实收金额入账，溢余原因待查。

① 借：库存商品——M80 会议椅　　46 800.00

　　应交税费——应交增值税（进项税额）　　5 850.00

　　贷：银行存款　　50 850.00

　　　　待处理财产损溢——待处理流动资产损溢　　1 800.00

② 查明原因，系供货方多发商品，经与供货方联系，同意补作购进，货款及税款（单据略）已汇出，编制如下会计分录：

借：待处理财产损溢——待处理流动资产损溢　　1 800.00

　　应交税费——应交增值税（进项税顿）　　234.00

　　贷：银行存款　　2 034.00

小提示

如果商品自然升溢，增加商品数量，不增加金额，即总成本不变，调减单位成本，如果已做处理前分录，应做冲销分录。

借：待处理财产损溢——待处理流动资产损溢（溢余金额）

　　贷：库存商品——某某商品（溢余金额）

（2）204#实木培训台验收入库，发生短缺，原因待查。

① 借：库存商品——204#实木培训台　　54 000.00
　　待处理财产损溢——待处理流动资产损溢　　3 600.00
　　应交税费——应交增值税（进项税额）　　7 488.00
　　贷：银行存款　　65 088.00

② 查明原因，系运输途中发生的责任事故，按照运输合同规定，应由运输部门负担。根据《增值税暂行条例》第十条规定，“非正常损失的购进货物，以及相关的劳务和交通运输服务”“非正常损失的在产品、产成品所耗用的购进货物（不包括固定资产）、劳务和交通运输服务”的进项税额，不得从销项税额中抵扣。非正常损失仅限于因管理不善造成被盗、丢失、霉烂变质以及因违反法律法规造成货物或者不动产被依法没收、销毁、拆除的情形。

此业务的短缺属于管理不善造成的非正常损失，进项税额需要转出。

借：其他应收款——运输部门　　4 068.00
　贷：待处理财产损溢——待处理流动资产损溢　　3 600.00
　　应交税费——应交增值税（进项税额转出）　　468.00

小提示

此外，其他几种短缺的账务处理，如下所示：

① 如果系运输途中合理损耗，在发生时直接计入当期销售费用，不计入所购商品成本，如果已做处理前分录，此时应做分录如下：

借：销售费用
　贷：待处理财产损溢——待处理流动资产损溢（短缺金额）

② 如果系供货方少发商品，可由供货方补发商品，或退还货款。

③ 如果系自然灾害造成的损失，应做分录如下：

借：其他应收款——保险公司（可获得理赔的金额）
　营业外支出　　（净损失）
　库存现金　　（残值收入）
　贷：待处理财产损溢——待处理流动资产损溢（短缺金额）

活动（二）　单到货未到

活动描述

（1）2019 年 8 月 7 日，佛山市乐华贸易有限公司采购部采购一批商品，发票账单已收到，商品尚在途中。财务部门根据收到的发票（图 2.13 和图 2.14）支付货款（图 2.15）。

4400114140　　　　No. 24888907

广东增值税专用发票

发票联

开票日期2019年 08月07日

购货单位	名　　　称：佛山市乐华贸易有限公司 纳税人识别号：440103190488800123 地 址、电 话：佛山新城中山九路12号，0757-83000025 开户行及账号：佛山市建行新城区支行，4002123596217954	密码区	（略）				
货物或应税劳务名称	规格型号	单位	数 量	单 价	金　额	税率	税　额
儿童松木床		张	180	253.00	45 540.00	13%	5 920.20
炫彩时尚衣架		个	200	30.00	6 000.00	13%	780.00
实木矮凳		张	100	980.00	98 000.00	13%	12 740.00
合　计					¥149 540.00		¥19 440.20
价税合计（大写）	⊗壹拾陆万捌仟玖佰捌拾圆贰角整				（小写）¥168 980.20		
销货单位	名　　　称：欣美家具有限公司 纳税人识别号：410188816763087123 地 址、电 话：佛山市德富路10号，0757-28004390 开户行及账号：工行德富路支行 4309201278637856	备注	欣美家具有限公司 410188816763087123 发票专用章				

收款人：陈霞红　　复核：邓鸿　　开票人：李辉　　销货单位（章）

第三联：发票联　购货方记账凭证

图2.13　增值税专用发票（一）

4400246233　　　　No.032542111

广东增值税专用发票

发票联

开票日期2019年 08月07日

购货单位	名　　　称：佛山市乐华贸易有限公司 纳税人识别号：440103190488800123 地 址、电 话：佛山新城中山九路12号，0757-83000025 开户行及账号：佛山市建行新城区支行，4002123596217954	密码区	（略）				
货物或应税劳务名称	规格型号	单位	数 量	单 价	金　额	税率	税　额
运输费用					18 000.00	9%	1 620.00
合　　　计					¥18 000.00		¥1 620.00
价税合计（大写）	⊗壹万玖仟陆佰贰拾圆整				（小写）¥19 620.00		
销货单位	名　　　称：佛山市宏达运输公司 纳税人识别号：463087101888167123 地 址、电 话：佛山市天虹路18号，0757-28911971 开户行及账号：工行天虹路支行 4002255742851792	备注	佛山市宏达运输公司 463087101888167123 发票专用章				

收款人：李红　　复核：邓鸿　　开票人：李辉兵　　销货单位（章）

第三联：发票联　购货方记账凭证

图2.14　增值税专用发票（二）

委托收款（付款通知）

No. 120145

委托日期 2019 年 8 月 7 日　　付款日期 2019 年 8 月 7 日

付款人	全称	佛山市乐华贸易有限公司	收款人	全称	欣美家具有限公司								
	账号	4002123596217954		账号	4309201278637856								
	开户银行	建行新城区支行		开户银行	工行德富路支行								
委托金额	人民币（大写）	壹拾捌万捌仟陆佰元贰角整		千	百	十	万	千	百	十	元	角	分
					¥	1	8	8	6	0	0	2	0
款项内容	货款	委托收款凭据名称	发票	附寄单证张数	2								
商品发运情况		已发运		合同名称号码	003								
备注： 付款人开户银行收到日期 2019 年 8 月 7 日 复核　记账		付款人开户行银行签章 2019 年 8 月 7 日		付款人注意： 1．根据支付结算办法，上列委托收款（托收承付）款项在付款期限内未提出拒付，即视为同意付款，以此代付款通知。 2．如需提出全部或部分拒付，应在规定期限内，将拒付理由书并附债务证明退交开户银行。									

此联为收款人开户银行给付款人按期付款的通知

全国统一发票监制章　国家税务总局监制

中国建设银行股份有限公司　佛山市新城支行　★ 2019.08.07 ★　业务办理章

图 2.15　委托收款

（2）2019 年 8 月 13 日，收到 8 月 7 日所购商品的商品验收单（图 2.16）。

商品验收单

供货单位：欣美家具有限公司

收货单位：佛山市乐华贸易有限公司配送中心　　2019 年 8 月 13 日　　收字第 02 号

货号	品名	单位	实收（进价）			实收（零售）			商品进销差价
			数量	单价	金额	数量	单价	金额	
	儿童松木床	张	180	253.00	45 540.00				
	炫彩时尚衣架	个	200	30.00	6 000.00				
	实木矮凳	张	100	980.00	98 000.00				
备注：									

复核：　　会计：管彰　　验收人：钟明　　制单：张华

第二联　财会联

图 2.16　商品验收单

活动指导

（1）根据《小企业会计准则》的规定，该业务在购买商品过程中发生的运输费在发生时直接计入当期销售费用，不计入所购商品的成本。因此，商品采购成本是由增值税专用发票上商品的买价所构成的。根据货物增值税专用发票（发票联）、运输费用增值税专用发票（发票联）、委托收款（付款通知单），作出账务处理（表 2.2）。

表 2.2 记账凭证（一）

日期	摘要	会计分录	附件
2019-8-7	商品尚未到达，支付货款	借：在途物资——欣美家具有限公司 149 540.00 销售费用 18 000.00 应交税费——应交增值税（进项税额） 21 060.20 贷：银行存款 188 600.20	3

（2）8 月 13 日配送中心转来“商品验收单”，7 日购买的商品验收入库，根据商品验收单，作出账务处理（表 2.3）。

表 2.3 记账凭证（二）

日期	摘要	会计分录	附件
2019-8-13	采购商品，验收入库	借：库存商品——儿童松木床 45 540.00 库存商品——炫彩时尚衣架 6 000.00 库存商品——实木矮凳 98 000.00 贷：在途物资——欣美家具 149 540.00	1

活动拓展

续上述业务资料中，佛山市乐华贸易有限公司向欣美家具有限公司购买的儿童松木床和炫彩时尚衣架，由于欣美公司销售政策的改变，儿童松木床的价格重新定价为 240 元/张，炫彩时尚衣架定价为 35 元/个，进货价与实际应结算的价格不一致，这需要佛山市乐华贸易有限公司会计重新对该笔业务进行账务处理。

（1）根据欣美家具有限公司销售政策的变化，儿童松木床已结算的进货价 253 元/张高于实际结算价 240 元/张，应由欣美家具有限公司将多结算的价款退回给佛山市乐华贸易有限公司，这就是进货退价。进货退价是指已结算的进货价高于实际应计的进价，应由供货单位退给进货单位的差价。经联系，欣美家具有限公司同意并办理了退款手续，并寄出销货更正单和红字专用发票（发票联）。

由于本月是儿童松木床的销售淡季，销售不理想，并且未结转销售成本，编制会计分录如下：

借：银行存款　　2 644.20
　　应交税费——应交增值税（进项税额）　　[304.20]
　　贷：库存商品——儿童松木床　　2 340.00

如果商品已售出且已结转销售成本，应编制如下分录：

借：银行存款　　2 644.20
　　应交税费——应交增值税（进项税额）　　[304.20]
　　贷：主营业务成本　　2 340.00

（2）由于已结算的炫彩时尚衣架价格为 30 元/个，低于调整后的定价 35 元/个，经协商，由佛山市乐华贸易有限公司向欣美家具有限公司补付少付的款项，这是进货补价。进货补价是指已结算的进价低于实际应结算的进货价格，购货单位应向销货单位补付少给的货款。该业务中，欣美家具有限公司应对调高的价格重新开具蓝字专用发票。

由于炫彩时尚衣架，价格适中，颜色鲜艳，款式新颖，很受零售商和消费者喜爱，本月该商品基本售罄，并且结转了其销售成本。收到欣美家具有限公司的销货更正单和蓝字专用发票（发票联）时，将少付的款项汇出，编制的分录如下：

借：主营业务成本　1 000.00

　　应交税费——应交增值税（进项税额）　130.00

　　贷：银行存款　1 130.00

如果商品尚未售出或虽已售出但尚未结转销售成本，则编制如下会计分录：

借：库存商品　1 000.00

　　应交税费——应交增值税（进项税额）　130.00

　　贷：银行存款（或应付账款）　1 130.00

活动二　异地商品购进的核算

活动（一）　货到单未到

活动描述

（1）2019 年 8 月 28 日，佛山市乐华贸易有限公司采购部向星艺家具有限公司购买一批商品，发票未到，商品已验收入库（图 2.17），尚未支付款项。2019 年 8 月 31 日，仍未收到业务相关票据。

商品验收单

供货单位：星艺家具有限公司

收货单位：佛山市乐华贸易有限公司配送中心　　2019 年 8 月 28 日　　收字第 03 号

货号	品名	单位	实收（进价）			实收（零售）			商品进销差价
			数量	单价	金额	数量	单价	金额	
	M21 会议椅	张	200	150.00	30 000.00				
	204#实木培训台	张	120	750.00	90 000.00				
备注：									

第二联　财会联

复核：　　会计：管彰　　验收人：钟明　　制单：张华

图 2.17　商品验收单

（2）2019 年 9 月 4 日，收到供货单位开出的发票（图 2.18～图 2.20）。

4400114140 广东增值税专用发票 No. 26889467

广东 发票联 国家税务总局监制

开票日期 2019 年 09 月 04 日

购货单位	名　　称：佛山市乐华贸易有限公司 纳税人识别号：440103190488800 地 址、电 话：佛山新城中山九路 12 号，0757-83000025 开户行及账号：佛山市建行新城区支行，4002123596217954	密码区	（略）				
货物或应税劳务名称	规格型号	单位	数 量	单 价	金　额	税率	税　额
M21 会议椅		张	200	150.00	30 000.00	13%	3 900.00
204#实木培训台		张	120	750.00	90 000.00	13%	11 700.00
合　计					¥120 000.00		¥15 600.00
价税合计（大写）	⊗壹拾叁万伍仟陆佰圆整				（小写）¥135 600.00		
销货单位	名　　称：星艺家具有限公司 纳税人识别号：481018816763087145 地 址、电 话：肇庆市端州路 8 号，0758-68430090 开户行及账号：建行端州路支行 4254002578612974	备注	星艺家具有限公司 481018816763087145 发票专用章				

收款人：陈红　　复核：肖阳　　开票人：李东　　销货单位

第三联：发票联 购货方记账凭证

图 2.18　增值税专用发票

货物运输业统一发票

2019 年 9 月 4 日

收货人及纳税人识别号	佛山市乐华贸易有限公司 440103190488800123	承运人及纳税人识别号	佛山市顺畅运输公司 4034262178642821
发货人及纳税人识别号	星艺家具有限公司 481018816763087145	主管税务机关及代码	国家税务总局 肇庆市端州区税务分局
货物名称	家具（M21 会议椅、 204#实木培训台）	重量及单位运价	400×2
其他项目金额	0	起运地—到达地	星艺家具有限公司—佛山市乐华贸易有限公司配送中心
运输费用金额（大写）	捌佰元整　　¥800.00		

现金付讫

佛山市顺畅运输公司 4034262178642821 发票专用章

图 2.19　货物运输业统一发票

客户收付入账通知

付款方户名：佛山市乐华贸易有限公司
付款方账号：4002123596217954
付款方开户行：佛山市建行新城区支行
收款方户名：星艺家具有限公司
收款方账号：481018816763087
收款方开户行：建行端州路支行
入账日期：20190904　小写金额：136 472 .00　大写金额：壹拾叁万陆仟肆佰柒拾贰元整
付款方账簿编号：
付款方账簿名称：
收款方账簿编号：
收款方账簿名称：
摘要：货款
附言：货款

打印日期：20190904　行号：～　打印柜员：9999　号码：[1653]

图 2.20　客户收付入账通知

活动指导

先收到商品后收到结算凭证，属于异地购进商品的核算。当商品验收入库时，如果发票账单未到且尚未支付款项，平时暂不作账务处理，待收到发票账单时再作账务处理。如果月末发票账单仍未到达，则按应付给供应商的暂估进价款入账，下月初用红字编制同样的凭证，予以冲回；待收到发票实际付款时，再按单货同到作商品购进的处理。

（1）2019 年 8 月 28 日，根据商品验收单办理商品入库，登记库存商品明细账。

（2）本业务采购中心估计的进价为 120 000 元，8 月 31 日暂估入账，作出账务处理（表 2.4）。

表 2.4　记账凭证（一）

日期	摘要	会计分录	附件
2019-8-31	采购商品，暂估入账	借：库存商品——M21 会议椅　30 000.00 库存商品——204#实木培训台　90 000.00 贷：应付账款——暂估应付款　120 000.00	1

（3）2019 年 9 月 1 日，红字冲销暂估应付款，作出账务处理（表 2.5）。

表 2.5　记账凭证（二）

日期	摘要	会计分录	附件
2019-9-1	冲销暂估入库	借：库存商品——M21 会议椅　[30 000.00] 库存商品——204#实木培训台　[90 000.00] 贷：应付账款——暂估应付款　[120 000.00]	—

（4）9 月 4 日，收到增值税专用发票，委托收款（付款通知）等结算单据，作出账务处理（表 2.6）。

表 2.6 记账凭证（三）

日期	摘要	会计分录	附件
2019-9-4	收到发票，支付货款	借：库存商品——M21 会议椅 30 000.00 ——204#实木培训台 90 000.00 应交税费——应交增值税（进项税额） 15 672.00 销售费用 800.00 贷：银行存款 136 472.00	3

活动拓展

若门店中心在领用上述业务中购进的商品时发现，有 20 张 204#实木培训台与合同规定的款式不相符，与星艺家具有限公司协商后，对方同意退货。这属于公司的进货退出业务。进货退出是指企业购入的商品已经验收入库并付完款，才发现该商品与合同规定不符，在与供货单位协商后，将商品退还给供货单位。

（1）退货业务发生以后，佛山市乐华贸易有限公司到当地税务机关开具的进货退出证明，取得“开具红字增值税专用发票通知单”，如图 2.21 所示。

开具红字增值税专用发票通知单

填开日期：2019 年 09 月 05 日　　No.144010

销售方	名　称	星艺家具有限公司	购买方	名　称	佛山市乐华贸易有限公司
	税务登记代码	481018816763087145		税务登记代码	440103190488800123
开具红字发票内容	货物（劳务）名称	单价	数量	金额	税额
	204#实木培训台	750.00	20	15 000.00	1 950.00
	合计		20	¥15 000.00	¥1 950.00
说明	需要作进项税额转出□ 不需要作进项税额转出☑ 纳税人识别号认证不符□ 专用发票代码、号码认证不符□ 对应蓝字专用发票密码区内打印的代码：（略） 号码：24560122 开具红字专用发票理由： 商品质量与合同要求不符。				国家税务总局佛山市新城区税务分局

经办人：李里　　负责人：张红军　　主管税务机关名称（印章）：

注：1．本通知单一式三联：第一联，购买方主管税务机关留存；第二联，购买方送交销售方留存；第三联，购买方留存。

2．通知单应与申请单一一对应。

3．销售方应在开具红字专用发票后到主管税务机关进行核销。

图 2.21 开具红字增值税专用发票通知单

（2）根据取得的红字增值税专用发票，编制如下会计分录：

借：库存商品——204#实木培训台　　[15 000.00]

　　应交税费——应交增值税（进项税额）　　[1 950.00]

　　贷：应付账款——星艺家具有限公司　　[16 950.00]

（3）收到银行转来星艺家具有限公司退回的货款及税款通知时，编制如下会计分录：

借：银行存款　　16 950.00

　　贷：应付账款——星艺家具有限公司　　16 950.00

小提示

购进商品时如果尚未支付货款，则发生进货退出时应冲减“应付账款”账户。如果已经支付了货款，退出商品时应收回的货款也应记入“应付账款”账户的借方。为了保持核算的一致性，对同一往来单位，统一使用一个结算科目，与会计电算化的账务处理也保持一致。例如，电算化上，“应付账款”的辅助核算是供应商往来，本例星艺家具有限公司属于佛山市乐华贸易有限公司的供货方，故核算退回的款项时应采用“应付账款——星艺家具有限公司”科目。退回的增值税额应用红字在“应交税费——应交增值税（进项税额）”的借方反映。

活动（二） 预付货款

活动描述

（1）2019 年 8 月 29 日，佛山市乐华贸易有限公司与上海长东公司签订购销合同（图 2.22），合同规定先预付 50%货款（图 2.23）。

购销合同（简表）

2019 年 8 月 29 日　　No.　LH001

购货方	佛山市乐华贸易有限公司	地址：佛山新城中山九路 12 号		开户行：佛山市建行新城区支行	
		电话：0757-83000025		账号：4002123596217954	
销售方	上海长东公司	地址：上海市华康路 1 号		开户行：中国银行华康支行	
		电话：021-63582786		账号：66633399	
购买商品	品名	单位	数量	单价（不含税）	金额（不含税）
	时尚板式衣柜	个	400	220.00	88 000.00
	实木储物柜	组	200	2 000.00	400 000.00
	合计				488 000.00
结算方式	已预付部分货款		运费承担方式	购货方承担 60%，销货方承担 40%	
付款条件	2/10,1/20,*n*/30（按价款结算）				

图 2.22 购销合同（简表）

中国建设银行
支票存根
100322358
58900868
附加信息

出票日期：2019 年 8 月 29 日
收款人：上海长东公司
金额：¥244 000.00
用途：货款
单位主管 乐华　会计 管彰

图 2.23 支票存根

（2）2019 年 9 月 15 日，佛山市乐华贸易有限公司收到供货单位发来的商品，收到货物发票账单（图 2.24）、运费发票（图 2.25）及商品验收单（图 2.26），支付款项（图 2.27 和图 2.28）。

3100114140 上海增值税专用发票 No. 03608032

开票日期 2019 年 09 月 15 日

名 称：佛山市乐华贸易有限公司 纳税人识别号：440103190488800123 地 址、电 话：佛山新城中山九路 12 号，0757-83000025 开户行及账号：佛山市建行新城区支行，4002123596217954				密码区	（略）		
货物或应税劳务名称	规格型号	单位	数 量	单 价	金 额	税率	税 额
时尚板式衣柜		个	400	220	88 000.00	13%	11 440.00
实木储物柜		组	200	2 000	400 000.00	13%	52 000.00
合 计					¥488 000.00		¥63 440.00
价税合计（大写）	⊗伍拾伍万壹仟肆佰肆拾圆整				（小写）¥551 440.00		
名 称：上海长东公司 纳税人识别号：410188816763087456 地 址、电 话：上海市华康路 1 号，021-63582786 开户行及账号：中国银行华康支行, 66633399				备注	上海长东公司 410188816763087456 发票专用章		

收款人：张东 复核：李晓 开票人： 王艳 销货单位（章）

第三联：发票联 购货方记账凭证

图 2.24 增值税专用发票

3100114140 上海增值税专用发票 No. 03608213

开票日期 2019 年 09 月 15 日

购货单位	名 称：佛山市乐华贸易有限公司 纳税人识别号：440103190488800123 地 址、电 话：佛山新城中山九路 12 号，0757-83000025 开户行及账号：佛山市建行新城区支行，4002123596217954				密码区	（略）		
货物或应税劳务名称		规格型号	单位	数 量	单 价	金 额	税率	税 额
运输费用						50 000.00	9%	4 500.00
合 计						¥50 000.00		¥4 500.00
价税合计（大写）		⊗伍万肆仟伍佰圆整				（小写）¥54 500.00		
销货单位	名 称：上海新通物流公司 纳税人识别号：508881167630877771 地 址、电 话：上海市黄浦区沿江路 08 号，021-68004390 开户行及账号：工行沿江路支行 5402205572174220				备注	上海新通物流公司 508881167630877771 发票专用章		

收款人：王大力 复核：邓鸿 开票人：李向 销货单位（章）

第三联：发票联 购货方记账凭证

图 2.25 增值税专用发票

商品验收单

供货单位：上海长东公司

收货单位：佛山市乐华贸易有限公司配送中心　　2019 年 9 月 15 日　　收字第 04 号

货号	品名	单位	实收（进价）			实收（零售）			商品进销差价
			数量	单价	金额	数量	单价	金额	
	时尚板式衣柜	个	400	220.00	88 000.00				
	实木储物柜	组	200	2 000.00	400 000.00				
备注：									

第二联 财会联

复核：　　会计：管彰　　验收人：钟明　　制单：张华

图 2.26　商品验收单

托收凭证　（付款通知）　5

委托日期 2019 年 9 月 15 日

业务类型	委托收款（□邮划、■电划）　托收承付（□邮划、□电划）						
付款人 全称	佛山市乐华贸易有限公司			收款人 全称	上海长东公司		
付款人 账号	4002123596217954			收款人 账号	66633399		
付款人 地址	佛山市	开户行	建行新城支行	收款人 地址	上海市	开户行	中国银行华康支行

金额	人民币（大写）叁拾万柒仟肆佰肆拾元整	亿	千	百	十	万	千	百	十	元	角	分
				¥	3	0	7	4	4	0	0	0

款项内容	购货款	托收凭据名称	购销合同 LH001	附寄单证张数	6
商品发运情况	已发运	合同名称号码	001		

备注：

付款人开户银行收到日期 2019 年 9 月 15 日

复核　　记账

中国建设银行股份有限公司 佛山市新城支行 ★ 2019.09.15 ★ 业务办理章

付款人开户行签章 2019 年 9 月 15 日

付款人注意：

1. 根据支付结算办法，上列委托收款（托收承付）款项在付款期限内未提出拒付，即视为同意付款，以此代付款通知。
2. 如需提出全部或部分拒付，应在规定期限内，将拒付理由书并附债务证明退交开户银行。

图 2.27　托收凭证

托收凭证　（付款通知）　5

委托日期 2019 年 9 月 15 日

<table>
<tr><td colspan="2">业务类型</td><td colspan="4">委托收款（□邮划、■电划）　托收承付（□邮划、□电划）</td></tr>
<tr><td rowspan="3">付款人</td><td>全称</td><td>佛山市乐华贸易有限公司</td><td rowspan="3">收款人</td><td>全 称</td><td>上海新通物流公司</td></tr>
<tr><td>账号</td><td>4002123596217954</td><td>账 号</td><td>5402205572174220</td></tr>
<tr><td>地址</td><td>佛山市　开户行　建行新城支行</td><td>地 址</td><td>上海市　开户行　工行沿江支行</td></tr>
<tr><td colspan="2">金额</td><td colspan="2">人民币（大写）伍万肆仟伍佰元整</td><td colspan="2">亿 千 百 十 万 千 百 十 元 角 分
¥ 5 4 5 0 0 0 0</td></tr>
<tr><td colspan="2">款项内容</td><td>运输费用</td><td>托收凭据名称</td><td>购销合同 LH001</td><td>附寄单证张数　2</td></tr>
<tr><td colspan="2">商品发运情况</td><td colspan="2">已发运</td><td>合同名称号码</td><td>001</td></tr>
<tr><td colspan="3">备注：

付款人开户银行收到日期
2019 年 9 月 15 日
复核　　记账</td><td colspan="2">中国建设银行股份有限公司
佛山市新城支行
★ 2019.09.15 ★
业务办理章
付款人开户行银行签章
2019 年 9 月 15 日</td><td>付款人注意：
1. 根据支付结算办法，上列委托收款（托收承付）款项在付款期限内未提出拒付，即视为同意付款，以此代付款通知。
2. 如需提出全部或部分拒付，应在规定期限内，将拒付理由书并附债务证明退交开户银行。</td></tr>
</table>

图 2.28　托收凭证

活动指导

（1）佛山市乐华贸易有限公司向上海长东公司购进货物，按购销合同规定，向供货单位预先支付部分货款，供货单位再定期交付商品，该业务属于预付款异地购进商品类型。预先支付的货款，应通过“预付账款”账户核算，以后收到商品时，再作为商品购进处理。根据购销合同和支票存根联，作出账务处理（表 2.7）。

表 2.7　记账凭证（一）

日期	摘要	会计分录	附件
2019-8-29	预付货款	借：预付账款——上海长东公司　244 000.00 　贷：银行存款　244 000.00	1

（2）购货结算凭证（托收凭证）与商品同日到达，该业务属于异地购进，核算方法与同城购进中的单货同到处理相同，结合业务（1）的购销合同及预付的款项，结清余额。

由于上海新通物流公司将供货方和购货方分别负担的运费开在不同的运费发票上，业务（2）运费发票中的运费是由购货方负担的，按照正常取得运费发票的流程账务处理即可。

根据货物发票和商品验收单，作出账务处理（表 2.8）。

表 2.8　记账凭证（二）

日期	摘要	会计分录	附件
2019-9-15	收到预付款 购入的商品	借：库存商品——时尚板式衣柜　88 000.00 ——实木储物柜　400 000.00 应交税费——应交增值税（进项税额）　63 440.00 贷：预付账款——上海长东公司　551 440.00	2

根据运费发票和托收凭证（付款通知），作出账务处理（表 2.9）。

表 2.9　记账凭证（三）

日期	摘要	会计分录	附件
2019-9-15	支付运费	借：销售费用　50 000.00 应交税费——应交增值税（进项税额）　4 500.00 贷：银行存款　54 500.00	2

根据托收凭证（付款通知），支付余款，作出账务处理（表 2.10）。

表 2.10　记账凭证（四）

日期	摘要	会计分录	附件
2019-9-15	支付余款	借：预付账款——上海长东公司　307 440.00 贷：银行存款　307 440.00	1

学习与评价

1. 判断题

（1）企业在预付货款时，不能作为商品购进，只有在收到商品时才能作为商品购进。（　　）

（2）商品流通企业的业务主要包括商品生产、商品销售和商品储存三个环节。（　　）

（3）小企业（批发业、零售业）在购买商品过程中发生的运输费、装卸费、包装费、保险费、运输途中的合理损耗和入库前的挑选整理费等，在发生时可计入所购商品的成本。（　　）

（4）批发企业在购进商品时，对于月末发票账单未到且尚未支付款项的业务，按应付给供应商的暂估进价款入账，同时也要暂估增值税进项税额。（　　）

（5）已结算的进价低于实际应结算的进货价格，购货单位应向销货单位补付少给的货款，这是属于进货退价。（　　）

2. 单项选择题

（1）某商业企业购进商品一批，其中商品价款 100 000 元，发生的运输费用 5 000 元，增值税额 450 元，则该批商品的采购成本为（　　）元。

A. 105 000　　B. 100 000　　C. 105 450　　D. 5 450

（2）乐从百货批发公司日前售给阳光百货商店搪瓷碗 300 只，每只 5.36 元，今发现单价开错，每只应为 5.66 元，当即开出更正发票予以更正，对于阳光百货商店来说，该笔业务属于（　　）。

A．购进商品退价　　B．购进商品补价
C．销售商品退价　　D．销售商品补价

（3）对于同地购进商品的交接方式一般采用（　　）。

A．发货制　　B．提货制　　C．送货制　　D．送货制或提货制

（4）在商品购进业务中，采取预付货款方式的，应以（　　）时，作为购进商品的入账时间。

A．预付货款　　B．承付货款　　C．实际收到商品　　D．签订合同

（5）批发企业购进商品的核算一般采用（　　）核算。

A．进价金额　　B．售价金额
C．数量进价金额　　D．数量售价金额

3．多项选择题

（1）批发企业"库存商品"账户核算的内容包括（　　）。

A．存放在外库的商品　　B．委托其他单位代销的商品
C．委托其他单位代管的商品　　D．存放在门市部的商品

（2）商品流通企业商品流转业务主要包括（　　）等环节。

A．委托加工销售　　B．商品购进
C．商品销售　　D．商品储存

（3）流通企业常用的商品交接方式有（　　）。

A．提货制　　B．发货制　　C．送货制　　D．代理制

（4）（　　）是指企业购进商品，有时因供货单位的计价错误或按暂作价计算等原因，使商品的进价与实际进价发生差异。

A．进货退价　　B．进货补价　　C．进货退出　　D．进货折扣

4．实务题

顺联国际百货商场是增值税一般纳税人，增值税税率为 13%，该商场 6 月份发生如下经济业务：

（1）3 日，从本市易名电器厂进货，收到增值税专用发票的发票上注明易名电磁炉 100 台，单价 200 元，价款为 20 000 元，增值税额 2 600 元。开出支票支付货款 22 600 元，商品已验收入库。

（2）8 日，到银行办理银行汇票一张，"银行汇票申请书（存根）"，注明：收款人佛山市海达公司，汇票金额 38 000 元。

（3）12 日，业务员持汇票到佛山市海达公司购进海达牌 DVD 机 100 台，单价 320 元，价款为 32 000 元，增值税额 4 160 元。收到运输专用发票中，运费 500 元，增值税额 45 元，已以现金付讫。

（4）14 日，收到银行转来银行汇票多余款收账通知，银行汇票多余款 1 840 元，已转账。

（5）16 日，银行转来佛山富士康公司托收凭证，附来专用发票，开列照相机 200 台，每台 2 000 元，计货款 400 000 元，增值税额 52 000 元，商品已验收入库，经审核无误，当即承付。

要求：根据各业务资料进行分析，编写会计分录。

任务二　批发企业商品销售的核算

学习目标

（1）学会查阅关于销售商品的相关会计、税法等法规知识。

（2）了解商品销售收入的确认条件及计量的基本要求。

（3）能够对批发企业商品销售作出正确的账务处理。

（4）培养批发企业销售收入确认的职业判断能力。

知识链接

批发企业商品销售的法规制度

一、批发企业商品销售方式

批发商品销售的核算一般采用数量进价金额核算法。按销售方式可以分为仓库销售和直运商品销售。

1. 仓库销售的核算

仓库销售是指购进商品储存在本企业的仓库或寄存外库，销售时再将商品从仓库中发出的交易行为。仓库销售分为同城销售和异地销售。

1）同城销售的核算

同城仓库销售一般采用提货制或送货制的商品交接方式，采用支票、汇票等货款结算方式来进行。

为了核算企业销售商品取得销售收入的情况，应设置“主营业务收入”科目。企业销售商品，实现销售收入后，将商品销售额计入该科目的贷方，将按规定收取的增值税销项税额贷记“应交税费——应交增值税（销项税额）”科目，同时借记“银行存款”或“应收票据”“应收账款”等科目。

结转已售商品销售成本时，应将已售商品的销售进价成本计入“主营业务成本”科目的借方，并将已售商品从“库存商品”科目中转出，即贷记“库存商品”科目。

需要说明的是，一般批发企业在销售商品后并不逐日逐笔地结转商品销售成本和注销库存商品，而是等到月末采用一定的方法计算并结转全月已售商品的销售成本。

2）异地销售的核算

异地仓库销售一般采用发货制的商品交接方式，采用委托银行收款、托收承付及银行汇票、商业汇票等货款结算方式。采用委托银行收款或托收承付结算方式下发货制的方式交接商品，企业将商品交由运输部门发运，为购货单位垫付运杂费时，借记“应收账款”科目，商品发出后，企业向银行办妥托收手续，借记“应收账款”科目，贷记“主营业务收入”。

2. 直运商品销售的核算

直运商品销售是指批发企业将其从异地购进的商品直接发运销售给购货单位而不经过批发企业仓库储存的销售方式，采用这种销售方式可以加速商品流转、节约商品流通费用，所以它是一种重要的销售方式。其具体做法是：批发企业从异地供货单位购进商品直接发给购货单位，办理直运时可以委托供货单位代办，也可以由批发企业派采购员在供货单位所在地监督办理。

一般是批发企业向销货单位购进商品并向购货单位发运后，由销货单位填制两套托收款凭证，同时交开户银行办理委托收款，一份是以销货单位的名义向批发企业收款，货款由批发企业开户银行账户划回销货单位开户银行账户，另一份是以批发企业名义向购货单位收款，货款直接划回批发企业开户银行，收入批发企业账户。进行直运商品销售的核算，需填制直运商品收发货单，其中既要注明购进单价，又要注明销售单价，以此作为办理托收货款及记账的依据。

直运商品销售的特点如下：

（1）批发商品购进与销售同时进行，企业一方面根据银行转来的结算凭证向销货单位支付进货款，作商品购进的账务处理；另一方面又根据销货单位或企业采购人员向购货单位发货，并向购货单位办理托收销货款手续后转给批发企业的直运商品收发货单位，作托收销货款及取得商品销售收入的账务处理。

（2）商品直运不经过批发企业仓库，在核算上不通过“库存商品”科目。

（3）直运商品销售是整批购进直接销售，在商品销售的同时可按商品进价逐笔结转商品销售成本，即在作商品销售账务处理的同时，作结转销售成本的会计分录。直运商品销售由于批发企业收到银行转来销货单位结算进货款凭证的时间会不一致，因此在核算上也就会出现三种情况：①先支付进货款，后托收销货款；②先托收销货款，后支付进货款；③支付进货款与托收销货款同日办妥。

二、销售收入核算的账户

1. “主营业务收入”账户

“主营业务收入”账户属于损益类账户，用来核算企业销售商品取得的收入。该账户月末结转后应无余额。“主营业务收入”账户按商品类别分户进行明细分类核算。“主营业务收入”账户按商品类别或品种设置明细账。该账户结构如图 2.29 所示。

借	主营业务收入　　　　　　　贷
销货退回、销售折让等而冲减收入 期末转入“本年利润”的销售收入	企业实现的销售收入

图 2.29　“主营业务收入”账户结构

2.“主营业务成本”账户

“主营业务成本”账户属于损益类账户，用来核算企业因销售商品、提供劳务或让渡资产使用权等日常活动发生的实际成本。“主营业务成本”账户按商品类别或品种设置明细账。该账户期末结转后，应无余额。该账户结构如图 2.30 所示。

借	主营业务成本　　　　　　　贷
商品销售成本金额	期末转入“本年利润”的销售成本

图 2.30　“主营业务成本”账户结构

3.“预收账款”账户

“预收账款”账户属于负债类账户，用来核算企业按照合同规定向购货单位或个人收取的货款。该账户的期末余额一般在贷方，但也可能在借方，月末该明细账的借方余额，应填制“资产负债表”资产方“应收账款”项目内。该账户结构如图 2.31 所示。

借	预收账款　　　　　　　贷
发出商品的金额	向购货单位预收的货款 购货单位补付的货款
	期末余额：尚未结清的货款

图 2.31　“预收账款”账户结构

活动一　同城商品销售的核算

活动（一）　现销商品

活动描述

2019 年 8 月 2 日，佛山市乐华贸易有限公司与百安居连锁经营有限责任公司签订购销合同（合同编号 102801）（图 2.32），根据合同发货填开发票（图 2.33），填写商品出库单（图 2.34），收到支票正联（图 2.35），填写进账单（图 2.36），同时发生运输费用，收到发票（图 2.37），并开出支票（图 2.38）支付运费。

购销合同（简表）

2019年8月2日　　No. 102801

购货方	百安居连锁经营有限责任公司	地址：广州市中山路12号	开户行：广州市建行中山路营业部
		电话：020-83000025	账号：4596002122425822
销售方	佛山市乐华贸易有限公司	地址：佛山新城中山九路12号	开户行：佛山市建行新城区支行
		电话：0757-83000025	账号：4002123596217954

销售商品	品名	单位	数量	单价（不含税）	金额（不含税）
	时尚板式衣柜	个	200	300.00	60 000.00
	实木储物柜	组	100	2 500.00	250 000.00
	合计				310 000.00
结算方式	支票		运费承担方式	销货方承担	
付款条件	2/10,1/20,n/30（按价款结算）				

图 2.32　购销合同

广东增值税专用发票

4400114140　　No. 0248905124

此联不作报销、扣税凭证使用　　开票日期：2019年08月02日

购货单位	名称：百安居连锁经营有限责任公司 纳税人识别号：401234301590871820 地址、电话：广州市中山路12号，021-85764124 开户行及账号：建行中山路营业部　4596002122425822	密码区	（略）

货物或应税劳务名称	规格型号	单位	数量	单价	金额	税率	税额
时尚板式衣柜		个	200	300.00	60 000.00	13%	7 800.00
实木储物柜		组	100	2 500.00	250 000.00	13%	32 500.00
合　计					¥310 000.00		¥40 300.00
价税合计（大写）	⊗叁拾伍万零叁佰圆整						（小写）¥350 300.00

销货单位	名称：佛山市乐华贸易有限公司 纳税人识别号：440103190488800123 地址、电话：佛山新城中山九路12号，0757-83000025 开户行及账号：佛山市建行新城区支行，4002123596217954	备注	佛山市乐华贸易有限公司 440103190488800123 发票专用章

收款人：张明　　复核：　　开票人：管彰　　销货单位：（章）

第一联：记账联　销货方记账凭证

图 2.33　增值税专用发票

商品出库单（财会联）

2019年8月2日　　No.201

商品名称	计量单位	出库数量	备注
时尚板式衣柜	个	200	
实木储物柜合	组	100	

图 2.34　商品出库单

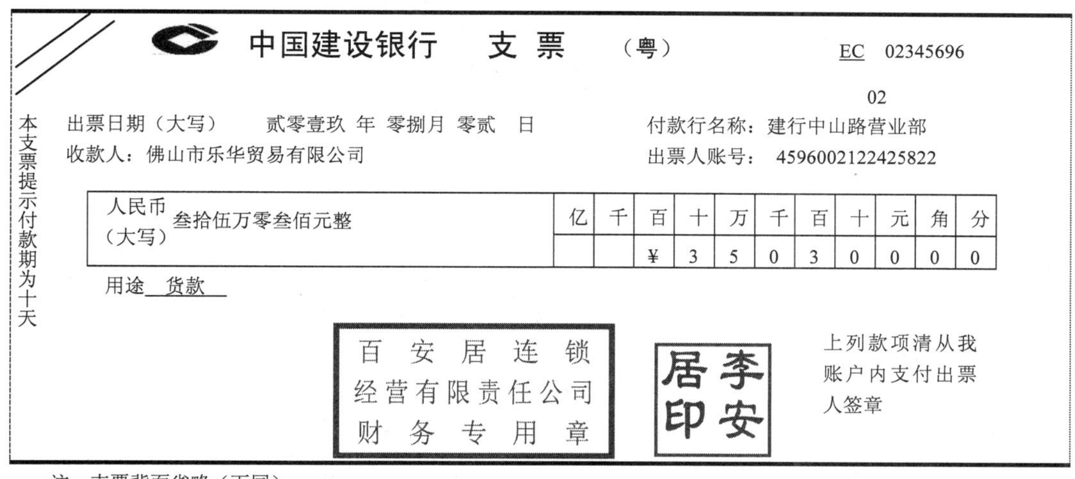

中国建设银行 支 票 （粤） EC 02345696

02

本支票提示付款期为十天

出票日期（大写） 贰零壹玖 年 零捌月 零贰 日　　付款行名称：建行中山路营业部

收款人：佛山市乐华贸易有限公司　　出票人账号：4596002122425822

人民币（大写）	亿	千	百	十	万	千	百	十	元	角	分
叁拾伍万零叁佰元整			¥	3	5	0	3	0	0	0	0

用途 货款

百安居连锁经营有限责任公司财务专用章　　李安居印

上列款项请从我账户内支付出票人签章

注：支票背面省略（下同）。

图 2.35 支票正联

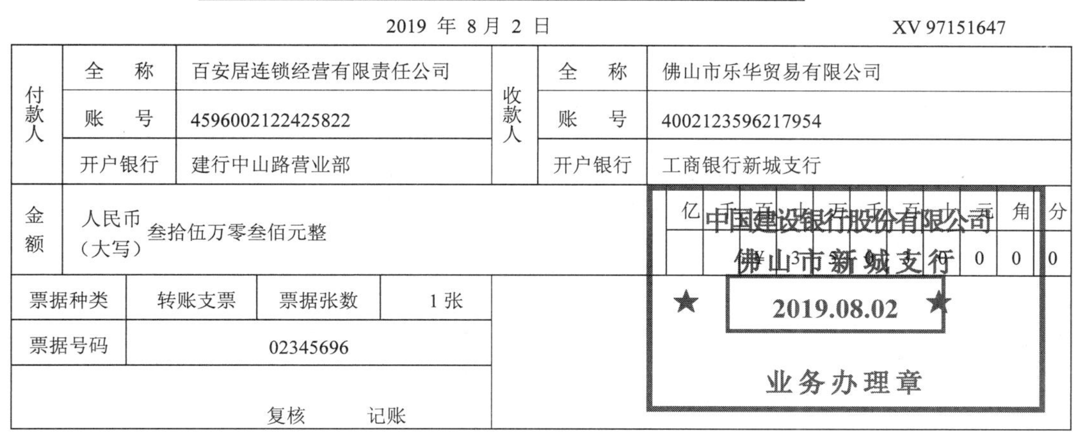

中国工商银行 进 账 单 （收账通知） 3

2019 年 8 月 2 日　　XV 97151647

付款人			收款人		
付款人	全 称	百安居连锁经营有限责任公司	收款人	全 称	佛山市乐华贸易有限公司
	账 号	4596002122425822		账 号	4002123596217954
	开户银行	建行中山路营业部		开户银行	工商银行新城支行

金额 人民币（大写） 叁拾伍万零叁佰元整　　亿 千 百 十 万 千 百 十 元 角 分　¥ 3 5 0 3 0 0 0 0

票据种类	转账支票	票据张数	1 张
票据号码	02345696		

复核　记账

中国建设银行股份有限公司佛山市新城支行 2019.08.02 业务办理章

图 2.36 银行进账单

4400114140 广东增值税专用发票 No. 248906871

发票联

开票日期 2019 年 08 月 02 日

购货单位	名　　称：佛山市乐华贸易有限公司 纳税人识别号：440103190488800123 地 址、电 话：佛山新城中山九路 12 号，0757-83000025 开户行及账号：建行新城区支行，4002123596217954					密码区	（略）	
货物或应税劳务名称		规格型号	单位	数 量	单 价	金额	税率	税额
运输费用						10 000.00	9%	900.00
合　计						¥10 000.00		¥900.00
价税合计（大写）		⊗壹万零玖佰圆整				（小写）¥10 900.00		
销货单位	名　　称：佛山市宏达运输公司 纳税人识别号：463087101888167421 地 址、电 话：佛山市禅城区天虹路 10 号，0757-28004390 开户行及账号：工行天虹路支行 4002255748267573					备注		

收款人：王军　　复核：邓费　　开票人：李想　　销货单位（章）

第三联：发票联 购货方记账凭证

图 2.37　增值税专用发票

中国建设银行
支票存根
100322355
58900893
附加信息

出票日期：2019 年 8 月 2 日

收款人：佛山市宏达运输公司

金额：¥10 900.00

用途：运费

单位主管 乐华　　会计 管彰

图 2.38　支票存根

活动指导

现销商品是企业销售产品的一种形式。当销货方将产品交付购买方，购买方立即进行货款结算。货款结算方式可采用现金、支票及汇兑结算。

该业务是同城销售，销售符合商品销售收入的确认条件，货款已收。购销合同标明，运费由销货方负担，即佛山市乐华贸易有限公司承担，运费已通过签发支票给运输公司支付，取得运费专用发票。根据货物运输业专用发票的最新规定，运费专用发票上的进项税额，经认证，准予在销项税额中抵扣，销货方发生的运费金额则在发生时计入当期损益，通过“销售费用”科目核算。

批发企业商品销售进价成本的结转，可以逐笔结转，也可定期结转。实际工作中，为了简化核算手续，一般在月末采用一定的计算方法计算出本月商品销售成本总额，并集中进行结转。商品销售平时只根据发货票记账联，将商品销售数量记入“库存商品明细账”贷方的数量栏中，并随时结出商品的结存数量。

根据专用发票记账联确认收入，根据进账单确认销售款已收到，作出账务处理（表 2.11）。

表 2.11　记账凭证（一）

日期	摘要	会计分录	附件
2019-8-2	销售商品，收到货款	借：银行存款　350 300.00 　贷：主营业务收入　310 000.00 　　应交税费——应交增值税（销项税额）　40 300.00	2

根据货运增值税专用发票和支票存根作出账务处理（表 2.12）。

表 2.12　记账凭证（二）

日期	摘要	会计分录	附件
2019-8-2	支付销售运费	借：销售费用　10 000.00 　应交税费——应交增值税（进项税额）　900.00 　贷：银行存款　10 900.00	2

活动拓展

若发现上述业务销售商品时，货物增值税专用发票的单价开错，该时尚板式衣柜售价应为 310 元/个，实木储物柜售价应为 2 450 元/组，这种情况属于销售退、补价核算。

销售退价和补价，是在批发企业销售商品时，由于计价错误或因出售商品时采用暂定价，之后修订了暂定价，而向购货单位退回多收的货款或补收少收的货款。当发生销售商品退、补价时，应由商品流通企业的业务部门填制红字增值税专用发票（退价）或填蓝字增值税专用发票（补价），同时填制“销货更正单”，如表 2.13 所示，据以办理收付款手续，进行会计核算。

表 2.13　销货更正单

年　月　日

购货单位：　　原发货单位编号：　　单位：元

项目	规格、品名	单位	数量	单价	金额	税率/%	税额
原来							
更正							
应收 应付	人民币（大写）				应收¥ 应付¥		
更正原因							

制表：

（1）时尚板式衣柜售价应为 310 元/个，高于已经结算的 300 元/个的货款价格，属于销售补价。根据填制的时尚板式衣柜的销货更正单、蓝字货物专用发票（记账联）等相关原始凭证，编制如下会计分录：

借：应收账款——百安居连锁　　2 260.00

　　贷：主营业务收入——时尚板式衣柜　　2 000.00

　　　　应交税费——应交增值税（销项税额）　　260.00

收到补收的货款时，编制如下会计分录：

借：银行存款　　2 260.00

　　贷：应收账款——百安居连锁　　2 260.00

（2）实木储物柜售价应为 2 450 元/组，低于实际结算 2 500 元/组的货款价格，则属于销售退价。根据填制的实木储物柜的销货更正单、红字专用发票（记账联）、支票存根等相关原始凭证编制如下会计分录：

借：银行存款　　5 650.00

　　贷：主营业务收入——实木储物柜　　5 000.00

　　　　应交税费——应交增值税（销项税额）　　650.00

活动（二） 赊销商品

活动描述

2019 年 8 月 15 日，佛山市乐华贸易有限公司向广州市春光贸易有限公司，销售一批商品，根据合同（合同略），开出发票（图 2.39），填写商品出库单（图 2.40）。开出支票（图 2.41）代垫销售过程中运费（图 2.42），并办妥托收手续（图 2.43）。

广东增值税专用发票

（印章：全国统一发票监制章 广东 国家税务总局监制）

4400114140　　　　No. 024888915

此联不作报销、扣税凭证使用　　开票日期　2019 年 08 月 15 日

购货单位	名　　称：广州市春光贸易有限公司 纳税人识别号：4524796432246909 地 址、电 话：广州增城荔城南路 020-28374622 开户行及账号：工行荔城支行　1234577664152781				密码区	（略）	
货物或应税劳务名称	规格型号	单位	数　量	单　价	金　额	税率	税　额
M21 会议椅		张	400	180.00	72 000.00	13%	9 360.00
201#实木培训台		张	200	770.00	15 4000.00	13%	20 020.00
合　计					¥226 000.00		¥29 380.00
价税合计（大写）	⊗贰拾伍万伍仟叁佰捌拾圆整				（小写）¥255 380.00		
销货单位	名　　称：佛山市乐华贸易有限公司 纳税人识别号：440103190488800123 地 址、电 话：佛山新城中山九路 12 号，0757-83000025 开户行及账号：佛山市建行新城区支行，400212359621795 4				备注	（印章：佛山市乐华贸易有限公司 440103190488800123 发票专用章）	

第一联：记账联 销货方 记账凭证

收款人：钱前　　复核：　　开票人：管彰　　销货单位（章）

图 2.39　增值税专用发票

商品出库单（财会联）

2019 年 8 月 15 日　　　　No.202

商品名称	计量单位	出库数量	备注
M21 会议椅	张	400	
201#实木培训台	张	200	

图 2.40　商品出库单

中国建设银行

转账支票存根

EG　　05666635

02

附加信息

出票日期 2019 年 8 月 15 日

收款人：佛山市万通物流公司
金　额：¥4 500.00
用　途：运杂费

单位主管　乐华　会计　管彰

图 2.41　支票存根

支 付 证 明 单

总号　　第　　号

2019 年 8 月 15 日　　分号_______字第_______号

事由货品名	数　量	单位	单价	金额							
				十	万	千	百	十	元	角	分
代垫运杂费					¥	4	5	0	0	0	0

共计金额	零拾零万肆仟伍佰零拾零元零角零分　¥4 500.00		
受款人	佛山市万通物流公司	未能取得单据原因	发票交广州市春光贸易有限公司

主管人：乐华　　会计：管彰　　出纳：钱前　　证明人：×××

图 2.42　支付证明单

托收凭证 （受理回单） 1

委托日期 2019 年 8 月 15 日

<table>
<tr><td colspan="2">业务类型</td><td colspan="4">委托收款（□邮划、■电划） 托收承付（□邮划、□电划）</td></tr>
<tr><td rowspan="3">付款人</td><td>全 称</td><td colspan="4">广州市春光贸易有限公司</td><td rowspan="3">收款式</td><td>全 称</td><td colspan="4">佛山市乐华贸易有限公司</td></tr>
<tr><td>账 号</td><td colspan="4">1234577664152781</td><td>账 号</td><td colspan="4">4002123596217954</td></tr>
<tr><td>地 址</td><td>增城</td><td>开户行</td><td colspan="2">工行荔城支行</td><td>地 址</td><td>佛山市</td><td>开户行</td><td colspan="2">建行新城区支行</td></tr>
<tr><td rowspan="2">金额</td><td colspan="5" rowspan="2">人民币（大写）贰拾伍万玖仟捌佰捌拾元整</td><td>亿</td><td>千</td><td>百</td><td>十</td><td>万</td><td>千</td><td>百</td><td>十</td><td>元</td><td>角</td><td>分</td></tr>
<tr><td></td><td></td><td>¥</td><td>2</td><td>5</td><td>9</td><td>8</td><td>8</td><td>0</td><td>0</td><td>0</td></tr>
<tr><td>款项内容</td><td colspan="2">购货款、运杂费</td><td>托收凭据名称</td><td colspan="2">购销合同 2417</td><td>附寄单证张数</td><td colspan="4">5</td></tr>
<tr><td colspan="2">商品发运情况</td><td colspan="2">已发运</td><td colspan="2">合同名称号码</td><td colspan="5">2417</td></tr>
<tr><td colspan="2">备注：
复核 记账</td><td colspan="3">款项收妥日期
2019 年 8 月 15 日</td><td colspan="6">中国建设银行股份有限公司 佛山市新城支行 2019.08.15 业务办理章
收款人开户行银行签章
年 月 日</td></tr>
</table>

图 2.43 托收凭证

活动指导

赊销是以信用为基础的销售，是指售货方与购货方签订购货协议后，同意让购货方先取走货物或先提供劳务，而购货方按照协议在规定日期付款或分期付款形式付清货款的过程。赊销款除了可采用支票、汇兑等结算方式外，主要还采用商业汇票、委托收款结算等方式结算。

企业销售商品，通过委托收款方式结算货款，商品已发出，确认销售收入，属于同城销售方式。销售商品发生的运费由购货方负担，销货方代垫运费，通过“应收账款——代垫运费”账户核算，确认收入后一并将代垫运费收回。

根据支付证明单和支票存根作出账务处理（表 2.14）。

表 2.14 记账凭证（一）

日期	摘要	会计分录	附件
2019-8-15	代垫运费	借：应收账款——代垫运费 4 500.00 贷：银行存款 4 500.00	2

根据专用发票记账联确认收入，作出账务处理（表 2.15）。

表 2.15　记账凭证（二）

日期	摘要	会计分录	附件
2019-8-15	销售商品，款未收	借：应收账款——广州市春光贸易有限公司　259 880.00 　贷：主营业务收入　226 000.00 　　应交税费——应交增值税（销项税额）　29 380.00 　　应收账款——代垫运费　4 500.00	2

活动拓展

2019 年 8 月 22 日，佛山市乐华贸易有限公司采购中心收到上述销售给广州市春光贸易有限公司的 50 张 201#实木培训台，由于质量问题，对方想全部退货。经研究，佛山市乐华贸易有限公司同意退货，商品退回仓库，并汇还货款。该情况属于销售退回。

批发企业将商品出售后，购货单位如发现商品的品种、规格、质量等有问题，购货单位可提出理由，申请退货，批发企业同意后办理销货退回手续（收回商品、退出货款）。购货单位则作进货退出处理（退出商品、收回货款）。

佛山市乐华贸易有限公司财务部，根据广州市春光贸易有限公司转来的当地税务机关开具的退货证明单，填制红字专用发票（记账联），分送给配送中心等有关部门据以办理收货、退款和记账手续，编制如下会计分录：

（1）冲减退回当月已确认的销售收入：

借：应收账款——广州市春光贸易有限公司　43 505.00

　贷：主营业务收入——201#实木培训台　38 500.00

　　应交税费——应交增值税（销项税额）　5 005.00

此外，如果上述业务已经结转商品销售成本，那么还需作出如下处理：

（2）冲销已结转的销售成本：

借：库存商品——201#实木培训台　38 500.00

　贷：主营业务成本　38 500.00

登账时，在库存商品明细账贷方“销售数量”栏内，用红字冲销该项商品已发出的数量，同时用红字冲减“应交税费——应交增值税”账户的“销项税额”专栏。

活动二　异地商品销售的核算

活动描述

（1）2019 年 8 月 21 日，佛山市乐华贸易有限公司与北京新辉家具公司签订购销合同（图 2.44），销售实木矮凳柜和实木储物柜，合同规定先预付 150 000 元货款，收到电汇凭证（图 2.45）。

购销合同（简表）

2019 年 8 月 21 日　　　　No.　A0712

购货方	北京新辉家具公司	地址：北京市王府井路 11 号	开户行：北京市建行王府井营业部		
		电话：010-83000025	账号：2596002122425821		
销售方	佛山市乐华贸易有限公司	地址：佛山新城中山九路 12 号	开户行：佛山市建行新城区支行		
		电话：0757-83000025	账号：4002123596217954		
销售商品	品名	单位	数量	单价（不含税）	金额（不含税）
	实木矮凳柜	张	400	1 050.00	420 000.00
	实木储物柜	组	100	2 500.00	250 000.00
	合计				670 000.00
结算方式	预收部分货款		运费承担方式	购货方承担	
付款条件	2/10,1/20,*n*/30（按价款结算）				

图 2.44　购销合同

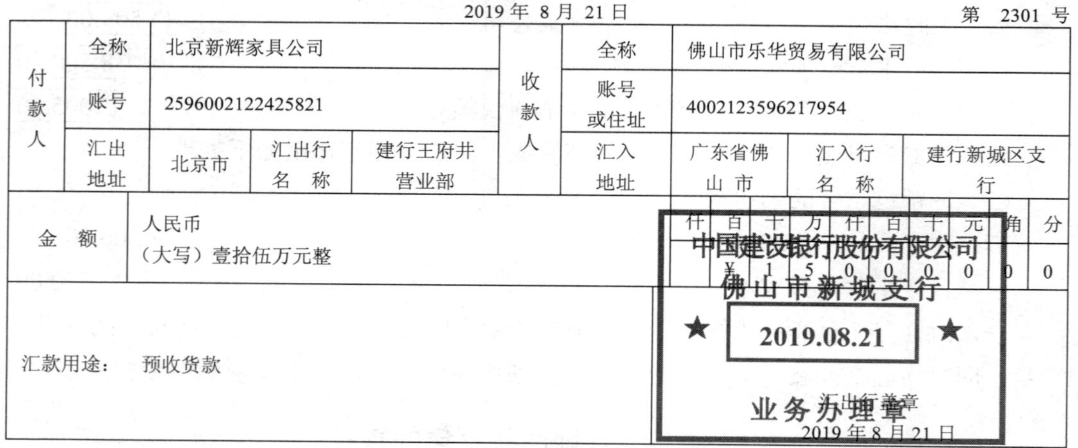

中国建设银行电汇凭证（收账通知）

2019 年 8 月 21 日　　　　第　2301 号

付款人	全称	北京新辉家具公司			收款人	全称	佛山市乐华贸易有限公司		
	账号	2596002122425821				账号或住址	4002123596217954		
	汇出地址	北京市	汇出行名称	建行王府井营业部		汇入地址	广东省佛山市	汇入行名称	建行新城区支行

金额	人民币（大写）壹拾伍万元整	仟	百	十	万	仟	百	十	元	角	分
			¥	1	5	0	0	0	0	0	0

汇款用途：　预收货款

中国建设银行股份有限公司 佛山市新城支行 ★ 2019.08.21 ★ 业务办理章

汇出行盖章

2019 年 8 月 21 日

图 2.45　电汇凭证

（2）2019 年 8 月 24 日，佛山市乐华贸易有限公司向北京新辉家具公司发运商品，填写商品出库单（图 2.46），并开出发票（图 2.47），收回余款（图 2.48）代垫运输过程中的运杂费（图 2.49），运费发票（略），开出支票（图 2.50）。

商品出库单

用途：销售　　2019 年 8 月 24 日　　编号：0366322

产品名称规格	计量单位	应发数量	备注
实木矮凳柜	张	400	
实木储物柜	组	100	

部门负责人：钟朗　审批人：　提货人：覃有键　发货人：张华

注：运费发票（略）

图 2.46　商品出库单

广东增值税专用发票

全国统一发票监制章 国家税务总局监制

4400114140　　No. 024888914

此联不作报销、扣税凭证使用　开票日期 2019 年 08 月 24 日

购货单位	名称：北京新辉家具公司 纳税人识别号：2556789433457942 地址、电话：北京市王府井路 11 号 010-83000025 开户行及账号：建行王府井营业部 2596002122425821	密码区	（略）

货物或应税劳务名称	规格型号	单位	数量	单价	金额	税率	税额
实木矮凳柜		张	400	1 050.00	420 000.00	13%	54 600.00
实木储物柜		组	100	2 500.00	250 000.00	13%	32 500.00
合　计					¥670 000.00		¥87 100.00
价税合计（大写）	⊗柒拾伍万柒仟壹佰圆整				（小写）¥757 100.00		

销货单位	名称：佛山市乐华贸易有限公司 纳税人识别号：440103190488800123 地址、电话：佛山新城中山九路 12 号，0757-83000025 开户行及账号：佛山市建行新城区支行，4002123596217954	备注	

第一联：记账联 销货方记账凭证

收款人：钱前　复核：　开票人：　管彰　销货单位（章）

图 2.47　增值税专用发票

托收凭证 （收账通知） 4

委托日期 2019 年 8 月 24 日

业务类型	委托收款（□邮划、□电划） 托收承付（□邮划、■电划）						
付款人	全 称	北京新辉家具公司		收款人	全 称	佛山市乐华贸易有限公司	
	账 号	2596002122425821			账 号	4002123596217954	
	地 址	北京市	开户行 建行王府井营业部		地 址	佛山市	开户行 建行新城支行

金额	人民币（大写） 陆拾叁万玖仟壹佰元整	亿	千	百	十	万	千	百	十	元	角	分
				¥	6	3	9	1	0	0	0	0

款项内容	货款及运费	托收凭据名称	购销合同A0712	附寄单证张数	2
商品发运情况	已发运		合同名称号码		A0712
备注： 收款人开户银行收到日期 2019 年 8 月 24 日 复核 记账	收款人开户行银行签章 2019 年 8 月 24 日		上列款项： 已全部划入你账户		

中国建设银行股份有限公司 佛山市新城支行 ★ 2019.08.24 ★ 业务办理章

图 2.48 托收凭证

支付证明单

总号 第 号

2019 年 8 月 24 日 分号________字第________号

事由货品名	数 量	单位	单价	十	万	千	百	十	元	角	分
代垫运杂费					3	2	0	0	0	0	0
共计金额	零拾叁万贰仟零佰零拾零元零角零分 ¥32 000.00										
受款人	佛山市万通物流公司	未能取得单据原因	发票交北京新辉家具公司								

主管人：乐华 会计： 管彰 出纳 ： 钱前 证明人：×××

图 2.49 支付证明单

中国建设银行

转账支票存根

EG　　05666640
02

附加信息

出票日期 2019 年 8 月 24 日

收款人：佛山市万通物流公司
金　额：¥32 000.00
用　途：运杂费

单位主管 乐华　会计 管彰

图 2.50　支票存根

活动指导

（1）企业签订购销合同，收到部分货款，由于商品还没发运，商品所有权仍属于佛山市乐华贸易有限公司，故该业务不能确认销售收入，属于预收账款销售方式。预收账款销售是商业信用的一种方式，购货方为了提前得到畅销商品的货源，向供货方预付一定比例货款的销售方式。采用预收货款方式销售商品，销货方预收的货款应作为一项负债，通过“预收账款”科目核算，在交付商品给购货方以后才确认收入的实现。

根据电汇凭证，作出账务处理（表 2.16）。

表 2.16　记账凭证（一）

日期	摘要	会计分录	附件
2019-8-21	预收货款	借：银行存款　150 000.00 贷：预收账款——北京新辉家具公司　150 000.00	1

（2）企业根据业务（1）中购销合同签订的异地销售，发运商品后，确认销售收入，通过托收承付方式结清余款。采用预收货款方式销售商品，整个核算过程均通过“预收账款”科目核算。销货方代垫的运费，通过“应收账款——代垫运费”账户核算。

根据代垫运杂费的支付证明单以及支票存根联，作出账务处理（表 2.17）。

表 2.17　记账凭证（二）

日期	摘要	会计分录	附件
2019-8-24	代垫运杂费	借：应收账款——代垫运费　32 000.00 贷：银行存款　32 000.00	2

根据商品出库单及增值税专用发票，作出账务处理（表 2.18）。

表 2.18 记账凭证（三）

日期	摘要	会计分录	附件
2019-8-24	确认销售收入	借：预收账款——北京新辉家具公司 789 100.00 贷：主营业务收入——实木矮凳柜 420 000.00 ——实木储物柜 250 000.00 应交税费——应交增值税（销项税额） 87 100.00 应收账款——代垫运费 32 000.00	2

根据托收凭证（收账通知），作出账务处理（表 2.19）。

表 2.19 记账凭证（四）

日期	摘要	会计分录	附件
2019-8-24	收到补付货款	借：银行存款 639 100.00 贷：预收账款——北京新辉家具公司 639 100.00	1

通常，异地商品销售商品发运后，财会部门对“发运证明”“专用发票”“发货单”“代垫运费清单”等凭证进行审核，无误后办理托收，并根据存根联编制如下会计分录：

借：应收账款——商品（销售价款＋销项增值税＋代垫运费）
　贷：主营业务收入（销售数量×单价）
　　应交税费——应交增值税（销项税额）
　　应收账款——代垫运

商品销售成本可逐笔结转，也可定期结转，分录与结转同城销售一样。

活动三 直运商品销售的核算

活动描述

（1）2019 年 8 月 25 日，佛山市乐华贸易有限公司从名匠轩家私集团购入田园风格系布艺沙发 120 套，收到发票（图 2.51），支付货款（图 2.52），直接发运给清远新光百货商场，开出发票（图 2.53），办妥托收手续（图 2.54）。代垫运输过程中的运杂费（图 2.55），开出支票（图 2.56）。采购员寄回向购货单位清远新光百货商场直运商品的收、发货单（图 2.57 和图 2.58）。

4400114140　　**广东增值税专用发票**　　No. 28892148

发 票 联

开票日期 2019 年 08 月 25 日

购货单位	名　　称：佛山市乐华贸易有限公司 纳税人识别号：440103190488800123 地 址、电 话：佛山新城中山九路 12 号，0757-83000025 开户行及账号：佛山市建行新城区支行，400212359621795 4	密码区	（略）

货物或应税劳务名称	规格型号	单位	数 量	单 价	金　额	税率	税　额
田园风格系布艺沙发		套	120	3 800.00	456 000.00	13%	59 280.00
合　计					¥456 000.00		¥59 280.00
价税合计（大写）	⊗伍拾壹万伍仟贰佰捌拾圆整				（小写）¥515 280.00		

销货单位	名　　称：名匠轩家私集团 纳税人识别号：401888116763087148 地 址、电 话：云浮市皇朝路 18 号，0766-68004390 开户行及账号：工行皇朝路支行 4400225571124567	备注	名匠轩家私集团 401888116763087148 发票专用章

收款人：李鹏飞　　复核：邓飞　　开票人：李想　　销货单位（章）

第三联：发票联 购货方记账凭证

图 2.51　增值税专用发票（第三联）

托收凭证　（付款通知）　　5

委托日期 2019 年 8 月 25 日

业务类型	委托收款（□邮划、■电划）　托收承付（□邮划、□电划）						
付款人	全 称	佛山市乐华贸易有限公司		收款人	全 称	名匠轩家私集团	
	账 号	4002123596217954			账 号	4400225571124567	
	地 址	佛山市 开户行	建行新城支行		地 址	云浮市 开户行	工行皇朝支行

金额	亿	千	百	十	万	千	百	十	元	角	分
人民币（大写）伍拾壹万伍仟贰佰捌拾元整			¥	5	1	5	2	8	0	0	0

款项内容	购货款	托收凭据名称	购销合同 2310	附寄单证张数	6
商品发运情况	已发运	合同名称号码	2310		

备注： 付款人开户银行收到日期 2019 年 8 月 25 日 复核　记账	中国建设银行股份有限公司 佛山市新城支行 ★ 2019.08.25 ★ 业务办理章 付款人开户行银行签章 2019 年 8 月 25	付款人注意： 1. 根据支付结算办法，上列委托收款（托收承付）款项在付款期限内未提出拒付，即视为同意付款，以此代付款通知。 2. 如需提出全部或部分拒付，应在规定期限内，将拒付理由书并附债务证明退交开户银行。

图 2.52　托收凭证

广东增值税专用发票

4400114140　　　　No. 024888924

此联不作报销、扣税凭证使用　　开票日期　2019 年 08 月 25 日

购货单位	名　　称：清远新光百货商场 纳税人识别号：473829018237584125 地 址、电 话：清远市清新路 2 号，0763-53000025 开户行及账号：清远市建行新城区支行，4738290182371245					密码区	（略）	
货物或应税劳务名称		规格型号	单位	数　量	单 价	金　额	税率	税　额
田园风格系布艺沙发			套	120	4 250	510 000.00	13%	66 300.00
合　计						¥510 000.00		¥66 300.00
价税合计（大写）	⊗伍拾柒万陆仟叁佰圆整					（小写）¥576 300.00		
销货单位	名　　称：佛山市乐华贸易有限公司 纳税人识别号：440103190488800123 地 址、电 话：佛山新城中山九路 12 号，0757-83000025 开户行及账号：佛山市建行新城区支行，4002123596217954					备注		

收款人：钱前　　复核　　开票人：管彭　　销货单位（章）

第一联：记账联　销货方记账凭证

图 2.53　增值税专用发票（第一联）

托收凭证　（受理回单）　　1

委托日期 2019 年 8 月 25 日

业务类型	委托收款（☐邮划、■电划）　托收承付（☐邮划、☐电划）													
付款人 全 称	清远新光百货商场			收款人 全 称	佛山市乐华贸易有限公司									
付款人 账 号	4738290182371245			收款人 账 号	4002123596217954									
付款人 地 址	清远市	开户行	平安银行清新支行	收款人 地 址	佛山市	开户行	建行新城区支行							
金额 人民币（大写）	伍拾玖万肆仟零陆拾元整			亿	千	百	十	万	千	百	十	元	角	分
						¥	5	9	4	0	6	0	0	0
款项内容	购货款、运杂费	托收凭据名称	购销合同 2310	附寄单证张数	5									
商品发运情况	已发运	合同名称号码												
备注： 复核　记账	款项收妥日期 2019 年 8 月 25 日	收款人开户行银行签章 年　月　日												

中国建设银行股份有限公司
佛山市新城支行
★ 2019.08.25 ★
业务办理章

图 2.54　托收凭证

支付证明单

2019 年 8 月 25 日　　　　总号　　字第　　号　分号____字第____号

事由货品名	数　量	单位	单价	金　额							
				十	万	千	百	十	元	角	分
代垫运费				¥	1	7	7	6	0	0	0
共计金额	零拾壹万柒仟柒佰陆拾零元零角零分　¥17 760.00										
受款人	云浮市路路通运输公司		未能取得单据原因	发票交清远市新光百货商场							

主管人：乐华　　会计：　管彰　　出纳　：　钱前　　证明人：×××

图 2.55　支付证明单

中国建设银行

转账支票存根

EG
02　　05666648

附加信息

出票日期 2019 年　8　月　25 日

收款人：云浮市路路通运输公司
金　额：¥17 760.00
用　途：　运费

单位主管　乐华　　会计　管彰

图 2.56　支票存根

商品收货单

供货单位：名匠轩家私集团　　2019 年 8 月 25 日　　字第　号

货号	品名	单位	实收（进价）			实收（零售）			商品进销差价
			数量	单价	金额	数量	单价	金额	
	田园风格系布艺沙发	套	120	3 800.00	456 000.00				
备注：									

第二联　财会联

复核：　　会计：管彰　　验收人：田彬　　制单：张华

图 2.57　商品收货单

商品发货单

2019年 8 月 25 日

购货单位：清远新光百货商场　　　　　　　　　　　　发货仓库：Y002

商品编号	品名规格	单位	数量	供应单价	金额
	田园风格系布艺沙发	套	120	4 250.00	510 000.00
件数：	重量合计：		产地：云浮市		

图 2.58　商品发货单

（2）2019 年 8 月 28 日，佛山市乐华贸易有限公司收到银行转来的清远新光百货商场托收货款等的托收凭证（收账通知单），如图 2.59 所示。

托收凭证　（收账通知）　1

委托日期 2019 年 8 月 25 日

<table>
<tr><td colspan="2">业务类型</td><td colspan="12">委托收款（☐邮划、■电划）　托收承付（☐邮划、☐电划）</td></tr>
<tr><td rowspan="3">付款人</td><td>全 称</td><td colspan="4">清远新光百货商场</td><td rowspan="3">收款式</td><td>全 称</td><td colspan="6">佛山市乐华贸易有限公司</td></tr>
<tr><td>账 号</td><td colspan="4">4738290182371245</td><td>账 号</td><td colspan="6">4002123596217954</td></tr>
<tr><td>地 址</td><td>清远市</td><td>开户行</td><td colspan="2">平安银行清新支行</td><td>地 址</td><td>佛山市</td><td>开户行</td><td colspan="4">建行新城区支行</td></tr>
</table>

<table>
<tr><td rowspan="2">金额</td><td rowspan="2">人民币（大写）伍拾玖万肆仟零陆拾元整</td><td>亿</td><td>千</td><td>百</td><td>十</td><td>万</td><td>千</td><td>百</td><td>十</td><td>元</td><td>角</td><td>分</td></tr>
<tr><td></td><td></td><td>¥</td><td>5</td><td>9</td><td>4</td><td>0</td><td>6</td><td>0</td><td>0</td><td>0</td></tr>
</table>

<table>
<tr><td>款项内容</td><td>购货款、运杂费</td><td>托收凭据名称</td><td>购销合同</td><td>附寄单证张数</td><td>5</td></tr>
<tr><td>商品发运情况</td><td>已发运</td><td>合同名称号码</td><td colspan="3">2310</td></tr>
<tr><td colspan="2">备注：

复核　　记账</td><td colspan="2">款项收妥日期

2019 年 8 月 28 日</td><td colspan="2">中国建设银行股份有限公司
佛山市新城支行
★ 2019.08.28 ★
业务办理章
收款人开户行银行签章
年　月　日</td></tr>
</table>

图 2.59　托收凭证

活动指导

佛山市乐华贸易有限公司将从供货单位名匠轩家私集团购入的田园风格系布艺沙发，没经过商品入库储存，直接发运给购货单位清远新光百货商场。这种销售方式属于直运销售商品方式。佛山市乐华贸易有限公司既是购货方，又是销货方，需要进行两方的账务处理。

（1）佛山市乐华贸易有限公司作为购货方，根据开户银行转来的名匠轩家私集团的托收凭证、货物增值税专用发票的发票联和抵扣联等单据支付货款。其中，发生的运输费用，由批发企业负担的记入“销售费用”账户。本业务由购货单位清远新光百货商场负担运费，批发企业作代垫处理，记入“应收账款——代垫运费”账户，作出账务处理（表 2.20）。

表 2.20　记账凭证（一）

日期	摘要	会计分录	附件
2019-8-25	购货，并代垫运费	借：在途物资——名匠轩家私集团　456 000.00 　应交税费——应交增值税（进项税额）　59 280.00 　应收账款——代垫运费　17 760.00 　贷：银行存款　553 040.00	4

（2）作为销货方，佛山市乐华贸易有限公司根据采购员寄回的向购货单位清远新光百货商场直运商品的发货单，向购货单位托收货款的回单、货物增值税专用发票记账联等，作出如下账务处理（表 2.21）。

表 2.21　记账凭证（二）

日期	摘要	会计分录	附件
2019-8-25	确认收入	借：应收账款——清远新光百货商场　594 060.00 　贷：主营业务收入　510 000.00 　　应交税费——应交增值税（销项税额）　66 300.00 　　应收账款——代垫运费　17 760.00	3

佛山市乐华贸易有限公司根据采购员寄回的直运商品的收货单，作出如下账务处理（表 2.22）。

表 2.22　记账凭证（三）

日期	摘要	会计分录	附件
2019-8-25	结转成本	借：主营业务成本　456 000.00 　贷：在途物资——名匠轩家私集团　456 000.00	1

（3）8 月 28 日收到银行转来的向购货单位清远新光百货商场托收货款等的托收凭证（收款通知单）时，作出如下账务处理（表 2.23）。

表 2.23　记账凭证（四）

日期	摘要	会计分录	附件
2019-8-28	收到货款	借：银行存款　594 060.00 　贷：应收账款——清远新光百货商场　5 940 600.00	1

小提示

佛山市乐华贸易有限公司作为购货方和销货方，进行账务处理的先后顺序。如果先收到供货单位转来的结算凭证，则先进行作为购货方的账务处理，后进行销货方的账务处理；如果先收到采购员寄回给佛山市乐华贸易有限公司的从购货单位取得的凭证，则先进行作为销货方的账务处理，再进行购货方的账务处理；如果供货单位和购货单位的凭证同时到达，则同时进行购货方和销货方的账务处理。

活动拓展

2019 年 8 月 25 日，佛山市乐华贸易有限公司与佛山市时尚坊家具有限公司签订代销合同（图 2.60），代销实木矮凳，每张成本价 900 元；实木培训台，每张成本价 700 元，开出增值税专用发票（图 2.61）。

商品代销合同

甲方：佛山市时尚坊家具有限公司

乙方：佛山市乐华贸易有限公司

经甲乙双方友好协商，就甲方代销乙方的实木矮凳 100 张，每张售价 1 000 元；实木培训台 50 张，每张 780 元，达成如下协议：

一、甲方代销乙方实木矮凳 100 000 元，实木培训台 39 000 元，合计人民币 139 000 元，人民币（大写）：壹拾叁万玖仟元整。

二、售价由甲方自行制定，实际售价与代销合同协议价的差额归甲方所有，乙方不再支付代销手续费。

三、甲方支付运输费。

四、甲方付款后，乙方立即发货并开具发票。

五、乙方负责货物质量，如发现商品有问题，甲方可退货，并由乙方负责赔偿甲方损失。

六、货物在运输途中的正常亏损，由乙方赔偿损失。如发生重大事故或非人为原因造成的重大损失，由双方协商解决。

以上协议甲乙双方各执壹份，如有异议另签补充协议，补充协议同本协议具有同等法律效力。

甲方：佛山市时尚坊家具有限公司　　乙方：佛山市乐华贸易有限公司

代表签字：　　代表签字：

日期：2019 年 8 月 25 日　　日期：2019 年 8 月 25 日

图 2.60　商品代销合同

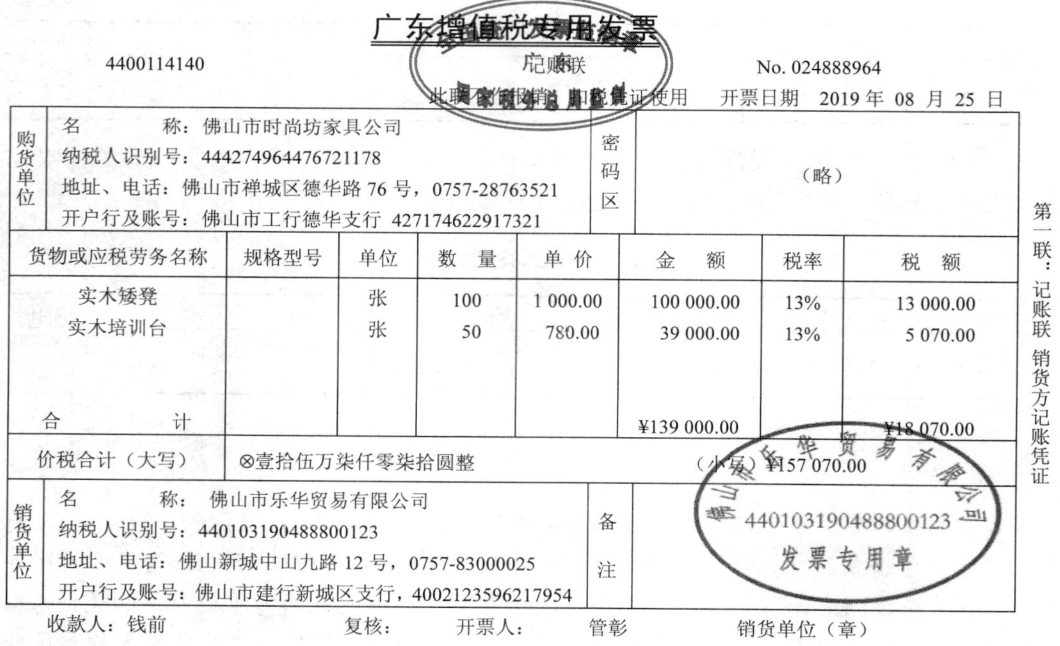

广东增值税专用发票

4400114140　　记账联　　No. 024888964

此联不作报销、扣税凭证使用　　开票日期　2019 年 08 月 25 日

购货单位	名　　称：佛山市时尚坊家具公司 纳税人识别号：444274964476721178 地址、电话：佛山市禅城区德华路 76 号，0757-28763521 开户行及账号：佛山市工行德华支行 427174622917321	密码区	（略）

货物或应税劳务名称	规格型号	单位	数　量	单　价	金　额	税率	税　额
实木矮凳		张	100	1 000.00	100 000.00	13%	13 000.00
实木培训台		张	50	780.00	39 000.00	13%	5 070.00
合　　计					¥139 000.00		¥18 070.00
价税合计（大写）	⊗壹拾伍万柒仟零柒拾圆整				（小写）¥157 070.00		

销货单位	名　　称：佛山市乐华贸易有限公司 纳税人识别号：440103190488800123 地址、电话：佛山新城中山九路 12 号，0757-83000025 开户行及账号：佛山市建行新城区支行，4002123596217954	备注	

收款人：钱前　　复核：　　开票人：　管彰　　销货单位（章）

第一联：记账联　销货方记账凭证

图 2.61　增值税专用发票

由取得的增值税专用发票（记账联）、商品代销合同等单据判断，本业务属于佛山市乐华贸易有限公司委托代销商品业务类型。委托代销商品是企业为扩大销售，委托其他单位或个人代其销售商品。

该业务核算涉及“委托代销商品”账户，“委托代销商品”属于资产类账户，用来核算企业委托其他单位代销商品的实际成本。本科目应按受托单位设置明细账，进行明细分类核算。该账户结构图如图 2.62 所示。

借　委托代销商品	贷
交给受托代销单位的商品金额	结转代销商品的商品成本
委托其他单位代销商品的实际成本	

图 2.62　“委托代销商品”账户结构

委托方和受托方订立代销合同，规定代销商品的品种、销售价格、代销手续费标准、结算时间和结算方式、违约责任等事项。对于货款和手续费，有两种账务处理方式：一是受托方作自购自销处理，不收代销手续费；二是受托方不作自购自销处理，收取代销手续费。委托方的账务处理，如图 2.63 所示。

<table>
<tr><td>受托单位视同自购自销</td><td>受托单位收取手续费</td></tr>
<tr><td colspan="2">账户设置：应设“委托代销商品”等账户</td></tr>
<tr><td colspan="2">① 发出商品给受托企业
借：委托代销商品——受托方　　委托单位向受托单位发出代销商品时，不能确认收入。因为商品所有权上的主要
　贷：库存商品——某商品　　风险和报酬并未转移给受托方。</td></tr>
<tr><td colspan="2">② 收到代销单位报来的代销清单</td></tr>
<tr><td>借：应收账款——受托方
　贷：主营业务收入
　　应交税费——应交增值税（销项税额）</td><td>借：应收账款——受托方
　销售费用——手续费
　贷：主营业务收入
　　应交税费——应交增值税（销项税额）</td></tr>
<tr><td colspan="2">同时结转代销商品成本：
借：主营业务成本
　贷：委托代销商品——受托方</td></tr>
<tr><td colspan="2">③ 收到受托单位汇来的代销款（略）</td></tr>
</table>

图 2.63　委托方的账务处理

根据代销合同中“售价由甲方自行制定，实际售价与代销合同协议价的差额归甲方所有，乙方不再支付代销手续费”的规定，本业务采用第一种方式，即受托方佛山市时尚坊家具公司作自购自销处理，视同买断该批产品的所有权，委托方佛山市乐华贸易有限公司不再支付代销费用给时尚坊家具公司。佛山市乐华贸易有限公司（委托方）的账务处理如下：

① 发出商品，交付佛山市时尚坊家具公司代销时：

借：委托代销商品——时尚坊　　125 000.00
　贷：库存商品——实木矮凳　　90 000.00
　　　　　　——实木培训台　　35 000.00

② 设委托佛山市时尚坊家具公司代销的商品全部售完，收到其送来的代销清单时：

借：应收账款——时尚坊　　157 070.00
　贷：主营业务收入——实木矮凳　　100 000.00
　　　　　　　　——实木培训台　　39 000.00
　　应交税费——应交增值税（销项税额）　　18 070.00

③ 转委托代销商品的成本（900×100＋700×50＝125 000 元）：

借：主营业务成本——实木矮凳 90 000.00

——实木培训台 35 000.00

贷：委托代销商品——时尚坊 125 000.00

学习与评价

1. 判断题

（1）仓库商品销售和直运商品销售都属于商品销售，因此在核算上没有什么不同。（　　）

（2）企业在预收货款时，由于转移了商品所有权，因此可以作为商品销售。（　　）

（3）批发商品异地销售一般采用提货制和送货制。（　　）

（4）直运商品销售的特点是先购进商品，验收入库，然后再销售。（　　）

（5）批发企业商品销售的过程中，发生的运费，计入销售费用。（　　）

2. 单项选择题

（1）乐从百货批发公司日前售给阳光百货商店搪瓷碗 300 只，每只 5.36 元，今发现单价开错，每只应为 5.66 元，当即开出更正发票予以更正，对于乐从百货批发公司该笔业务属于（　　）。

A．购进商品退价　　B．购进商品补价

C．销售商品退价　　D．销售商品补价

（2）批发企业商品销售的过程中，代垫购货单位的运费，通过（　　）账户核算。

A．其他应收款　B．应收账款　C．预收账款　D．应付账款

（3）直运商品销售在核算上不通过（　　）账户核算。

A．主营业务收入　　B．主营业务成本

C．库存商品　　D．应收账款

（4）根据货物运输业专用发票的最新规定，运费专用发票上的进项税额按（　　）税率抵扣。

A．7%　B．9%　C．17%　D．11%

（5）代销商品是销售商品的一种方式，牵涉到委托方和受托方两个方面，处在委托方立场上的商品称为（　　）。

A．受托代销商品　　B．库存商品

C．委托代销商品　　D．代销商品款

3. 多项选择题

（1）预收账款账户的期末余额（　　）。

A．一般在贷方　B．只能在贷方　C．可能在借方　D．只能在借方

（2）直运商品销售的核算具有的特点有（　　）。

A．商品的购进和销售业务同时发生

B．一般不通过“库存商品”账户核算

C．直接以“商品采购”账户核算

D. 随时结转成本

（3）对批发商品销售的核算，应设置的账户有（　　）。

A. 主营业务收入

B. 主营业务成本

C. 应交税费——应交增值税（进项税额）

D. 应交税费——应交增值税（销项税额）

4. 实务题

（1）佛山交电公司 4 月份发生如下经济业务：

① 3 日以商业承兑汇票结算方式销售给大明商场电池 200 箱，批发价为 60 元/箱，增值税税率为 13%，以现金代垫运杂费 100 元，双方签订合同，两个月后付款。

② 6 日，销售给顺昌商厦迷你电熨斗 500 只，每只 20 元，增值税税率为 13%，当即收到银行汇票一张，已办理入账。

③ 9 日，向服装厂购进男衣 1 000 件，每件进价 50 元，售价 60 元，增值税税率为 13%，直运乐易商场，进货款及运费 500 元均以转账支票付清，销货款已办理托收手续。按合同规定，乐易商场负担全部运费。

（2）某批发企业发生如下经济业务：

① 向含光商店出售甲商品 800 台，每台售价 40 元，合同规定预收货款 20 000 元，其余货款交货时结清。该批商品进价成本每台 35 元，增值税税率为 13%。

② 从甲工厂购进一批 A 商品直运销售给丙商店，该批商品进价 31 000 元，增值税 4 030 元；售价 36 000 元，增值税 4 680 元，商品运费 700 元，增值税 72 元，已由甲工厂代垫，全部由批发企业负担。A 商品由丙商店验收，含税售价 41 000 元，批发企业已开出银行汇票向甲工厂结算货款，批发企业已收到丙商店的商业承兑汇票。

要求：根据上述经济业务，作出账务处理。

任务三　批发企业商品储存的核算

学习目标

（1）能够对库存商品进行明细账和总账的登记。

（2）能够对库存商品盘点短缺和溢余进行业务核算。

（3）了解库存商品销售成本的计算方法，并能依据各种方法对库存商品期末销售成本进行结转。

（4）养成勤俭节约的良好习惯。

知识链接

批发商品储存的法规制度

商品储存是反映商品流通企业购进的商品在销售以前，在流通领域所形成的停留，是保证商品销售的基础。凡是企业已经购入的、尚未销售的商品，不论存放的地点如何，都属于储存中的商品，包括存放在仓库、门市部和寄存在外库的商品，委托其他单位代管、分期收款发出的商品等。批发商品储存量大，占用资金多，商品储存核算任务较为繁重，应本着简化和节约的原则，及时准确地反映各种商品增减变动情况，掌握商品的储存数据。

一、库存商品账户的设置与登记方法

核算库存商品，需要通过“库存商品”账户。该账户属于资产类账户，通过它核算企业全部的自有库存商品的价值。库存商品的账户体系包括总分类账（简称总账）、类目账、明细分类账（简称明细账）三个层次，层层衔接，逐级控制。

1. 库存商品总账的设置和登记

批发企业的“库存商品总账”按总分类科目（一级科目）设置，只核算商品的进价金额，不核算商品的数量。总账账页格式采用三栏式，库存商品总账可以根据记账凭证逐笔登记（表 2.24），也可以根据科目汇总表定期登记（表 2.25）。

（1）根据记账凭证登记库存商品总分类账，如表 2.24 所示。

表 2.24 总分类账（一）

会计科目：库存商品　　　　单位：元

2019 年		凭证		摘要	借方	贷方	借或贷	余额
月	日	字	号					
1	1			上年结转			借	213 018.00
	4	记	8	购进	107 145.00		借	320 163.00
	8	记	17	购进	130 955.00		借	451 118.00
	10	记	32	销售		203 000.00	借	248 118.00

（2）根据科目汇总表登记库存商品总分类账，如表 2.25 所示。

表 2.25 总分类账（二）

会计科目：库存商品　　　　单位：元

2019 年		凭证		摘要	借方	贷方	借或贷	余额
月	日	字	号					
1	1			上年结转			借	213 018.00
	10	汇	1	1～10 日发生	238 100.00	203 000.00	借	248 118.00
	20	汇	2	11～10 日发生	215 700.00	224 300.00	借	239 518.00
	31	汇	3	21～31 日发生	246 900.00	251 800.00	借	234 618.00
	31			本月合计	700 700.00	679 100.00	借	234 618.00

2. 库存商品明细账的设置和登记

批发企业的“库存商品明细账”（表 2.26）按商品的种类、品种和规格等设置明细账户进行明细核算。库存商品明细账一般采用数量进价金额核算的方法，账页格式采用数量金额式，库存商品明细账的借方反映商品增加，贷方反映商品减少，余额反映商品结存。企业要求对每种库存商品同时反映实物数量和进价金额的增减变化和结存情况。库存商品明细账根据记账凭证及所附的原始凭证逐笔登记。

1）随时计算和结转商品销售成本的企业

随时逐笔计算商品销售成本的企业指商品销售成本平时采用先进先出法、个别认定法或移动平均法进行计算的企业，库存商品明细账的借方栏登记购进商品的数量、单价和金额；贷方栏登记销售商品的数量、进货单价和金额；余额栏逐笔结出结存商品的数量、单价和金额。应当注意的是，库存商品明细账中的单价是进货单价，贷方和余额栏的单价需要采用一定的方法计算出来，具体登记方法如表2.26所示。

表2.26　库存商品明细账（一）

户名：时尚挂钩　　　　规格：0221E　　　　单位：件

2019年		凭证字号	摘要	借方			贷方			余额		
月	日			数量	单价	金额	数量	单价	金额	数量	单价	金额
1	1		上年结转							500	4.00	2 000.00
	5	记7	购进	2 000	4.80	9 600.00				2 500	4.64	11 600.00
	10	记15	销售				1 800	4.64	8 352.00	700	4.64	3 248.00
	15	记26	购进	1 000	5.00	5 000.00				1 700	4.85	8 248.00
	20	记38	销售				1 100	4.85	5 335.00	600	4.85	2 910.00

注：此明细账是在采用移动平均法下进行的登记。

但是，在实际登记库存商品明细账时，使用一般格式的库存商品明细账不能准确地反映特殊业务的核算内容，对库存商品明细账的格式进行改进，如表2.27所示，既考虑了各种情况商品的增加和减少，也反映了商品存放的具体仓库，便于管理。

表2.27　库存商品明细账（二）

类别：　　编号：　　品名：　　规格：　　等级：　　单位：

年		凭证号码	摘要	增加				减少				结存			存放仓库		
月	日			数量		单价	金额	数量		单价	金额	数量	单价	金额	A库	B库	C库
				购进	其他			销售	其他								

说明：增加栏中的其他是登记非购进而入库的商品数量，如溢余等。
减少栏中的其他是登记非销售而出库的商品数量，如加工发出等。

2）月末计算和结转商品销售成本的企业

月末集中结转商品销售成本的企业指商品销售成本采用月末一次加权平均法进行计算的企业，库存商品明细账的借方栏登记购进商品的数量、单价和金额；贷方栏平时只记销售数量，不记单价和金额；余额栏平时也只结出结存商品的数量，不记单价和金额。月末采用一定的方法计算出本月商品销售进价成本时，再在贷方登记销售商品的成本金额，在余额栏登记结存商品的数量、单价和金额，具体登记方法如表2.28所示。

表 2.28 库存商品明细账（三）

户名：时尚挂钩 规格：0221E 单位：件

2019 年		凭证字号	摘要	借方			贷方			余额		
月	日			数量	单价	金额	数量	单价	金额	数量	单价	金额
1	1		上年结转							500	4.00	2 000.00
	5	记 7	购进	2 000	4.80	9 600.00				2 500		
	10	记 15	销售				1 800			700		
	15	记 26	购进	1 000	5.00	5 000.00				1 700		
	20	记 38	销售				1 100			600		
	30	记 42	结转成本						13 756.00	600	4.70	2 844.00

注：此明细账是在采用加权平均法下进行的登记。

3. 库存商品类目账的设置和登记

在库存商品总分类账和明细分类账之间，按商品大类设置账户，将库存商品收、发、存凭证按大类归集、汇总并登记入账。库存商品类目账只记金额，不记数量。类目账登记如表 2.29 和表 2.30 所示。

表 2.29 库存商品类目账（一）

类别：实木类家具 2019 年 1 月 1 日 单位：元

2019 年		凭证号码	摘 要	增 加（借 方）	减 少（贷 方）	结 存（余 额）
月	日					
1	1		上年结转			213 018.00

表 2.30 库存商品类目账（二）

类别：布艺类沙发 2019 年 1 月 1 日 单位：元

2019 年		凭证号码	摘 要	增 加（借 方）	减 少（贷 方）	结 存（余 额）
月	日					
1	1		上年结转			506 550.00

二、商品销售成本的计算与结转

商品销售成本的计算公式为

商品销售成本＝商品销售数量×单位进价成本

企业在销售商品以后应结转商品销售的实际成本。由于商品的进货单价每次不一定相同，在采用数量进价金额核算的情况下，必须采用一定的方法来确定一个适当的单价。批发企业采用进价进行商品日常核算，商品销售实际成本的计算方法主要有加权平均法、先进先出法、个别计价定法和毛利率计算法。商品销售进价成本可按日逐笔结转，也可按月定期结转。

（一）商品销售成本的计算

1. 加权平均法

加权平均法包括月末一次加权平均法和移动加权平均法两种方法。

1）月末一次加权平均法

月末一次加权平均法是指在一个月内，在月末时综合计算每种商品的加权平均单价，再乘以销售数量，计算商品销售成本的方法。其计算公式为

$$加权平均单价=\frac{期初结存商品金额+本期收入商品金额-本期非销售发出商品金额}{期初结存商品数量+本期收入商品数量-本期非销售发出商品数量}$$

（1）本期商品销售成本＝本期商品销售数量×加权平均单价。在计算公式中，本期非销售发出商品数量和金额，是指除销售以外其他情况下的商品发出，包括发出委托的代销商品、发出加工商品、盘亏商品等。这些非销售发出的商品，在发生时就已在库存商品账户予以转销，所以在期末计算加权平均单价时要剔除这些因素。

（2）期末结存商品成本有两种计算方法：一是顺算法，期末结存商品成本金额＝期末结存商品数量×加权平均单价；二是倒算法，期末结存商品成本金额＝期初结存商品金额＋本期收入商品金额－本期非销售发出商品金额－本期销售商品成本。

采用顺算法计算期末结存商品成本，计算简便，但是存在尾数差；而采用倒算法计算期末结存商品成本，由于是运用公式相减所得，计算较烦琐，结果较准确，不存在误差。

采用加权平均法计算销售成本，方法简单，容易理解与操作，工作量小，但发出存货的成本月末才能算出，无法随时了解其资金的占用情况。

2）移动加权平均法

移动加权平均法是指以商品各次收入数量和金额与各次收入前的数量和金额为基础，计算出移动加权平均单价，再乘以销售数量，计算商品销售成本的一种方法。其计算公式为

$$移动加权平均单价=\frac{本次收入前结存商品金额+本次收入商品金额}{本次收入前结存商品数量+本次收入商品数量}$$

$$商品销售成本=商品销售数量\times移动加权平均单价$$

采用移动加权平均法，计算出来的商品销售成本比加权平均法更为均衡和客观，可随时结转销售成本，随时了解结存商品的成本金额，但计算工作量较大。

2. 先进先出法

先进先出法是指以先购入的商品先发出销售这样一种存货实物流动假设为前提，对发出商品进行计价的一种方法。采用这种方法，先购入的商品成本在后购入的商品成本之前转出，据此确定发出存货和期末存货的成本。计算销售成本时先按第一次购进商品的实际进价计算，第一次购进商品销完以后，再按第二次购进的进价计算，依此类推，而期末结存的商品金额则应是最近入库的商品进价成本。

采用先进先出法可以随时（逐笔）结转商品销售成本，可以随时计算出库存商品的结存金额，但登账工作比较烦琐。

3. 个别计价法

个别计价法又称分批实际进价法，是认定每一件或每批商品的实际进价，计算该件或该批商品销售进价成本的一种方法。在整批购进分批销售时，可以根据该批商品的实际购进单价，乘以销售数量来计算商品销售成本。其计算公式为

商品销售成本＝商品销售数量×该批次商品购进单价

采用个别计价法计算商品销售成本，计算准确，符合实际情况。但在存货收发频繁的情况下，其发出成本分辨的工作量较大。适用于能分清进货批次的整批销售、整批购进的分批销售的企业及直运商品销售、委托代销商品等。

4. 毛利率计算法

毛利率计算法，是以本月的商品销售净额乘以上季实际毛利率，匡算本月商品销售毛利，再据以计算本月商品销售成本和月末结存商品成本的一种方法。其计算公式为

本期商品销售成本＝本期商品销售净额×（1－上季实际毛利率）

本期商品销售净额＝本期商品销售收入－本期商品销售退回与折让

期末库存商品成本＝期初库存商品成本＋本期增加商品成本－本期销售商品成本

小提示

商品销售毛利指商品销售收入与商品销售成本的差额，或者说是商品售价与进价的差额。毛利率是销售毛利与商品销售收入的比率，从销售收入中减去销售毛利就是销售成本。

毛利率计算法不是按每种商品计算销售成本，而是按全部或大类商品来计算的。它是一种简化的成本计算方法，但计算结果不够正确。因此，在一个季度内，前两个月可采用毛利率法计算，在季末或年终应采用前述三种方法中的一种进行调整。毛利率计算法一般适用于经营商品品种较多、分品种计算商品销售成本有困难的商业批发企业。

（二）已销商品成本的结转

按结转时间分为随销售逐笔结转和定期（一般在月终）结转。

按结转方式分为分散结转和集中结转。

（1）分散结转。分散结转是按照已销商品的每个商品明细账，计算出每种商品的销售成本，并在每种商品明细分类账户的贷方栏内按日或按月结转销售成本数额，然后将逐笔汇总的销售成本在库存商品总账上结转的一种方法。这种结转的方式，账簿记载清晰，便于对各种商品进行考核，但计算手续较烦琐。其账务处理如下：

借：主营业务成本——某商品

　　贷：库存商品——某商品

（2）集中结转。集中结转是平时在商品明细账的贷方栏中只记已销商品的数量，月末结转已销售的商品成本时，根据确定的库存商品进货单价直接在明细账上计算并登记每种库存商品的结存金额，然后加总全部库存商品明细账户的结存金额，按商品类目账或总账上的资料计算大类或全部商品销售成本，即用“期初结存金额＋本期购进金额－期末结金额＝本期已销商品销售成本”的公式计算出大类或全部商品销售成本，据以编制记账凭证，在总账或类目账上计算结转成本的一种方法。

按大类商品结转销售成本的，其账务处理如下：

借：主营业务成本——某大类商品

　　贷：库存商品——某大类商品

按全部商品结转销售成本的，其账务处理如下：

借：主营业务成本

　　贷：库存商品

三、库存商品盘点

库存商品在储存过程中，由于自然条件、工作差错或其他原因，可能存在商品实存数量和账存数量不符的情况。为了保证账实相符，保护商品安全，必须定期或不定期对库存商品的数量和质量进行清查盘点。批发企业库存商品的盘点，一般每季或每年全面盘点一次，遇到实物保管人办理移交或发现商品遭到盗窃、灾害等情况时，还应进行临时性盘点。盘点时，要根据各种商品的计量单位逐一点数计量，以确定全部商品实存数量。发生商品溢余或短缺时，应将盘亏、盘盈的数量，填写在盘点报告表上。

商品盘亏、毁损时，应将盘亏、毁损存货账面价值转入“待处理财产损溢”。

活动一　商品销售成本的计算和结转

活动描述

2019 年 8 月 31 日，佛山市乐华贸易有限公司时尚挂衣钩明细账资料如表 2.31 所示，计算出时尚挂衣钩本月销售成本及期末库存金额。

表 2.31　库存商品明细分类账

品名：时尚挂钩　　　　单位：件

2019 年		凭证		摘要	借方			贷方			余额		
月	日	字	号		数量	单价	金额	数量	单价	金额	数量	单价	金额
9	1	记		期初余额							2 000	4.00	8 000.00
	10	记	16	购进	5 000	4.20	21 000.00				7 000		
	12	记	24	销售				4 000			3 000		
	20	记	28	购进	5 000	4.80	24 000.00				8 000		
	25	记	32	销售				7 000			1 000		
	28	记	38	盘亏				100	4.00	400.00	900		
	30	记	40	月末结转						48 622.00	900	4.42	3 978.00

活动指导

（1）采用加权平均法计算企业商品销售成品。

本题的计算结果如下：

$$时尚挂钩的加权平均单价=\frac{8\,000+21\,000+24\,000-400}{2\,000+5\,000+5\,000-100}=\frac{52\,000}{11\,900}=4.42（元/千克）$$

时尚挂钩期末库存金额＝900×4.42＝3 978（元）

顺算法下，本月已销时尚挂钩进价成本＝11 000×4.42＝48 620（元）。

倒算法下，本月已销时尚挂钩进价成本＝8 000＋45 000－400－3978＝48 622（元）。

根据以上计算结果，作出账务处理，见表 2.32。

表 2.32 记账凭证（一）

日期	摘要	会计分录	附件
2016-9-30	结转销售商品成本	借：主营业务成本 48 622.00 贷：库存商品 48 622.00	—

（2）采用移动加权平均法计算企业商品销售成本。

企业如采用移动加权平均法计算时尚挂钩销售进价成本，根据表 2.33 的资料，计算如下：

$$9\text{ 月 }10\text{ 日购进后加权平均单价}=\frac{8\,000+21\,000}{2\,000+5\,000}=4.14\text{（元/千克）}$$

$$9\text{ 月 }20\text{ 日购进后加权平均单价}=\frac{12\,420+24\,000}{3\,000+5\,000}=4.55\text{（元/千克）}$$

本月已销时尚挂钩进价成本＝16 560＋31 850＝48 410（元）

表 2.33 库存商品明细分类账

品名：时尚挂衣钩　　　　单位：件

2019 年		凭证		摘要	借方			贷方			余额		
月	日	字	号		数量	单价	金额	数量	单价	金额	数量	单价	金额
9	1	记		期初余额							2 000	4.00	8 000.00
	10	记	16	购进	5 000	4.20	21 000.00				7 000	4.14	28 980.00
	12	记	24	销售				4 000	4.14	16 560.00	3 000	4.14	12 420.00
	20	记	28	购进	5 000	4.80	24 000.00				8 000	4.55	36 400.00
	25	记	32	销售				7 000	4.55	31 850.00	1 000	4.55	4 550.00
	28	记	38	盘亏				100	4.00	400.00	900	4.55	4 095.00
	30	记	40	月末结转						48 810.00	900	4.55	4 095.00

根据以上计算结果，作出账务处理，见表 2.34。

表 2.34 记账凭证（二）

日期	摘要	会计分录	附件
2019-9-30	结转销售商品成本	借：主营业务成本 48 410.00 贷：库存商品 48 410.00	—

（3）采用先进先出法计算企业商品销售成本。

企业如采用先进先出法计算时尚挂钩销售进价成本，根据 2015 年 7 月份时尚挂衣钩的明细账资料（表 2.35），其计算方法如下。

表 2.35　库存商品明细分类账

品名：时尚挂钩　　　　单位：件

2019 年		凭证		摘要	借方			贷方			余额		
月	日	字	号		数量	单价	金额	数量	单价	金额	数量	单价	金额
9	1	记		期初余额							2 000	4.00	8 000.00
	10	记	16	购进	5 000	4.20	21 000.00				2 000 5 000	4.00 4.20	29 000.00
	12	记	24	销售				2 000 2 000	4.00 4.20	8 000.00 8 400.00	3 000	4.20	12 600.00
	20	记	28	购进	5 000	4.80	24 000.00				3 000 5 000	4.20 4.80	36 600.00
	25	记	32	销售				3 000 4 000	4.20 4.80	12 600.00 19 200.00	1 000	4.80	4 800.00
	28	记	38	盘亏				100	4.00	400.00	900	4.80	4 320.00
	30			月末结转							900	4.80	4 320.00

根据以上计算结果，本月已销时尚挂钩进价成本＝16 400＋31 800＝48 200（元）。

根据以上计算结果，作出账务处理，见表 2.36。

表 2.36　记账凭证（三）

日期	摘要	会计分录	附件
2019-9-30	结转销售商品成本	借：主营业务成本　48 200.00 贷：库存商品　48 200.00	—

（4）采用个别计价法计算企业商品销售成本。

企业如要求采用个别计价法计算时尚挂钩本月销售进价成本，从资料上可以看出本月共销售时尚挂钩 11 000 件，其中属第一批采购的有 2 000 件，实际进货单价为 4 元；属第二批采购的有 5 000 件，实际进货单价为 4.2 元，第三批采购的 4 000 件，实际进货单价为 4.8 元。

根据以上资料，本月时尚挂钩销售成本＝2 000×4＋5 000×4.2＋4 000×4.8

＝8 000＋21 000＋19 200＝48 200（元）。

根据以上计算结果，作出账务处理，见表 2.37。

表 2.37　记账凭证（四）

日期	摘要	会计分录	附件
2019-9-30	结转销售商品成本	借：主营业务成本　48 200.00 贷：库存商品　48 200.00	—

（5）采用毛利率计算法计算企业商品销售成本。

假设企业采用毛利率法计算本月时尚挂衣钩销售成本，上月实际毛利率 20%，本月商品销售额为 48 200 元。

根据公式，本月时尚挂钩销售成本＝48 200×（1－20%）＝38 560（元）。

根据以上计算结果，作出账务处理，见表 2.38。

表 2.38　记账凭证（五）

日期	摘要	会计分录	附件
2019-9-30	结转销售商品成本	借：主营业务成本　38 560.00 　　贷：库存商品　　　38 560.00	—

活动二　商品盘点短缺和溢余的核算

活动描述

（1）2019 年 8 月 30 日，佛山市乐华贸易有限公司进行了一次存货清查，清查结果见表 2.39。

表 2.39　商品盘点报告表

2019 年 8 月 30 日

商品编号	品名	单位	数量		单价	盘盈		盘亏		原因
			账存	实存		数量	金额	数量	金额	
001	实木储物柜	套	18	15	2 500.00			3	7 500.00	待查
002	M06 会议椅	张	43	59	158.00	16	2 528.00			待查
023	M80 会议椅	套	38	25	172.00			13	2 236.00	待查

主管：王超　　　　实物负责人：杨江　　　　制表：张安

（2）清查商品短缺和溢余的原因，审批处理意见。

① 8 月 31 日，经查 M06 会议椅系收发计量错误，收到审批处理意见书如图 2.64 所示。

审批处理意见书

经公司办公会议决定，现同意将盘盈的商品 M06 会议椅按照《小企业会计准则》的规定以予以处理，特此通知。

佛山市乐华贸易有限公司

2019 年 8 月 31 日

图 2.64　审批处理意见书（一）

② 8 月 31 日，经查实木储物柜系所在仓库受台风侵袭所致，由保险公司赔偿 70%；M80 会议椅系管理不善造成，由仓库保管人员赔偿 60%。收到审批处理意见书，如图 2.65 所示。

审批处理意见书

经公司办公会议决定，现同意将盘亏的商品 M80 会议椅按照《小企业会计准则》的规定以予以处理，特此通知。

佛山市乐华贸易有限公司

2019 年 8 月 31 日

图 2.65　审批处理意见书（二）

活动指导

（1）从商品盘点报告表可以看出，表中三种商品账存和实存数量不符，实木储物柜和 M80 会议椅，实存数小于账存数，盘亏；M06 会议椅实存数大于账存数，盘盈。这是批发企业储存商品过程中出现的溢余和短缺。

8 月 30 日，财务部根据商品盘点报告表及相关凭证，进行批准前的账务处理，见表 2.40 和表 2.41。

表 2.40　记账凭证（一）

日期	摘要	会计分录	附件
2019-8-31	批准前，发现盘亏	借：待处理财产损溢——待处理流动资产损溢　9 736.00 贷：库存商品——实木储物柜　7 500.00 ——M80 会议椅　2 236.00	1

表 2.41　记账凭证（二）

日期	摘要	会计分录	附件
2019-8-31	批准前，发现盘盈	借：库存商品——M06 会议椅　2 528.00 贷：待处理财产损溢——待处理流动资产损溢　2 528.00	1

（2）查明原因，经批准处理。

存货发生毁损，按收到处置收入、可收回的责任人赔偿和保险赔款，扣除其成本、相关税费后的净额，应当计入营业外支出或营业外收入。盘盈存货实现的收益应当计入营业外收入。盘亏存货发生的损失应当计入营业外支出。

根据《增值税暂行条例》第十条规定，“非正常损失的购进货物，以及相关的劳务和交通运输服务”“非正常损失的在产品、产成品所耗用的购进货物（不包括固定资产）、劳务和交通运输服务”的进项税额，不得从销项税额中抵扣。非正常损失是指因管理不善造成被盗、丢失、霉烂变质以及因违反法律法规造成货物或者不动产被依法没收、销毁、拆除的情形。

根据审批意见，对 M06 会议椅作出账务处理，见表 2.42。

表 2.42　记账凭证（三）

日期	摘要	会计分录	附件
2019-8-31	处理盘盈商品	借：待处理财产损溢——待处理流动资产损溢　2 528.00 贷：营业外收入　2 528.00	1

盘亏的实木储物柜系所在仓库受台风侵袭所致，属于自然灾害造成的损失，其进项税额不用转出，其中由保险公司赔偿 70%，应计入“其他应收款”，其余计入“营业外支出”，作出账务处理，见表 2.43。

表 2.43　记账凭证（四）

日期	摘要	会计分录	附件
2019-8-31	处理盘亏商品	借：营业外支出　2 250.00 其他应收款　5 250.00 贷：待处理财产损溢——待处理流动资产损溢　7 500.00	1

M80会议椅系管理不善造成，应将其进项税额转出，造成的损失60%由仓库保管人员赔偿，其余计入“营业外支出”，作出账务处理，见表2.44和表2.45。

表2.44 记账凭证（五）

日期	摘要	会计分录	附件
2019-8-31	处理盘亏商品	借：待处理财产损溢——待处理流动资产损溢 290.68 贷：应交税费——应交增值税（进项税额转出） 290.68	—

表2.45 记账凭证（六）

日期	摘要	会计分录	附件
2019-8-31	处理盘亏商品	借：营业外支出 1 010.67 其他应收款 1 516.01 贷：待处理财产损溢——待处理流动资产损溢 2 526.68	—

学习与评价

1. 判断题

（1）凡是企业已经购入的、尚未销售的商品，不论存放的地点如何，都属于储存中的商品。（ ）

（2）期末结存商品成本的顺算法，是期末结存商品成本金额＝期初结存商品金额＋本期收入商品金额－本期非销售发出商品金额－本期销售商品成本。（ ）

（3）采用先进先出法可以随时（逐笔）结转商品销售成本，可以随时计算出库存商品的结存金额，但登账工作比较烦琐。（ ）

（4）毛利率计算法，是一种简化的成本计算方法，计算结果也十分准确。（ ）

（5）商品盘点报告表中，实存数大于账面数，属于商品盘亏。（ ）

2. 单项选择题

（1）在“数量进价金额核算法”下，“库存商品”的总分类账和明细分类账均按（ ）记账。

A．售价 B．进价 C．数量 D．可变现净值

（2）（ ）是反映商品流通企业购进的商品在销售以前，在流通领域所形成的停留，是保证商品销售的基础。

A．商品购进 B．商品销售 C．商品储存 D．发出商品

（3）库存商品明细账账页格式一般采用（ ）。

A．横线登记式 B．多栏式 C．三栏式 D．数量金额式

（4）为了保证（ ）相符，保护商品安全，必须定期或不定期对库存商品的数量和质量进行清查盘点。

A．账证 B．账账 C．账实 D．账表

（5）采用（ ）法计算销售成本，方法简单、容易理解与操作，工作量小，但发

出存货的成本月末才能算出，无法随时了解其资金占用情况。

A．先进先出法　B．个别认定法　C．加权平均法　D．毛利率计算法

3. 多项选择题

（1）批发企业“库存商品”账户核算的内容包括（　　）。

A．存放在外库的商品　　B．委托其他单位代销的商品

C．委托其他单位代管的商品　　D．存放在门市部的商品

（2）库存商品总账可以根据（　　）逐笔登记，也可以根据（　　）定期登记。

A．原始凭证　　B．原始凭证汇总表

C．记账凭证　　D．科目汇总表

（3）商品销售实际成本的计算方法主要有（　　）。

A．先进先出法　　B．个别认定法

C．加权平均法　　D．毛利率计算法

4. 实务题

（1）某批发企业 A 商品月初结存 500 件，单价 40 元，本月购进 2 000 件，单价 41 元，本月销售 A 商品 1 000 件，每件售价 52 元，增值税 6 760 元，款项收到存入银行。

要求：按先进先出法计算 A 商品的销售成本和月末结存成本。

（2）某批发企业本月共销售甲商品 6 000 箱，其中属第一批采购的有 4 000 箱，实际进货单价为 25 元；属第二批采购的有 2 000 箱，实际进货单价为 26 元。

要求：采用个别计价法计算并结转甲商品销售成本。

（3）某企业甲商品明细账资料如表 2.46 所示。

要求：根据资料采用加权平均法计算甲商品的销售成本及期末库存金额。

表 2.46　库存商品明细分类账

品名：甲商品　　　　单位：件

年		凭证		摘要	借方			贷方			余额		
月	日	字	号		数量	单价	金额	数量	单价	金额	数量	单价	金额
	1	记		期初余额							2 000	4.00	8 000.00
	10	记	16	购进	5 000	4.40	22 000.00				7 000		
	12	记	24	销售				4 000			3 000		
	20	记	28	购进	5 000	4.60	23 000.00				8 000		
	25	记	32	销售				7 000			1 000		
	28	记	38	盘亏				100	4.00	400.00	900		
	30	记	40	月末结转									

（4）某商业批发企业库存商品采用“数量进价金额核算法”。2019 年 4 月 A 商品收、发、存资料如表 2.47 所示。

表 2.47 A 商品收入、发出、结存资料

日期	业务内容	原始凭证	数量	单价	金额	备注
1 日	月初结存		610	10.00	6 100.00	
5 日	购进	商品验收单	700	11.00	7 700.00	
10 日	销售	商品销售发票	800			售价 12 000.00
15 日	购进	商品验收单	650	12.00	7 800.00	
20 日	销售	商品销售发票	720			售价 10 900.00
25 日	购进	商品验收单	800	13.00	10 400.00	
30 日	销售	商品销售发票	700			售价 11 800.00

要求：采用月末一次加权平均法和移动加权平均法计算商品的销售成本及期末库存金额。

（5）某批发企业期末盘点发现甲商品实存数量比账存数量少 5 件，每件进价 6 元，B 商品溢余 6 个，每个进价 9 元，原因待查，根据“商品溢余（短缺）报告单”（表 2.48）。

表 2.48 商品溢余（短缺）报告单

2019 年 12 月 25 日

材料名称	计量单位	实存		账存		盘盈		盘亏	
		数量	金额	数量	金额	数量	金额	数量	金额
甲商品	件	300	1 800.00	305	1 830.00			5	30.00
B 商品	个	210	1 890.00	204	1 836.00	6	54.00		
合计							54.00		

盘点人：陈砚　　保管人：杨浙　　复核：李海　　制单：张喜

经查甲商品短少系保管员责任，应由其赔偿。经查明溢余的 B 商品，是供货方多发货所致，经与对方联系，收到如下凭证：

① 增值税专用发票的发票联及抵扣联，注明：B 商品 6 个，单价 9 元，计 54 元，增值税额 7.02 元。

② 支票存根，金额 61.02 元。

要求：根据资料进行分析，编制会计分录。

模块三　售价金额核算

商品流通企业（小企业）是从事商品购销的行业，它是处于商品流通的终点，是向批发企业或生产企业购进商品，销售给个人消费，或销售给企事业单位等用以生产和非生产消费的商品流通企业。图 3.1 为商品流转核算情境图。

图 3.1　商品流转核算情境图

任务一　零售企业购进商品的核算

学习目标

（1）学会查阅《小企业会计准则》关于零售企业相关条例。

（2）了解售价金额核算法的基本要求。

（3）能够正确处理零售企业售价金额核算法下基本购进业务。

（4）初步养成按法律、法规进行会计核算，对比不同企业准则不同核算要求的职业习惯。

知识链接

零售企业购进业务核算的法规制度

一、售价金额核算法的内容

零售商品流转是指零售企业从生产部门或其他商品流通企业购进工农业产品，供应给城乡居民和集体消费的一种商业活动，是商品流通的最终环节。

1. 零售商品的经营特点

（1）经营品种多，规格复杂，直接为消费者服务，交易次数频繁，数量零星。

（2）一手交钱、一手交货，一般不填写销货凭证（除集团购买或贵重商品）。

（3）零售企业同一商品，不论存放柜台还是仓库，一般由同一实物负责人负责。

2. 零售商品核算的内容

1）售价金额核算法的含义

售价金额核算法是一种建立在实物负责制基础上的核算方法，商品流通企业库存商品的总账和明细账都只反映库存商品的售价，而不反映其实物数量。

2）基本内容

（1）建立实物负责制。按商品经营的品种和地点，划分为若干柜组，并由各柜组的实物负责人对其所经营的商品数量、质量承担全部责任。

（2）售价记账、金额控制。库存商品的总账和明细账均按售价反映，只记售价金额，不记数量；库存商品明细账按柜组或实物负责人分设，详细反映各实物负责人所经营商品的进、销、存售价金额资料，通过总账控制，来随时落实各实物负责人的经济责任。

3）设置“商品进销差价”账户

由于“库存商品”账户是按售价入账，而商品购进是按进价核算，因此必须设置本账户来核算商品进价成本与售价之间的差额，并定期计算和结转已销商品应分摊的进销差价。

4）健全商品盘点制度

在该核算方式下，“库存商品”总账和明细账均没有数量控制，因此必须健全商品盘点制度。只有这样，才能更好地监督检查实物负责人的经济责任，确保账实相符。

5）严格加强零售商品的价格管理

商品按售价金额核算，如售价一有变动，就会直接影响库存商品的总额，因此，必须严格加强商品的价格管理。

3. 售价金额核算法的优缺点

（1）优点：简化核算手续，提高工作效率。

（2）缺点：库存商品无法提供进、销、存的数量资料，不便于商品的管理。

二、零售企业购进业务核算的账户

1.“库存商品”科目

“库存商品”科目属资产类，由于零售企业商品实行“售价金额”核算法，即平时商品存货的购进、销售和结存均按售价登记本科目。这里的售价是指按规定应向购买者收取的含增值税税额的含税零售价。本科目应按实物负责人或营业柜组等分设明细分类科目进行明细分类核算，只记金额，不记实物数量。其账户结构如图 3.2 所示。

借	库存商品　　　　贷
登记由实物负责人验收入库商品的售价金额	登记发出商品的售价金额
期末余额：反映各种未销售商品的售价金额	

图 3.2 “库存商品”账户结构

2. “在途物资”科目

“在途物资”科目属资产类，用来核算零售企业购入商品时，已经支付货款，但尚未验收入库的在途商品的进价成本。该科目应按供应单位设置明细账户，其账户结构如图 3.3 所示。

借	在途物资　　　　贷
登记已经支付货款，但尚未验收入库的在途商品的进价成本	登记验收时实际入库商品的进价成本
期末余额：反映在途商品的实际采购成本	

图 3.3 “在途物资”账户结构

3. “商品进销差价”科目

“商品进销差价”科目属资产类，是“库存商品”的调整账户，用于核算商品流通企业采用售价核算的商品售价（含税）与进价（不含税）之间的差额。本科目应按商品类别或实物负责人设置明细账，进行明细核算，其账户结构如图 3.4 所示。

借	商品进销差价　　　　贷
登记结转已销商品应分摊的进销差价、商品发生损失等原因而转销进销差价时	登记商品购进、加工收回、销售退回、溢余等因素产生进销差价
	期末余额：反映期末尚未出售也未摊销的商品进销差价

图 3.4 “商品进销差价”账户结构

月末“库存商品”账户余额（售价）减去“商品进销差价”账户期末贷方余额，就是期末库存商品的实际进价成本。

4. “应交税费”科目

“应交税费”科目属负债类，用来核算企业按照税法等规定计算应交纳的各种税费。包括增值税、所得税、城市维护建设税、教育费附加等。该账户按税费种类设置明细分类账户，进行明细分类核算，其账户结构如图 3.5 所示。

借	应交税费　　　　贷
实际交纳的税费数额	应交纳的税费数额
	期末余额：欠交税费的数额

图 3.5 “应交税费”账户结构

5. “应交税费——应交增值税”科目

“应交税费——应交增值税”是负债类的账户，用来核算一般纳税人企业应交纳的增值税。该账户的期末余额在借方，表示尚未抵扣的增值税额，其账户结构如图 3.6 所示。

借　　　　　　应交税费——应交增值税	贷
采购材料时向供货单位支付的进项税额 转出应交增值税	销售产品时向购货单位收取的销项税额 进项税额转出
期末余额：留待下期抵扣的进项税额	

图 3.6 “应交税费——应交增值税”账户结构

活动一　同城商品购进的核算

活动描述

佛山市乐华贸易有限公司门店中心家具柜组负责人向总经理申请购买一批家具，总经理审批后交由采购中心制定采购计划，采购部经过市场调查后决定与各供应商签订购销合同。商品运到后由家具柜组负责人或配送中心根据发票及合同所列内容，核对商品编号、品名、逐一清点商品数量，检查商品质量、单价和金额等，验收无误后，填制一式数联的“商品验收单”（图 3.7），家具柜组负责人或配送中心留下存根联，其余各联分送各有关部门。

商品验收单

供货单位：　　　　　　　　年　月　日　　　　　　　　字第　号

收货单位：

<table>
<tr><th rowspan="2">商品类别</th><th rowspan="2">品名规格</th><th rowspan="2">单位</th><th colspan="3">购进价格</th><th colspan="3">零售价格</th><th rowspan="2">商品进销差价</th><th rowspan="2">备注</th></tr>
<tr><th>数量</th><th>单价</th><th>金额</th><th>数量</th><th>单价</th><th>金额</th></tr>
<tr><td></td><td></td><td></td><td></td><td></td><td></td><td></td><td></td><td></td><td></td><td rowspan="3"></td></tr>
<tr><td></td><td></td><td></td><td></td><td></td><td></td><td></td><td></td><td></td><td></td></tr>
<tr><td colspan="3">合计</td><td></td><td></td><td></td><td></td><td></td><td></td><td></td></tr>
</table>

复核：　　　　会计：　　　　验收人：　　　　制单：

图 3.7　商品验收单

活动资料

2019 年 8 月 2 日，佛山市乐华贸易有限公司会计取得如下单证：采购订单（图 3.8）、增值税专用发票（图 3.9）、商品验收单（图 3.10）及支票存根联（图 3.11）。

采购订单

会计联

订货编号：10230203　　　　制单日期：2019 年 8 月 2 日

供货商	欣美家具有限公司	地址：佛山新城德富路 10 号	开户行：工商银行德富路支行
		电话：0757-28004390	账号：42309201278637856

结算方式	支票结算	交货方式	供应商送货	运费分担方式	
交（提）货地	佛山市乐华贸易有限公司配送中心	收货人		联系电话	

编码	品　名	规格	单位	订购数量	订购单价（不含税）	金额（不含税）
	M06 会议椅		张	200	125.00	25 000.00
	M80 会议椅		张	300	150.00	45 000.00
	培训桌		张	200	80.00	16 000.00
	204 实木培训台		张	80	720.00	57 600.00
金额合计						¥143 600.00

商品部	配送中心	采购部	财务部
已收货 签字：钟朗 日期：2019 年 8 月 2 日	核对无误，已收货 签字：张华 日期：2019 年 8 月 2 日	已订货 签字：刘明 日期：2019 年 8 月 2 日	签字： 日期

图 3.8　采购订单

广东增值税专用发票

4400114140　　　　发 票 联　　　　No. 24888917

开票日期 2019 年 08 月 02 日

购货单位	名　　　称：佛山市乐华贸易有限公司 纳税人识别号：440103190488800123 地 址、电 话：佛山新城中山九路 12 号，0757-83000025 开户行及账号：佛山市建行新城区支行，4002123596217954	密码区	（略）

货物或应税劳务名称	规格型号	单位	数 量	单 价	金　额	税率	税　额
M06 会议椅		张	200	125.00	25 000.00	13%	3 250.00
M80 会议椅		张	300	150.00	45 000.00	13%	5 850.00
培训桌		张	200	80.00	16 000.00	13%	2 080.00
204#实木培训台		张	80	720.00	57 600.00	13%	7 488.00
合　计					¥143 600.00		¥18 668.00
价税合计（大写）	⊗壹拾陆万贰仟贰佰陆拾捌圆整				（小写）¥162 268.00		

销货单位	名　　　称：欣美家具有限公司 纳税人识别号：410188816763087123 地 址、电 话：德富路 10 号，0757-28004390 开户行及账号：工商银行德富路支行 42309201278637856	备注	欣美家具有限公司 410188816763087123 发票专用章

收款人：陈霞红　　复核：邓鸿　　开票人：李辉　　销货单位：（章）

第三联：发票联　购货方记账凭证

图 3.9　增值税专用发票

商 品 验 收 单

供货单位：欣美家具有限公司　　　　2019 年 8 月 2 日　　　　字第 01 号

收货单位：佛山市乐华贸易有限公司

商品类别	品名规格	单位	购进价格			零售价格			商品进销差价	备注
			数量	单价	金额	数量	单价	金额		
	M06 会议椅	张				200	175.00	35 000.00		商品送货制
	M80 会议椅	张				300	190.00	57 000.00		
	培训桌	张				200	125.00	25 000.00		
	204#实木培训台	张				80	800.00	64 000.00		
合计										

复核：　　　　会计：管彰　　　　验收人：钟明　　　　制单：张华

图 3.10　商品验收单

中国建设银行
支票存根
100322355
58900868
附加信息

出票日期：2019 年 8 月 2 日
收款人：欣美家具有限公司
金额：¥162 268.00
用途：　货款
单位主管　乐华　　会计　管彰

图 3.11　支票存根

活动指导

第一步：审核单据，确定业务类型。

第二步：一般情况下，同城购进的商品，由于与供货方在同一城市，商品验收与货款结算在同一天内办理，因此同城商品购进一般采用“送货制”或“提货制”交接商品，货款结算一般采用“发票”“委托收款”“商业汇票”等结算方式。

第三步：确定购进商品的入账价格。售价金额核算下商品购进入账价格是按商品售价金额确定的。商品的采购成本包括：商品购买价款以及购进商品环节发生相关税费、运输费、装卸费、保险费等进货费用，但不含按照税法规定可抵扣的增值税进项税额，即购进入库的商品直接通过“库存商品”账户核算（按售价记账），两者的差额计入“商品进销差价”账户，见表 3.1。

表 3.1　记账凭证

日期	摘要	会计分录		附件
2019-8-2	采购商品，商品已验收入库	借：库存商品——M06 会议椅 ——M80 会议椅 ——培训桌 ——204#实木培训台 应交税费——应交增值税（进项税额） 贷：银行存款 商品进销差价	35 000.00 57 000.00 25 000.00 64 000.00 18 668.00 162 268.00 37 400.00	3

注：根据《小企业会计准则》第六十五条规定，小企业（批发业、零售业）在购买商品过程中发生的费用包括运输费、装卸费、包装费、保险费、运输途中的合理损耗和入库前的挑选整理费等，计入“销售费用”账户核算。

活动拓展

2019 年 8 月 4 日，会计收到 7 月 28 日购买商品的增值税专用发票（图 3.12），签发银行汇票（图 3.13 和图 3.14）支付货款。

4400114140　　广东增值税专用发票　　No. 24888956

发票联

开票日期 2019 年 08 月 04 日

购货单位	名　　称：佛山市乐华贸易有限公司 纳税人识别号：440103190488800123 地 址、电 话：佛山新城中山九路 12 号，0757-83000025 开户行及账号：佛山市建行新城区支行，4002123596217954				密码区	（略）	
货物或应税劳务名称	规格型号	单位	数 量	单 价	金　额	税率	税　额
红木皮制会议椅		张	200	285.00	57 000.00	13%	7 410.00
桦木儿童写字桌		张	120	127.00	15 240.00	13%	1 981.20
合　计					¥72 240.00		¥9 391.20
价税合计（大写）	⊗捌万壹仟陆佰叁拾壹圆贰角整				（小写）¥81 631.20		
销货单位	名　　称：星艺家具有限公司 纳税人识别号：481018816763087145 地 址、电 话：佛山市新桂路 8 号，0757-68430090 开户行及账号：建行新桂路支行 4254002572217543				备注	星艺家具有限公司 481018816763087145 发票专用章	

收款人：李丽　　复核：邓辉　　开票人：李鸿　　销货单位（章）

第三联：发票联　购货方记账凭证

图 3.12　增值税专用发票

付款期限 壹个月	银行汇票　　1　　汇票号码 1004		此联代理付款行付款后作联行往账借方凭证附件
出票日期 （大写）	贰零壹玖年捌月零肆日	代理付款行：建行新城区支行	
收款人：星艺家具有限公司		账号：4254002572217543	
出票金额	人民币（大写）　玖万元整		
实际结算金额 人民币（大写）捌万壹仟陆佰叁拾壹元贰角		千 百 十 万 千 百 十 元 角 分 ¥ 8 1 6 3 1 2 0	
申　请　人：	佛山市乐华贸易有限公司	账号或地址：4002123596217954	
出　票　行：	建行新城区支行	密押	复核　记账
备　　注：		多余金额	
凭票付款	528315 汇票专用章	乐华印　百 十 万 千 百 十 元 角 分 ¥ 8 3 6 8 8 0	

图 3.13　银行汇票（正面）

被背书人	被背书人
背书人签章 年　月　日	背书人签章 年　月　日

图 3.14　银行汇票（背面）

由于本业务上月末已暂估入账，本月收到该业务的结算单据，应作如下账务处理：

（1）8 月 1 日，红字冲回暂估入账的 7 月 31 日的账务，会计分录如下：

借：库存商品——家具柜组　　90 880.00

　　贷：应付账款——星艺家具　　72 800.00

　　　　商品进销差价　　18 080.00

（2）8 月 4 日，收到货物增值税专用发票，支付货款，商品进销差价为库存商品售价金额与进价金额的差额为 18 640（90 880－72 240）元，编制如下会计分录：

借：库存商品——家具柜组　　90 880.00

　　应交税费——应交增值税（进项税额）　　9 391.20

贷：商品进销差价　18 640.00

　　其他货币资金——银行汇票　81 631.20

活动二　异地商品购进的核算

活动（一）　单到货未到

活动描述

（1）2019 年 8 月 7 日，佛山市乐华贸易有限公司收到购家具的增值税专用发票（图 3.15）及运费的增值税专用发票（图 3.16），未收到商品验收单，付款凭证如图 3.17 所示。

4400114140　　广东增值税专用发票　　No. 24888921

发票联

开票日期 2019 年 08 月 07 日

购货单位	名　　称：佛山市乐华贸易有限公司 纳税人识别号：440103190488800123 地 址、电 话：佛山新城中山九路 12 号，0757-83000025 开户行及账号：佛山市建行新城区支行，4002123596217954	密码区	（略）

货物或应税劳务名称	规格型号	单位	数 量	单 价	金　额	税率	税　额
儿童松木床		张	180	253.00	45 540.00	13%	5 920.20
炫彩时尚衣架		个	200	30.00	6 000.00	13%	780.00
实木矮凳		张	100	980.00	98 000.00	13%	12 740.00
合　计					¥149 540.00		¥19 440.20
价税合计（大写）	⊗壹拾陆万捌仟玖佰捌拾圆贰角整				（小写）¥168 980.20		

销货单位	名　　称：美欣家具有限公司 纳税人识别号：410870188816763245 地 址、电 话：德庆市富德路 18 号，0758-86004390 开户行及账号：工行富德路支行 42254005712334	备注	美欣家具有限公司 410870188816763245 发票专用章

第三联：发票联　购货方记账凭证

收款人：张慧　　复核：成昆　　开票人：张诚　　销货单位（章）

图 3.15　增值税专用发票（货款）

4400114140 广东增值税专用发票 No. 24888906

开票日期 2019 年 08 月 07 日

购货单位	名　　称：佛山市乐华贸易有限公司 纳税人识别号：440103190488800123 地 址、电 话：佛山新城中山九路 12 号，0757-83000025 开户行及账号：佛山市建行新城区支行，002123596				密码区	（略）	
货物或应税劳务名称	规格型号	单位	数 量	单 价	金　额	税率	税　额
运输费用					8 000.00	9%	720.00
合　计					¥8 000.00		¥720.00
价税合计（大写）	⊗捌仟柒佰贰拾圆整　（小写）¥8 720.00						
销货单位	名　　称：德庆通达物流公司 纳税人识别号：410130878881676841 地 址、电 话：德庆市戸拓路 1 号，0758-86439000 开户行及账号：工行开拓路支行 4271235254005				备注	德庆通达物流公司 410130878881676841 发票专用章	

收款人：乐佳　　复核：邓鸿　　开票人：张彤　　销货单位：（章）

第三联：发票联　购货方记账凭证

图 3.16　增值税专用发票（运输费）

委托收款　凭证　（付款通知）　No. 120145

委托日期 2019 年 8 月 7 日　　付款日期 2019 年 8 月 7 日

付款人	全称	佛山市乐华贸易有限公司	收款人	全称	美欣家具有限公司
	账号	4002123596217954		账号	42254005712334
	开户银行	建行新城区支行		开户银行	工行富德路支行

委托金额	人民币（大写）	壹拾柒万柒仟柒佰元贰角整	千	百	十	万	千	百	十	元	角	分
				¥	1	7	7	7	0	0	2	0

款项内容	货款	委托收款凭据名称	发票	附寄单证张数	2

此联为收款人开户银行给付款人按期付款的通知

图 3.17　付款凭证

（2）2019 年 8 月 11 日，佛山市乐华贸易有限公司收到 8 月 7 日所购商品，已验收入库，商品验收单如图 3.18 所示。

商 品 验 收 单

供货单位：美欣家具有限公司　　　　2019 年 8 月 11 日　　　　字第 02 号

收货单位：佛山市乐华贸易有限公司

商品类别	品名规格	单位	购进价格			零售价格			商品进销差价	备注
			数量	单价	金额	数量	单价	金额		
	儿童松木床	张				180	300.00	54 000.00		商品送货制
	炫彩时尚衣架	个				200	43.00	8 600.00		
	实木矮凳	张				100	1 120.00	112 000.00		
合计								174 600.00		

复核：　　　　会计：管彰　　　　验收人：钟明　　　　制单：张华

图 3.18　商品验收单

活动指导

根据《小企业会计准则》的规定，该业务在购买商品过程中发生的运输费在发生时直接计入当期销售费用，不计入所购商品的成本。因此，商品采购成本是由增值税专用发票上商品的买价所构成。根据货物增值税专用发票（发票联）、运输费用增值税专用发票（发票联）、委托收款（付款通知单），作出账务处理，见表 3.2。

表 3.2　记账凭证（一）

日期	摘要	会计分录	附件
2019-8-7	采购商品，尚未到达，支付货款	借：在途物资——美欣家具有限公司　149 540.00 销售费用　8 000.00 应交税费——应交增值税（进项税额）　20 160.20 贷：银行存款　177 700.20	3

8 月 11 日收到“商品验收单”，7 日购买的商品验收入库，根据商品验收单，作出账务处理，见表 3.3。

表 3.3　记账凭证（二）

日期	摘要	会计分录	附件
2019-8-11	采购商品，验收入库	借：库存商品——儿童松木床　54 000.00 库存商品——炫彩时尚衣架　8 600.00 库存商品——实木矮凳　112 000.00 贷：在途物资——美欣家具有限公司　149 540.00 商品进销差价　25 060.00	1

活动拓展

（1）2019 年 8 月 11 日，在拆包 8 月 7 日所购炫彩时尚衣架时发现有 45 个有色差、款式等质量问题，与厂家联系后同意退货，商品验收单如图 3.19 所示。

商品验收单

供货单位：美欣家具有限公司　　2019 年 8 月 11 日　　字第 01 号
收货单位：佛山市乐华贸易有限公司

商品类别	品名规格	单位	购进价格			零售价格			商品进销差价	交货
			数量	单价	金额	数量	单价	金额		
	炫彩时尚衣架	个				45	43.00	1 935.00		商品送货制
合计										
备注			色差、款式等质量问题退货							

复核：　　会计：管彰　　验收人：钟明　　制单：张华

图 3.19　商品验收单

本业务属于进货退出。零售企业购进商品验收入库后，由于某种原因（如拆包上柜销售时发现品种质量与合同规定不符等），经与供货方协商同意后，又将商品退还给原供货单位称为进货退出。商品购进中发生退货业务时，一般是由收货的实物柜组提出，然后由采购部与供应商协调，确认后由会计部门进行账务处理。

采购商品退货业务的会计处理。零售企业购进的商品如存在质量问题，经供货单位同意，有以下两种处理方式：

① 将问题商品退回，对方重发商品。在收到重发商品后，验收并填写“商品验收单”收货即可。

② 将问题商品退回，对方退还购货款。

本业务属于第②种处理方式。

首先，购货方到当地税务机关申请开出“开具红字增值税专用发票通知单”（图 3.20）交供货方。

开具红字增值税专用发票通知单

填开日期：2019 年 08 月 11 日　　No.140250

销售方	名　称	美欣家具有限公司	购买方	名　称	佛山市乐华贸易有限公司
	税务登记代码	410870188816763245		税务登记代码	440103190488800123
开具红字发票内容	货物（劳务）名称	单价	数量	金额	税额
	炫彩时尚衣架	30.00	45	1 350.00	175.50
	合计		45	¥1 350.00	¥175.50
说明	需要作进项税额转出□ 不需要作进项税额转出☑ 纳税人识别号认证不符□ 专用发票代码、号码认证不符□ 对应蓝字专用发票密码区内打印的代码：（略） 号码：201922445 开具红字专用发票理由： 商品质量与合同要求不符。				

经办人：段妮　　负责人：罗翔　　主管税务机关名称（印章）：国家税务总局佛山市新城区税务分局

注：1．本通知单一式三联：第一联，购买方主管税务机关留存；第二联，购买方送交销售方留存；第三联，购买方留存。
2．通知单应与申请单一一对应。
3．销售方应在开具红字专用发票后到主管税务机关进行核销。

图 3.20　开具红字增值税专用发票通知单

其次，购货方向销售方提出进货退出，销售方同意后，购货方填制红字“商品验收单”（图 3.19）。

根据红字“商品验收单”，按商品进价，借记“在途物资”科目，按含税售价，贷记“库存商品”科目，按库存商品售价与进价金额的差额，借记“商品进销差价”科目，编制退回商品会计分录，见表 3.4。

表 3.4　记账凭证

日期	摘要	会计分录	附件
2019-8-11	退货	借：在途物资——美欣家具有限公司　1 350.00 　　商品进销差价　585.00 　　贷：库存商品——家具柜组　1 935.00	1

（2）2019 年 8 月 15 日，收到美欣家具有限公司开来的红字增值税专用发票（图 3.21）。根据红字增值税专用发票，冲减“在途物资”账户，同时冲减发生进货退出当期的增值税进项税额。如果之前支付货款，现收到供货单位退还的货款，则增加“银行存款”；如果之前未支付货款，则现在冲减“应付账款”。

4400114140　　广东增值税专用发票　　No. 24888928

发票联

销项负数　　开票日期 2019 年 08 月 14 日

购货单位	名　　称：佛山市乐华贸易有限公司 纳税人识别号：440103190488800123 地 址、电 话：佛山新城中山九路 12 号，0757-83000025 开户行及账号：佛山市建行新城区支行，4002123596217954	密码区	（略）

货物或应税劳务名称	规格型号	单位	数 量	单 价	金　额	税率	税　额
炫彩时尚衣架		个	−45	30.00	−1 350.00	13%	−175.50
合　　计					¥−1 350.00		¥−175.50
价税合计（大写）	⊗（负数）壹仟伍佰贰拾伍圆伍角整				（小写）¥−1 525.50		

销货单位	名　　称：美欣家具有限公司 纳税人识别号：410870188816763245 地 址、电 话：德庆市富德路 10 号，0758-86004390 开户行及账号：工行富德路支行 42254005712334	备注	美欣家具有限公司 410870188816763245 发票专用章

第三联：发票联　购货方记账凭证

收款人：乐佳　　复核：邓鸿　　开票人：张彤　　销货单位（章）

（抵扣联略）

图 3.21　红字增值税专用发票

收到供方开出红字增值税专用发票后，按商品进价及进项税额，借记“应付账款”科目，红字借记“应交税费——应交增值税（进项税额）”科目；按商品进价，贷记“在途物资”科目。本业务收到供货方开具的红字增值税专用发票后，编制确认退货的会计分录，见表 3.5。

表 3.5 记账凭证

日期	摘要	会计分录	附件
2019-8-15	退货	借：应付账款——美欣家具有限公司 1 525.50 应交税费——应交增值税（进项税额） 175.50 贷：在途物资——美欣家具有限公司 1 350.00	1

活动（二） 货到单未到

活动描述

2019 年 8 月 28 日，购买商品，已验收入库，商品验收单如图 3.22 所示，尚未支付款项。

商品验收单

供货单位：星艺家具有限公司　　2019 年 8 月 28 日　　字第 04 号

收货单位：佛山市乐华贸易有限公司

货号	品名	单位	实收（进价）			实收（零售）			商品进销差价
			数量	单价	金额	数量	单价	金额	
	红木皮制会议椅	张	200	150.00	30 000.00				
	桦木儿童写字桌	张	120	100.00	12 000.00				
备注：提货制									

第二联 财会联

复核：　　会计：管彰　　验收人：钟明　　制单：张华

图 3.22 商品验收单

活动指导

先收到商品后收到结算凭证，属于异地购进商品的核算。当商品验收入库，如果发票账单未到且尚未支付款项，平时暂不作账务处理，待收到发票账单时再作账务处理。如果月末发票账单仍未到达，则按应付给供应商的暂估进价款入账，下月初用红字编制同样的凭证，予以冲回；待收到发票实际付款时，再按单货同到作商品购进的处理。

（1）2019 年 8 月 28 日，根据商品验收单办理商品入库，登记库存商品明细账。

（2）本业务企业暂不入账，如月末有关单据仍未到达，则 8 月 31 日根据暂估进价入账，作出账务处理，见表 3.6。

表 3.6 记账凭证（一）

日期	摘要	会计分录	附件
2019-8-31	采购商品，暂估入账	借：库存商品——M21 会议椅 30 000.00 库存商品——204 实木培训台 12 000.00 贷：应付账款——暂估应付款 42 000.00	1

（3）2019 年 9 月 1 日，红字冲销暂估应付款，作出账务处理，见表 3.7。

表 3.7　记账凭证（二）

日期	摘要	会计分录	附件
2019-9-1	冲销暂估入库	借：库存商品——M21 会议椅　30 000.00 库存商品——204 实木培训台　12 000.00 贷：应付账款——暂估应付款　42 000.00	—

待接到结算单据后，承付款项，再作与单货同到的账务处理。

活动（三）　预付货款

（1）2019 年 8 月 14 日，佛山市乐华贸易有限公司与上海长东公司签订购销合同（图 3.23），合同规定先预付 20%货款，支票存根见图 3.24。

购销合同（简表）

2019 年 8 月 14 日　　No.2345

购货方	佛山市乐华贸易有限公司	地址：佛山新城中山九路 12 号		开户行：佛山市建行新城区支行	
		电话：0757-83000025		账号：4002123596217954	
销售方	上海长东公司	地址：上海市华康路 1 号		开户行：中国银行华康支行	
		电话：021-63582786		账号：66633399	
购买商品	品名	单位	数量	单价（不含税）	金额（不含税）
	时尚板式衣柜	个	400	220.00	88 000.00
	实木储物柜	组	200	2 060.00	412 000.00
	合计				500 000.00
结算方式	托收承付		运费承担方式	购货方承担，货到付款	
付款条件	2/10,1/20,*n*/30（按价款结算）				

图 3.23　购销合同

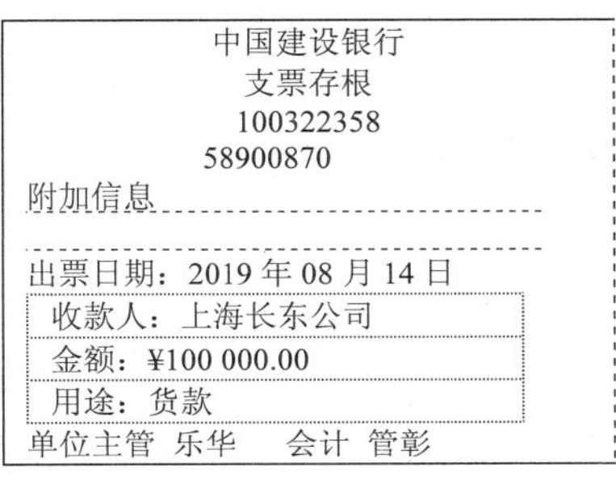
中国建设银行
支票存根
100322358
58900870
附加信息
出票日期：2019 年 08 月 14 日
收款人：上海长东公司
金额：¥100 000.00
用途：货款
单位主管　乐华　　会计　管彰

图 3.24　支票存根

（2）2019 年 8 月 22 日，佛山市乐华贸易有限公司收到供货单位发来的商品，支付余款，相关凭证见图 3.25～图 3.29。

3100114140

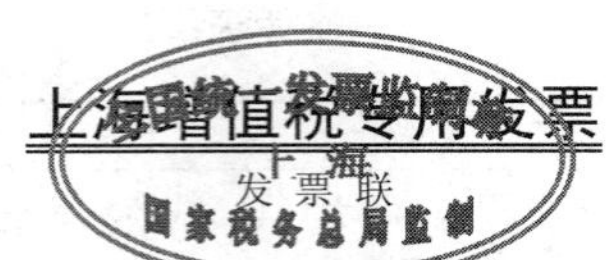

上海增值税专用发票

发票联

No. 0360812

开票日期 2019 年 08 月 22 日

名　　　称：佛山市乐华贸易有限公司 纳税人识别号：440103190488800123 地 址、电 话：佛山新城中山九路 12 号，0757-83000025 开户行及账号：佛山市建行新城区支行，4002123596217954				密码区	（略）		
货物或应税劳务名称	规格型号	单位	数 量	单 价	金　额	税率	税　额
时尚板式衣柜		个	400	220.00	88 000.00	13%	11 440.00
实木储物柜		组	200	2 060.00	412 000.00	13%	53 560.00
					¥500 000.00		¥65 000.00
价税合计（大写）	⊕伍拾陆万伍仟圆整				（小写）¥565 000.00		
名　　　称：上海长东公司 纳税人识别号：410188816763087118 地 址、电 话：上海市华康路 1 号，021-63582786 开户行及账号：中国银行华康支行, 66633399				备注	上海长东公司 410188816763087118 发票专用章		

收款人：张栋　　复核：李晓　　开票人：王艳　　销货单位：（章）

图 3.25　增值税专用发票（货款）

3100114140

上海增值税专用发票

No. 03608007

开票日期 2019 年 08 月 22 日

购货单位	名　　　称：佛山市乐华贸易有限公司 纳税人识别号：440103190488800123 地 址、电 话：佛山新城中山九路 12 号，0757-83000025 开户行及账号：佛山市建行新城区支行，4002123596217954				密码区	（略）		
货物或应税劳务名称		规格型号	单位	数 量	单 价	金　额	税率	税　额
运输费用						18 000.00	9%	1 620.00
合　计						¥18 000.00		¥1 620.00
价税合计（大写）		⊗壹万玖仟陆佰贰拾圆整				（小写）¥19 620.00		
销货单位	名　　　称：上海新通物流公司 纳税人识别号：508881167630872295 地 址、电 话：沿江路 08 号，021-68004390 开户行及账号：工行沿江路支行 540220557				备注	上海新通物流公司 508881167630872295 发票专用章		

第三联：发票联 购货方记账凭证

收款人：陈红　　复核：邓鸿　　开票人：李兵　　销货单位：（章）

图 3.26　增值税专用发票（运输费）

商品验收单

供货单位：上海长东公司　　2019年8月22日　　字第03号

收货单位：佛山市乐华贸易有限公司

商品类别	品名规格	单位	购进价格			零售价格			商品进销差价	备注
			数量	单价	金额	数量	单价	金额		
	时尚板式衣柜	个				400	275.00	110 000.00		商品发货制
	实木储物柜	组				200	2480.00	496 000.00		
合计										

复核：　　会计：管彰　　验收人：钟明　　制单：张华

图3.27　商品验收单

托收凭证　（付款通知）　5

委托日期 2019年8月22日

业务类型	委托收款（邮划、■电划）　托收承付（邮划、□电划）																	
付款人	全称	佛山市乐华贸易有限公司			收款人	全称	上海长东公司											
	账号	4002123596217954				账号	66633399											
	地址	佛山市	开户行	建行新城区支行		地址	上海市	开户行	中国银行华康支行									
金额	人民币（大写）	肆拾陆万伍仟元整						亿	千	百	十	万	千	百	十	元	角	分
										¥	4	6	5	0	0	0	0	0
款项内容	货款		托收凭据名称	购销合同 2345		附寄单证张数	5											
商品发运情况	已发运		合同名称号码				2345											
备注： 付款人开户银行收到日期 2019年8月22日 复核　记账		付款人开户行银行签章 2019年8月22日			付款人注意： 1. 根据支付结算办法，上列委托收款（托收承付）款项在付款期限内未提出拒付，即视为同意付款，以此代付款通知。 2. 如需提出全部或部分拒付，应在规定期限内，将拒付理由书并附债务证明退交开户银行。													

中国建设银行股份有限公司 佛山市新城支行 2019.08.22 6 业务办理章

图3.28　托收凭证

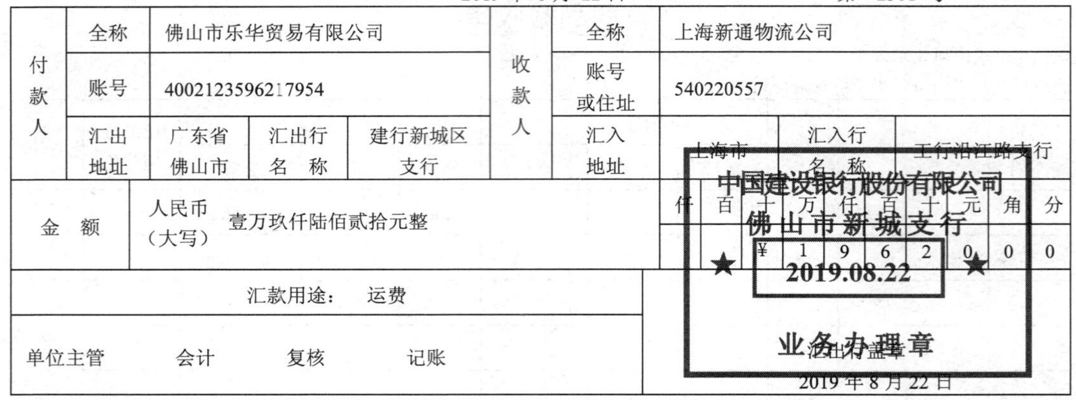

中国建设银行电汇凭证（回单） 1

2019年8月22日 第 2301 号

付款人	全称	佛山市乐华贸易有限公司			收款人	全称	上海新通物流公司		
	账号	4002123596217954				账号或住址	540220557		
	汇出地址	广东省佛山市	汇出行名称	建行新城区支行		汇入地址	上海市	汇入行名称	工行沿江路支行

金额	人民币（大写）	壹万玖仟陆佰贰拾元整	仟	百	十	万	仟	百	十	元	角	分
					¥	1	9	6	2	0	0	0

汇款用途： 运费

单位主管 会计 复核 记账

中国建设银行股份有限公司 佛山市新城支行 2019.08.22 业务办理章

汇出行盖章 2019年8月22日

图 3.29 电汇凭证回单

活动指导

（1）公司向上海长东公司购进货物，按购销按合同规定，向供货单位预先支付部分货款，供货单位再定期交付商品，该业务属于预付款异地购进商品类型。预先支付的货款，应通过“预付账款”账户核算，以后收到商品时，再作为商品购进处理。根据购销合同和支票存根联，作出账务处理，见表 3.8。

表 3.8 记账凭证（一）

日期	摘要	会计分录	附件
2019-8-14	预付采购商品货款	借：预付账款——上海长东公司 100 000.00 贷：银行存款 100 000.00	1

（2）购货结算凭证（托收凭证）与商品同日到达，该业务属于异地购进，核算方法与同城购进中的单货同到处理相同，结合业务（1）的购销合同及预付的款项，结清余额。

由于上海新通物流公司将供货方和购货方分别负担的运费开在不同的运费发票上，业务（2）运费发票中的运费是由购货方负担的，按照正常取得运费发票的流程账务处理即可。根据货物发票、商品验收单，作出账务处理，见表 3.9。

表 3.9 记账凭证（二）

日期	摘要	会计分录	附件
2019-8-22	商品入库	借：库存商品——时尚板式衣柜 110 000.00 ——实木储物柜 496 000.00 应交税费——应交增值税（进项税额） 65 000.00 贷：预付账款——上海长东公司 565 000.00 商品进销差价 106 000.00	2

根据运费发票、托收凭证（付款通知），作账务处理，见表 3.10。

表 3.10　记账凭证（三）

日期	摘要	会计分录	附件
2019-8-22	支付运费	借：销售费用　18 000.00 应交税费——应交增值税（进项税额）　1 620.00 贷：银行存款　19 620.00	2

根据托收凭证（付款通知），支付余款，作出账务处理，见表 3.11。

表 3.11　记账凭证（四）

日期	摘要	会计分录	附件
2019-8-22	支付余款	借：预付账款——上海长东公司　465 000.00 贷：银行存款　465 000.00	1

活动拓展

（1）2019 年 8 月 24 日，佛山市乐华贸易有限公司收到上海长东公司的调价增值税专用发票，相关票据见图 3.30～图 3.33。

3100114140　　上海增值税专用发票　　No. 03608007

全国统一发票监制章 上海 国家税务总局监制

发票联

开票日期 2019 年 08 月 23 日

购货单位	名　称：佛山市乐华贸易有限公司 纳税人识别号：440103190488800123 地 址、电 话：佛山新城中山九路 12 号，0757-83000025 开户行及账号：佛山市建行新城区支行，4002123596217954				密码区	（略）		
货物或应税劳务名称	规格型号	单位	数 量	单 价	金　额	税率	税　额	
时尚板式衣柜		个	400	15.00	6 000.00	13%	780.00	
合　计					¥6 000.00		¥780.00	
价税合计（大写）	⊗陆仟柒佰捌拾圆整				（小写）¥6 780.00			
销货单位	名　称：上海长东公司 纳税人识别号：410188816763087118 地 址、电 话：上海市华康路 1 号，021-63582786 开户行及账号：中国银行华康支行，66633399				备注	上海长东公司 410188816763087118 商品调价 发票专用章		

第三联：发票联　购货方记账凭证

收款人：乐佳　　复核：邓鸿　　开票人：张彤　　销货单位（章）

图 3.30　增值税专用发票（一）

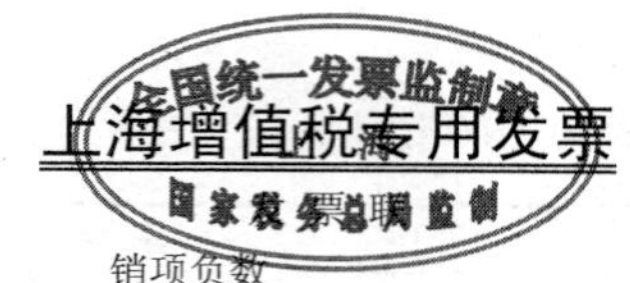

3100114140 **上海增值税专用发票** No. 03608008

销项负数 开票日期 2019 年 08 月 23 日

购货单位	名　　称：佛山市乐华贸易有限公司 纳税人识别号：440103190488800123 地 址、电 话：佛山新城中山九路 12 号，0757-83000025 开户行及账号：佛山市建行新城区支行，4002123596217954				密码区	（略）		
货物或应税劳务名称	规格型号	单位	数 量	单 价	金　额	税率	税　额	
实木储物柜		组	－200	80.00	－16 000.00	13%	－2 080.00	
合　　计					¥－16 000.00		¥－2 080.00	
价税合计（大写）	⊗（负数）壹万捌仟零捌拾圆整				（小写）¥－18 080.00			
销货单位	名　　称：上海长东公司 纳税人识别号：410188816763087118 地 址、电 话：上海市华康路 1 号，021-63582786 开户行及账号：中国银行华康支行, 66633399				备注	商品调价 410188816763087118 发票专用章		

第三联：发票联 购货方记账凭证

收款人：乐佳 复核：邓鸿 开票人：张彤 销货单位（章）
（抵扣联略）

图 3.31 增值税专用发票（二）

商品验收单

供货单位：上海长东公司 2019 年 8 月 24 日 字第 02 号
收货单位：佛山市乐华贸易有限公司

货号	品名	单位	实收（进价）			实收（零售）			商品进销差价
			数量	单价	金额	数量	单价	金额	
	时尚板式衣柜	个	400	15.00	6 000.00				
备注：商品调价									

第二联 财会联

复核： 会计：管彰 验收人：钟明 制单：张华

图 3.32 商品验收单（一）

商品验收单

供货单位：上海长东公司 2019 年 8 月 24 日 字第 03 号
收货单位：佛山市乐华贸易有限公司

货号	品名	单位	实收（进价）			实收（零售）			商品进销差价
			数量	单价	金额	数量	单价	金额	
	实木储物柜	组	200	80.00	16 000.00				
备注：商品调价									

第二联 财会联

复核： 会计：管彰 验收人：钟明 制单：张华

图 3.33 商品验收单（二）

本业务属于采购商品进货退、补价会计核算。根据供货单位填制的退补价凭证和业务部门填制的红字或蓝字“商品验收单”进行账务处理。采用售价金额核算的库存商品是按售价记账的，因此当发生进货退补价时，只调整补价或退价库存商品所包含的进销差价即可。

① 采购商品补价核算。企业收到向上海长东公司购买时尚板式衣柜的蓝字增值税专用发票（图 3.30）及配送中心转来的蓝字“商品验收单”（图 3.32）时，编制会计分录，见表 3.12。

表 3.12 记账凭证（一）

日期	摘要	会计分录	附件
2019-8-24	商品调价	借：商品进销差价——时尚板式衣柜 6 000.00 应交税费——应交增值税（进项税额） 780.00 贷：应付账款——上海长东公司 6 780.00	2

② 采购商品退价核算。企业收到向上海长东公司购买实木储物柜的红字增值税专用发票（图 3.31）及配送中心转来的红字“商品验收单”（图 3.33）时，编制会计分录，见表 3.13。

表 3.13 记账凭证（二）

日期	摘要	会计分录	附件
2019-8-24	商品调价	借：应付账款——上海长东公司 18 080.00 应交税费——应交增值税（进项税额） 2 080.00 贷：商品进销差价——实木储物柜 16 000.00	2

（2）若 2019 年 8 月 11 日，收到 8 月 7 日所购商品，验收入库，商品验收单如图 3.34 所示。

商品验收单

供货单位：美欣家具有限公司　　2019 年 8 月 11 日　　字第 04 号

收货单位：佛山市乐华贸易有限公司

商品类别	品名规格	单位	购进价格			零售价格			商品进销差价
			数量	单价	金额	数量	单价	金额	
	儿童松木床	张	180	253.00	45 540.00	180	300.00	54 000.00	
	炫彩时尚衣架	个	200	30.00	6 000.00	215	43.00	9 245.00	
	实木矮凳	张	100	980.00	98 000.00	98	1 120.00	109 760.00	
合计					149 540.00			173 005.00	
备注：炫彩时尚衣架溢余 15 个，实木矮凳短缺 2 张，原因待查									

复核：　　会计：管彰　　验收人：钟明　　制单：张华

图 3.34 商品验收单（三）

商品验收时发现，实收商品数量不等于应收数量，出现溢余、短缺的情况，实物负责人要填制商品溢余（短缺）报告单（图 3.35）。经查，炫彩时尚衣架溢余属于营业外收入处理；实木矮凳短缺2张系运输公司丢失，联系后同意赔偿。

商品溢余（短缺）报告单

供货单位：美欣家具有限公司　　2019年8月11日　　字01号

类别	品名	单位	应收数量	实收数量	溢余数量	短缺数量	进价		售价		商品进销差价
							单价	金额	单价	金额	
	炫彩时尚衣架	个	200	215	15		30.00	450.00	43.00	645.00	
	实木矮凳	张	100	98		2	980.00	1 960.00	1 120.00	2 240.00	
原因		实木矮凳系运输公司丢失									
		炫彩时尚衣架系供货单位多发货									
处理意见		短缺的矮凳，运输公司已同意赔偿；溢余的衣架补作购进处理									

会计：　　采购部 甄真　　实物负责人：赵纯　　验收人：管五

图3.35　商品溢余（短缺）报告单

根据《小企业会计准则》第七十条规定，小企业的营业外支出包括：存货的盘亏、毁损、报废损失，非流动资产处置净损失，坏账损失，无法收回的长期债券投资损失，无法收回的长期股权投资损失，自然灾害等不可抗力因素造成的损失，税收滞纳金、罚金，罚款，被没收财物的损失，捐赠支出，赞助支出等。

本业务属于购进商品过程中发生的溢余、短缺业务，通过“待处理财产损溢”科目核算。

① 企业购进商品发生溢余，应按实收商品的售价金额借记“库存商品”科目，按原进价贷记“在途物资”科目，按实收商品售价与进价的差价贷记“商品进销差价”科目，按溢余部分进价贷记“待处理财产损溢”科目，会计分录见表3.14和表3.15。

表3.14　记账凭证（三）

日期	摘要	会计分录	附件
2019-8-11	查明原因前	借：库存商品——炫彩时尚衣架　9 245.00 　贷：在途物资——美欣家具有限公司　6 000.00 　　商品进销差价　2 795.00 　　待处理财产损溢——待处理流动资产损溢　450.00	2

表3.15　记账凭证（四）

日期	摘要	会计分录	附件
2019-8-11	查明原因后	借：待处理财产损溢——待处理流动资产损溢　450.00 　贷：营业外收入　450.00	2

② 企业购进商品发生短缺，查明原因前，应按实收商品的售价金额借记“库存商品”科目，按实收商品售价与进价的差价贷记“商品进销差价”科目，按原进价贷记“在途物资”科目，短缺部分按进价借记“待处理财产损溢”科目，会计分录见表3.16和表3.17。

表 3.16　记账凭证（五）

日期	摘要	会计分录	附件
2019-8-11	查明原因前	借：库存商品——实木矮凳　109 760.00 待处理财产损溢——待处理流动资产损溢　1 960.00 贷：在途物资——美欣家具有限公司　98 000.00 商品进销差价　13 720.00	2

表 3.17　记账凭证（六）

日期	摘要	会计分录	附件
2019-8-11	查明原因后	借：其他应收款——德庆通达物流公司　2 214.80 贷：待处理财产损溢——待处理流动资产损溢　1 960.00 应交税费——应交增值税（进项税额转出）　254.80	2

对于购进商品发生短缺。首先进行如下账务处理：如果是定额内的损耗，可不作会计处理；如果是属于途中自然损耗或其他灾害等，则列入“营业外支出”科目；如果是供货方少发商品，经与供方协商，可由供方补发商品或者是退还货款；如果是属于运输途中的责任事故，应该由保险部门、运输部门的有关责任人员赔偿，先列入“其他应收款——某运输单位”；购进商品发生短缺，如属于管理不善造成被盗、丢失、霉烂变质的非正常损失，则不得抵扣。然后根据所编制的记账凭证登记“待处理财产损溢”“商品进销差价”等相关的账簿。

学习与评价

1. 判断题

（1）企业在预付货款时，不能作为商品购进；只有在收到商品时才能作为商品购进。（　　）

（2）商品流通企业的业务主要包括商品生产、商品销售和商品储存三个环节。（　　）

（3）售价金额核算企业购进商品短缺或溢余，应按商品售价计入“待处理财产损溢”账户。（　　）

（4）零售企业“在途物资”账户，应反映商品的零售价。（　　）

（5）“商品进销差价”账户是资产类账户，期末余额在借方。（　　）

2. 单项选择题

（1）零售企业月末“在途物资”账户的借方余额反映（　　）的采购成本。

A. 库存商品　　B. 代销商品
C. 在途物资　　D. 销售商品

（2）零售企业“库存商品”明细账一般按（　　）设置明细账户。

A. 商品名称　　B. 实物负责人
C. 供货单位名称　　D. 采购员

（3）“商品进销差价”账户是（　　）账户的调整账户。

A. 在途物资　　B. 库存商品
C. 主营业务收入　　D. 主要业务成本

（4）经营日用工业品的零售企业，对库存商品的核算一般采用（　　）。
A．数量进价金额和算法　　B．数量售价金额核算法
C．进价金额核算法　　D．售价金额核算法

（5）零售企业月末“在途物资”账户的借方余额反映在途商品的（　　）。
A．进价金额　　B．不含税售价　　C．含税售价　　D．计划成本

3．多项选择题

（1）售价金额核算法的基本内容有（　　）。
A．建立实物负责制　　B．售价记账金额控制
C．进价记账盘存计销　　D．设置“商品进销差价”账户

（2）零售企业的下列账户中，不应按售价记账的有（　　）。
A．库存商品　　B．在途物资　　C．应付账款　　D．待处理财产损益

（3）零售商店下列业务应计入“商品进销差价”账户贷方的有（　　）。
A．购进商品　　B．商品销售　　C．商品盘盈　　D．商品盈亏

（4）商业企业商品购进的采购成本不包括（　　）。
A．商品买价　　B．进货运费
C．商品正常损耗　　D．商品非常损失

（5）下列账户中，（　　）属于“库存商品”账户的调整账户。
A．商品进销差价　　B．存货跌价准备
C．资产减值损失　　D．坏账准备

4．实务题

某零售商店发生下列经济业务。

（1）购入B商品，要价52 000元，增值税6 760元，款项以存款支付，商品已到。

（2）收到上述B商品并验收入库，售价69 500元。

（3）购入C商品，买价43 000元，增值税5 590元，商品已入库，售价58 030元。发票账单已收到，但款项尚未支付。

（4）以存款支付购入C商品的款项48 590元。

（5）购进B商品2000个，每个进价4元，共计货款8 000元，进项税额1 040元，款项开出转账支票付讫，B商品由百货柜验收，每个售价5.6元。

要求：根据以上业务资料分析，编制会计分录。

任务二　零售企业商品销售的核算

学习目标

（1）了解零售企业商品销售的基本内容。

（2）了解商品销售收入的确认条件及计量的基本要求。

（3）能够对零售企业商品销售做出正确的账务处理。

（4）具备零售企业销售确认的职业判断能力。

知识链接

零售企业商品销售的法规制度

1．零售企业商品销售的内容

零售商品销售是指商品零售企业将商品销售给消费者个人（居民）或单位集体消费，以实现商品价值，取得销售收入的过程。这是商品流转的最终环节，其一般业务是销货收款和缴款报账。

1）销货收款

零售商品销售的主要对象是广大个人消费者，收取的货款主要是现金。收取货款的方式一般有两种。一种是采用一手交钱一手交货的方式，由营业员直接收款和销货，收款和销货在柜台同时完成。例如，超市商场实行敞开货架，顾客自选商品，在商场出口处由收银员用收银机收款，手续简便，效率较高。另一种是设置收款台由收款员集中收款，销售商品时，由营业员开具销货凭证，购买者据以向收款台交款，然后持盖有收款台“现金收讫”印章的销货凭证向营业员提取商品。

2）缴款报账

零售商品销售一般都是现金交易，为了加强对销货款的管理，保证现金安全，防止差错，必须严格执行《现金管理条例》的规定，各营业柜组每天营业终了后，应及时将货款送存银行。缴款方式也有两种：一种是分散缴款，即由营业员自行将销货款送存银行；另一种是集中缴款，即由营业员或收款员将销货款送交财会部门出纳员，再由出纳员集中送存银行。缴款时应填制“内部缴款单”“现金存款单”，连同销货款送缴企业财会部门或银行，取回回单。实物负责人应逐日或定期根据“内部缴款单”（图 3.36）、“现金存款单”等有关凭证编制“商品进销存报告单”（图 3.37），送交财务部门，作为记账依据。财会部门收到“内部交款单”和“商品进销存报告表”后，经审核无误进行销售收入的账务处理。

内部缴款单

交款部门：　　　　20　年　月　日　　　　单位：元

项目	摘要	应交金额	实交金额	长款	短款	备注
现金						
支票						
其他票据						
合计						
人民币	（大写）					

（有关人员签章）

图 3.36　内部缴款单

商品进销存报告单

填报部门： 2019 年 8 月 10 日 单位：元

增加		减少		备注
项目	金额	项目	金额	
上期结存	57 800.00	本期销售	125 000.00	
本期进货	103 100.00	本期拨入		
本期拨出		降价减值		
提价增值		本期短缺		
本期溢余		本期结存	35 900.00	
合计	¥160 900.00		¥160 900.00	

（有关人员签章）

图 3.37 商品进销存报告单

“商品进销存报告单”的填制方法如下：上期结存根据上期商品进销存报告单的本期结存项填列；本期进货项根据“商品验收单”有关数字填列；本期拨入和本期拨出根据“商品内部调拨单”填列；提价增值和降价减值两项根据“商品变价单”有关数字填列；本期溢余和本期短缺两项根据“商品溢余（短缺）报告单”有关数字填列；本期销售项根据“内部缴款单”的合计金额填列；本期结存项根据上期结存加上各项收入商品减去各项付出商品后的金额填列。“商品进销存报告单”的增加和减少两大部分的合计数应相等。

2. 零售企业商品销售核算的账户

1）“主营业务收入”账户

“主营业务收入”属于损益类账户，用来核算企业销售商品取得的收入。“主营业务收入”账户按商品类别分户进行明细分类核算，该账户月末结转后应无余额。“主营业务收入”账户按商品类别或品种设置明细账，该账户结构如图 3.38 所示。

借 主营业务收入	贷
销货退回、销售折让等而冲减收入 期末转入“本年利润”的销售收入	企业实现的销售收入

图 3.38 “主营业务收入”账户结构

2）“主营业务成本”账户

“主营业务成本”账户属于损益类账户，用来核算企业因销售商品、提供劳务或让渡资产使用权等日常活动发生的实际成本。“主营业务成本”账户按商品类别或品种设置明细账。该账户期末结转后，应无余额。该账户结构如图 3.39 所示。

借	主营业务成本 贷
商品销售成本金额	期末转入“本年利润”的销售成本

图 3.39 “主营业务成本”账户结构

3）“预收账款”账户

“预收账款”账户属于负债类账户，用来核算企业按照合同规定向购货单位或个人收取的货款。该账户的期末余额一般在贷方，但也可能在借方，月末该明细账的借方余额，应填制“资产负债表”资产方“应收账款”项目内。该账户结构如图 3.40 所示。

借	预收账款 贷
发出商品的金额	向购货单位预收的货款 购货单位补付的货款
	期末余额：尚未结清的货款

图 3.40 “预收账款”账户结构

4）“受托代销商品”账户

“受托代销商品”账户属于资产类账户，用于核算商品流通企业接受其他单位委托代销的商品成本。本科目按委托方设置明细科目，进行明细核算，其账户结构如图 3.41 所示。

借	受托代销商品 贷
收到受托代销商品成本	售出的应转出的代销商品成本
期末余额：受托代销商品未出售或未结算的商品成本	

图 3.41 “受托代销商品”账户结构

5）“受托代销商品款”账户

“受托代销商品款”账户属于负债类账户，用于核算商品流通企业接受代销商品的价款。企业按委托方设置明细科目，进行明细分类核算，其账户结构如图 3.42 所示。

借	受托代销商品款 贷
代销商品售出与委托方结算后结清本账户的减少数	收到委托代销商品时的接收款
	期末余额：企业尚未售出结算的接受代销商品的价款

图 3.42 “受托代销商品款”账户结构

活动一 零售商品销售的核算

活动描述

资料一：佛山市乐华贸易有限公司门店中心的商品销货款情况如图 3.43 所示。

佛山市乐华贸易有限公司门店中心商品销货款（含税）情况

2019 年 8 月 23 日　　单位：元

柜别	销售金额	现金收入	信用卡收入	现金支票	现金溢缺
实木柜	219 800.00	24 500.00	182 340.00	12 960.00	
沙发柜	126 900.00		65 328.00	61 572.00	
儿童柜	98 600.00	7 483.00	54 328.00	36 789.00	
挂件柜	25 950.00	7 850.00	18 100.00		
合　计	471 250.00	39 833.00	320 096.00	111 321.00	

图 3.43　销货款情况表

要求：根据原始凭证，对各柜组当日销售进行收入实现的账务处理并结转销售成本。

资料二：佛山市乐华贸易有限公司门店中心的含税销售收入分解计算如图 3.44 所示。

佛山市乐华贸易有限公司门店中心含税销售收入分解计算表

2019 年 8 月 31 日　　单位：元

柜别	含税收入	增值税税率	不含税收入	销项增值税
实木柜	219 800.00	13%		
沙发柜	126 900.00	13%		
儿童柜	98 600.00	13%		
挂件柜	25 950.00	13%		
合　计	471 250.00			

图 3.44　销售收入分解计算表

要求：将含税收入按 13%的增值税税率分解成不含税收入和销项增值税，并进行相应的账务处理。

活动指导

零售企业商品销售业务的核算主要是通过“主营业务收入”和“主营业务成本”这两个损益类账户进行的。

1. 销售实现，反映商品销售收入

零售企业向消费者个人销售商品，不得开具增值税专用发票，而是采用销售额和销项税额合并定价的方法收款，所以销售额为含税销售额。财会部门根据各实物负责人编制的商品进销存报告单、销货报表及款项送存银行的回单，借记“银行存款”账户，贷记“主营业务收入”账户（含税的销售额）。

为了正确反映企业不含税销售收入，同时也为了计算销项税额，在会计处理上有以下两种方法：

① 在平时销售实现时，就计算出应交增值税销项税额，其计算公式为

销售额＝含税销售额/（1＋增值税税率）

销项税额＝销售额×增值税税率

借：银行存款（含税销售额）

　　贷：主营业务收入（不含税销售额）

　　　　应交税费——应交增值税（销项税额）

② 为了简化核算，在征得税务机关同意后，平时销售实现时，暂按含税销售额反映销售收入，月末再按以上计算方法分离出增值税销项税额。

平时，销售实现时：

借：银行存款（含税销售额）

　　贷：主营业务收入（含税销售额）

月末调整时：

借：主营业务收入

　　贷：应交税费——应交增值税（销项税额）

将平时按含税销售额暂记的“主营业务收入”调整为不含税的“主营业务收入。本活动采用第二种方法进行账务处理。

2. 销售实现，同时结转商品销售成本

商品销售除反映销售收入外，同时还要注销库存商品并反映销售成本。《小企业会计准则》中无单列零售企业商品销售核算方法，因此参照《企业会计准则应用指南》规定，采用售价核算库存商品的，平时的商品销售成本按售价结转，月末再集中结转本月销售商品应分摊的商品进销差价，将销售商品的售价成本调整为进价成本。所以，实行售价金额核算的零售企业，平时商品销售在反映“主营业务收入”增加的同时，暂按售价借记“主营业务成本”，贷记“库存商品”账户。

3. 月末结转已销商品的进销差价

零售企业月末要按一定的方法计算出已销商品应分摊的进销差价，借记“商品进销差价”账户，贷记“主营业务成本”账户，从而将平时按售价结转的主营业务成本调整为进价成本（详见“任务四　已销商品进销差价的计算和结转”）。根据以上分析，本业务资料的账务处理如下：

① 财会部门根据各实物柜组交来的“内部交款单”的原始凭证进行账务处理，见表 3.18。

表 3.18　记账凭证（一）

日期	摘要	会计分录	附件
—	确认收入	借：库存现金　39 833.00 　　银行存款　431 417.00 贷：主营业务收入——实木柜　219 800.00 　　　　　　　　——沙发柜　126 900.00 　　　　　　　　——儿童柜　98 600.00 　　　　　　　　——挂件柜　25 950.00	1

② 将现金集中送存银行，根据送款单回单联，编制会计分录，见表 3.19。

表 3.19　记账凭证（二）

日期	摘要	会计分录	附件
—	现金存入银行	借：银行存款　39 833.00 　贷：库存现金　39 833.00	1

③ 按售价结转已销售商品的成本，编制会计分录，见表 3.20。

表 3.20　记账凭证（三）

日期	摘要	会计分录	附件
—	结转销售成本	借：主营业务成本——实木柜 219 800.00 ——沙发柜 126 900.00 ——儿童柜 98 600.00 ——挂件柜 25 950.00 　贷：库存商品——实木柜 219 800.00 ——沙发柜 126 900.00 ——儿童柜 98 600.00 ——挂件柜 25 950.00	1

④ 月末终了，将含税的销售收入调整为不含税销售额，如图 3.45 所示。

不含税销售收入及应交增值税计算表

2019 年 8 月 31 日　　单位：元

柜别	含税收入	增值税税率	不含税收入	销项增值税
实木柜	219 800.00	13%	194 513.27	25 286.73
沙发柜	126 900.00	13%	112 300.88	14 599.12
儿童柜	98 600.00	13%	87 256.64	11 343.36
挂件柜	25 950.00	13%	22 964.60	2 985.39
合　计	471 250.00		417 035.40	54 214.60

图 3.45　不含税销售收入及应交增值税计算表

同时，将销项税额从销售收入中分解出来，编制如下会计分录，见表 3.21。

表 3.21　记账凭证（四）

日期	摘要	会计分录	附件
—	销项税额从收入中分解	借：主营业务收入——实木柜 25 286.73 ——沙发柜 14 599.12 ——儿童柜 11 343.36 ——挂件柜 2 985.39 　贷：应交税费——应交增值税（销项税额） 54 214.60	1

活动二 销售长款和短款的核算

活动描述

承接上述业务，假设儿童柜应收销货款（含税）为 98 600 元，实收为 97 150 元，短少 1 450 元，经查属于现金短款；挂件柜应收销货款为 25 950 元，实收 26 455 元，长款 505 元，原因待查，其他柜组无发现长短款。

活动指导

零售商品销售，由于交易频繁，难免因工作差错或其他原因，发生实收销货款与应收销货款不符的情况，也就是长款或短款。零售销售必须加强货款核对工作，每日营业终了，无论采用哪种销售收款方式，营业员或收款员应根据销货凭证或销货记录与货款进行核对，如有不符应填写“长（短）款报告单”，报送财会部门，在未查明原因前先记入“待处理财产损溢”账户，待查明原因后，根据不同情况再进行账务处理。发生长短款应分别处理，不得将长款与短款互相抵销。根据以上分析，本业务的账务处理如下：

（1）发现儿童柜应收销货款短款，原因待查，根据儿童柜组“内部交款单”等原始凭证，编制会计分录，见表 3.22。

表 3.22 记账凭证（一）

日期	摘要	会计分录		附件
—	发现销售短款	借：库存现金	38 383.00	1
		银行存款	431 417.00	
		待处理财产损溢——待处理流动资产损溢	1 450.00	
		贷：主营业务收入——实木柜	219 800.00	
		——沙发柜	126 900.00	
		——儿童柜	98 600.00	
		——挂件柜	25 950.00	

经查明，儿童柜短款是收款人吴勇的责任。经研究决定，吴勇赔偿 80%，其余作营业外支出处理，见表 3.23。

表 3.23 记账凭证（二）

日期	摘要	会计分录		附件
—	查明短款原因	借：其他应收款——吴勇	1 160.00	—
		营业外支出	290.00	
		贷：待处理财产损溢——待处理流动资产损溢	1 450.00	

（2）挂件柜应收销货款长款，原因待查，根据挂件柜组“内部交款单”等原始凭证，编制会计分录，见表 3.24。

表 3.24 记账凭证（三）

日期	摘要	会计分录	附件
—	发现销售长款	借：库存现金 40 338.00 银行存款 431 417.00 贷：待处理财产损溢——待处理流动资产损溢 505.00 主营业务收入——实木柜 219 800.00 ——沙发柜 126 900.00 ——儿童柜 98 600.00 ——挂件柜 25 950.00	—

经查明，挂件柜长款是由于找零差而多收，作为企业的收益处理，编制会计分录，见表 3.25。

表 3.25 记账凭证（四）

日期	摘要	会计分录	附件
—	查明长款原因	借：待处理财产损溢——待处理流动资产损溢 505.00 贷：营业外收入 505.00	—

活动三 商品销售退回的核算

活动描述

2019 年 8 月 22 日，发现销售给广州市春光贸易有限公司的 20 张实木矮凳，因质量问题，购货方要求全部退货。经研究决定，同意退货，商品退回仓库，并汇还货款，相关票据如图 3.46 和图 3.47 所示。

开具红字增值税专用发票通知单

填开日期：2019 年 08 月 22 日 No.144045

销售方	名 称	佛山市乐华贸易有限公司	购买方	名 称	广州市春光贸易有限公司
	税务登记代码	440103190488800123		税务登记代码	452479643224690912
开具红字发票内容	货物（劳务）名称	单价	数量	金额	税额
	实木矮凳	1 120.00	20	22 400.00	2 912.00
	合 计		20	¥22 400.00	¥2 912.00
说明	需要作进项税额转出□ 不需要作进项税额转出 √ 纳税人识别号认证不符□ 专用发票代码、号码认证不符□ 对应蓝字专用发票密码区内打印的代码：（略） 号码：20192452 开具红字专用发票理由：商品质量与合同要求不符。				国家税务总局佛山市新城区税务分局

经办人：李明 负责人：张余 主管税务机关名称（印章）：

注：1. 本通知单一式三联：第一联，购买方主管税务机关留存；第二联，购买方送交销售方留存；第三联，购买方留存。
2. 通知单应与申请单一一对应。
3. 销售方应在开具红字专用发票后到主管税务机关进行核销。

图 3.46 开具红字增值税专用发票通知单

广东增值税专用发票

4400114140　　记账联　　No. 024888924

销项负数　　此联不作报销、扣税凭证使用　　开票日期　2019 年 08 月 22 日

购货单位	名　　称：广州市春光贸易有限公司 纳税人识别号：452479643224690912 地 址、电 话：广州增城荔城南路 020-28374622 开户行及账号：工行荔城支行 123457766	密码区	（略）

货物或应税劳务名称	规格型号	单位	数　量	单　价	金　额	税率	税　额
实木矮凳		张	－20	1120.00	－22 400.00	13%	－2 912.00
合　计					¥－22 400.00		¥－2 912.00
价税合计（大写）	⊗（负数）贰万伍仟叁佰壹拾贰圆整				（小写）¥－25 312.00		

销货单位	名　　称：佛山市乐华贸易有限公司 纳税人识别号：440103190488800123 地 址、电 话：佛山新城中山九路 12 号，0757-83000025 开户行及账号：佛山市建行新城区支行，4002123596217954	备注	佛山市乐华贸易有限公司 440103190488800123 发票专用章

收款人：钱前　　复核：　　开票人：管彰　　销货单位（章）

第一联：记账联　销货方记账凭证

图 3.47　增值税专用发票

活动指导

本业务属于零售企业销售退回。零售企业将商品出售后，购货单位如发现商品的品种、规格、质量问题，购货单位可提出理由，申请退货，零售企业同意后办理销货退回手续（收回商品、退出货款），购货单位则作进货退出处理（退出商品、收回货款）。

零售企业发生销货退回业务时，应冲减退回当期的销售收入，按应冲减的销售收入，借记“主营业务收入”账户，按退还的金额，贷记“银行存款”账户。对于退回的商品因已结转销售成本，应借记“库存商品”账户，贷记“主营业务成本”账户。

本业务中，佛山市乐华贸易有限公司财务部根据广州市春光贸易有限公司转来的税务机关开具的红字增值税专用发票通知单（图 3.46），填制红字专用发票（记账联），分发给配送中心等有关部分据以办理收货、退款和记账手续。

（1）红字冲减退回当月的已确认的销售收入，见表 3.26。

表 3.26　记账凭证（一）

日期	摘要	会计分录	附件
2019-8-22	冲减销售收入	借：银行存款　25 312.00 　贷：主营业务收入——实木矮凳　22 400.00 　　应交税费——应交增值税（销项税额）　2 912.00	—

（2）冲销已结转的销售成本，见表 3.27。

表 3.27　记账凭证（二）

日期	摘要	会计分录	附件
2019-8-22	冲销销售成本	借：库存商品　19 600.00 贷：主营业务成本——实木矮凳　19 600.00	—

登账时，在库存商品明细账贷方“销售数量”栏内，用红字冲销该项商品已发出的数量，用红字在“应交税费——应交增值税”销项税额专栏中登记减少数。

活动拓展

2019 年 8 月 26 日，佛山市乐华贸易有限公司与佛山市博轩家具有限公司签订代销合同（图 3.48），代销 M06 会议椅和培训桌，取得下列单据（图 3.49 和图 3.50）。

商品代销合同　　No　LC03122801

甲方：佛山市博轩家具有限公司

乙方：佛山市乐华贸易有限公司

经甲乙双方友好协商，就乙方代销甲方的 M06 会议椅、培训桌达成如下协议：

一、乙方代销甲方 M06 会议椅，每张售价 125 元；培训桌，每张售价 150 元，合计人民币 55 000.00 元，人民币（大写）：伍万伍仟元整，代销采用视同买断的方式。

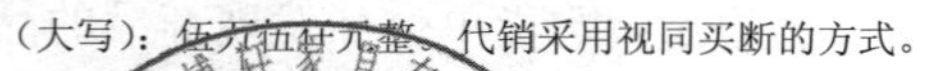

二、甲方支付运输费。

三、乙方付款后，甲方立即发货并开具发票。

四、甲方负责货物质量，如发现商品有问题，乙方可退货，并由甲方负责赔偿乙方损失。

以上协议甲乙双方各执壹份，如有异议另签补充协议，补充协议同本协议具有同等法律效力。

甲方：佛山市博轩家具有限公司　　乙方：佛山市乐华贸易有限公司

代表签字：李博轩　　代表签字：乐华

日期：2019 年 8 月 26 日　　日期：2019 年 8 月 26 日

图 3.48　商品代销合同

4400114140

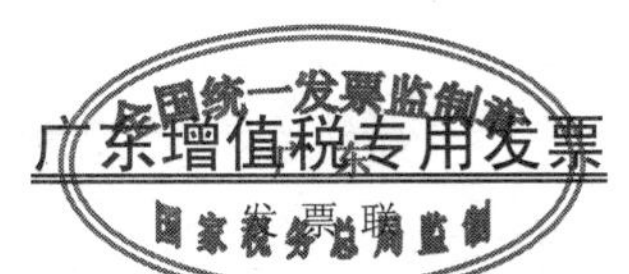

广东增值税专用发票

发票联

No. 24888957

开票日期 2019 年 08 月 26 日

购货单位	名　　称：佛山市乐华贸易有限公司 纳税人识别号：440103190488800123 地 址、电 话：佛山新城中山九路 12 号，0757-83000025 开户行及账号：佛山市建行新城区支行，4002123596217954				密码区	（略）		
货物或应税劳务名称		规格型号	单位	数 量	单 价	金 额	税率	税 额
M06 会议椅			张	200	125.00	25 000.00	13%	3 250.00
培训桌			张	200	150.00	30 000.00		3 900.00
合　计						¥55 000.00		¥7 150.00
价税合计（大写）		⊗陆万贰仟壹佰伍拾圆整				（小写）¥62 150.00		
销货单位	名　　称：佛山市博轩家具有限公司 纳税人识别号：411676300188887157 地 址、电 话：新桂路 12 号，0757-28004390 开户行及账号：农行新桂路支行 456788400571				备注	佛山市博轩家具有限公司 411676300188887157 发票专用章		

收款人：李云龙　　复核：邓飞　　开票人：莫辉　　销货单位（章）

第三联：发票联 购货方记账凭证

图 3.49　增值税专用发票

佛山市乐华贸易有限公司代销商品验收单

委托代销企业：佛山市博轩家具有限公司　　2019 年 8 月 26 日　　入库单号：03122801

增值税率	13%	运杂费		增值税额	7 150.00	应付款总额	62 150.00	
委托协议编号	商品名称	规格型号	单位	委托商交货数量	实收数量	单价	合计金额	备注
LC03122801	M06 会议椅		张	200	200	125.00	25 000.00	
	培训桌			200	200	150.00	30 000.00	
合计							55 000.00	

财务部：管彰　　验收人：张华　　制单人：钟明

图 3.50　代销商品验收单

本业务是佛山市乐华贸易有限公司的受托代销商品业务。受托代销商品业务指零售企业接受其他单位委托而代销商品的活动，企业开展受托代销商品业务时，应与委托方签订代销合同或协议，售出代销商品后，应及时或至少按月向委托方报送代销商品清单（载明售出商品的名称、数量、销售单价和销售金额等），并将货款及时支付给委托方。

零售企业受托代销商品通常有收取手续费和视同买断两种方式。如果委托方和受托方之间的协议明确标明，将来受托方未能将商品售出时可以将商品退回给委托方的称为收手续费方式，否则视为买断方式。受托方在这两种方式下都要设置“受托代销商品”和“受托代销商品款”两个账户。

企业受托代销其他单位商品，收到受托代销商品时，有进价核算和售价核算两种方式。受托单位视同自购自销（买断）方式的账务处理，见图3.51。

<table>
<tr><td colspan="2">账户设置：应设“受托代销商品”和“受托代销商品款”等账户</td></tr>
<tr><td>进价核算</td><td>售价核算</td></tr>
<tr><td colspan="2">① 收到受托代销商品时，根据审核无误的原始凭证……</td></tr>
<tr><td>借：受托代销商品——委托方（接受价）
　贷：受托代销商品款——委托方（接受价）</td><td>借：受托代销商品——委托方 （零售价）
　贷：受托代销商品款——委托方（接受价）
　　商品进销差价</td></tr>
<tr><td colspan="2">② 售出代销商品，根据代销清单和缴款单……</td></tr>
<tr><td>借：银行存款
　贷：主营业务收入
　　应交税费——应交增值税（销项税额）</td><td>借：银行存款
　贷：主营业务收入</td></tr>
<tr><td colspan="2">同时结转代销商品成本……</td></tr>
<tr><td>借：主营业务成本（接受价）
　贷：受托代销商品——委托方</td><td>借：主营业务成本（零售价）
　贷：受托代销商品——委托方</td></tr>
<tr><td colspan="2">③ 收到委托方开具的增值税专用发票
借：受托代销商品款——委托方（接受价）
　应交税费——应交增值税（进项税额）
　贷：应付账款——委托方</td></tr>
<tr><td colspan="2">④ 支付价税款
借：应付账款——委托方
　贷：银行存款</td></tr>
<tr><td>⑤ 期末结转商品进销差价：
借：商品进销差价
　贷：主营业务成本</td><td>⑥ 期末将销项税额从收入中分解：
借：主营业务收入
　贷：应交税费——应交增值税（销项税额）</td></tr>
</table>

图3.51 两种不同方式下视同买断业务的账务处理

根据购销合同，本业务中佛山市乐华贸易有限公司是受托方，采用按进价，视同自购自销（视同买断）方式进行账务处理，编制会计分录，见表3.28～表3.31。

表3.28 记账凭证（一）

日期	摘要	会计分录	附件
2019-8-26	收到受托代销商品	借：受托代销商品——博轩家具有限公司 55 000.00 　贷：受托代销商品款——博轩家具有限公司 55 000.00	—

表3.29 记账凭证（二）

日期	摘要	会计分录	附件
2019-8-26	售出代销商品	借：银行存款 74 128.00 　贷：主营业务收入 65 600.00 　　应交税费——应交增值税（销项税额） 8 528.00 同时： 借：主营业务成本 55 000.00 　贷：受托代销商品——博轩家具有限公司 55 000.00	—

表3.30 记账凭证（三）

日期	摘要	会计分录	附件
2019-8-26	支付款项	借：应付账款——博轩家具有限公司 62 150.00 　贷：银行存款 62 150.00	—

表 3.31　记账凭证（四）

日期	摘要	会计分录		附件
2019-8-26	收到委托方开具的增值税专用发票	借：受托代销商品款——博轩家具有限公司	55 000.00	—
		应交税费——应交增值税（进项税额）	7 150.00	
		贷：应付账款——博轩家具有限公司	62 150.00	

学习与评价

1．判断题

（1）企业收到的受托代销商品，在“库存商品”账户核算。（　　）

（2）库存商品发生短缺，不论是自然损耗还是责任事故，经领导批准均列入企业“销售费用”项目。（　　）

（3）企业在预收货款时，由于转移了商品所有权，因此可以作为商品销售。（　　）

（4）零售商品异地销售一般采用提货制和送货制。（　　）

（5）结转已销商品时，则借记“库存商品”账户。（　　）

2．单项选择题

（1）作为一般纳税人的零售企业价税分解的计算公式为（　　）。

A．销售额＝含税销售额×（1＋13%）

B．销售额＝含税销售额÷（1＋13%）

C．销售额＝含税销售额×（1－13%）

D．销售额＝含税销售额÷（1－13%）

（2）根据货物运输业专用发票的最新规定，运费专用发票上的进项税额按（　　）税率抵扣。

A．7%　　B．6%　　C．17%　　D．9%

（3）对于零售企业，“库存商品”账户应按（　　）进行核算。

A．售价　　B．进价　　C．数量　　D．数量与售价

（4）发现销售长款时，批准前，应先通过（　　）账户。

A．主营业务收入　　B．待处理财产损溢

C．应交税费　　D．商品进销差价

（5）发现销售短款时，查明原因是收款人的责任，则应借记（　　）账户。

A．销售费用　　B．待处理财产损溢

C．应交税费　　D．其他应收款

3．多项选择题

（1）零售企业将含税销售收入调整为不含税销售收入，其结转分录涉及的会计科目有（　　）。

A．主营业务收入　　B．主要业务成本

C．应交税费　　D．商品进销差价

（2）对零售企业销售的核算，应设置的账户有（　　）。

A．主营业务收入

B．主营业务成本

C．应交税费——应交增值税（进项税额）

D．应交税费——应交增值税（销项税额）

（3）零售企业销售商品，平时结转销售成本时，可按商品售价结转，借记（　　）科目，贷记（　　）科目。

A．主营业务收入

B．主营业务成本

C．库存商品

D．应交税费——应交增值税（销项税额）

（4）零售企业“库存商品”明细账一般按（　　）设置明细账户。

A．商品名称　　B．实务负责人

C．供货单位名称　　D．采购员类别

（5）对于零售企业，下列说法中正确的有（　　）。

A．“商品进销差价”是“库存商品”的调整账户

B．“库存商品”账户反映商品的含税售价

C．“库存商品”明细账按商品品名规格分户

D．“商品进销差价”的期末余额一般在借方

4．实务题

某零售商店发生以下经济业务。

（1）百货柜销售商品一批，含税售价 46 800 元，款项收到，现金存入银行，同时结转销售成本。

（2）本月含税商品销售收入 585 000 元，增值税税率为 13%，将含税销售收入调整为不含税收入，并结转本月增值税销项税额。

（3）假设某商店为小规模纳税人，本月含税销售收入 93 600 元，增值税税率为 3%，将含税销售收入调整为不含税销售收入，并结转本月应交增值税。

（4）顺昌商厦当月销售电熨斗 500 只，每只 20 元，增值税税率为 13%，当即收到银行汇票一张，已办理入账。

（5）广州百货商场销售商品一批，含税售价 23 400 元，发生运费 1 000 元，款项收到，现金存入银行，同时结转销售成本。

要求：根据上述经济业务，编制相应的会计分录。

任务三　零售商品储存的核算

学习目标

（1）能够对库存商品进行明细账和总账的登记。

（2）能够对库存商品盘点短缺和溢余进行账务处理。

（3）了解调价商品差价调整单的基本内容。

（4）养成勤俭节约的良好习惯。

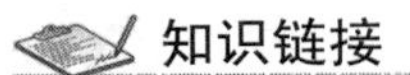
知识链接

零售商品储存的法规制度

商业企业为保证商品流转的正常进行和市场供应畅顺，应坚持“勤进快销”的原则，保持合理的数量储备，同时，零售企业实行“售价记账，实物负责制”，为加强对实物数量的控制，明确实物负责人责任，应加强商品储存环节的管理和核算工作。一方面要指定专人负责保管，堆放，设卡登记商品收发情况；另一方面指定专人登记仓储商品账，商品每天的收、发都要分别按品种、数量、金额登记，并按时编制进、销、存报告单，以便于与财会部门核对。

零售企业实行售价金额核算法的情况下，“库存商品”明细分类账是按实物负责人（营业柜组或门市部）设置的，只反映库存商品的零售价总额，不记录数量。采用分类或柜组差价率计算法的企业，还必须按营业柜组或门市部设置“商品进销差价”的明细账户。零售企业“库存商品明细账”（图 3.52）一般采用三栏式，只核算商品的售价金额。

库存商品明细账

实物负责柜组：

年		摘要	增加	减少	结余	进销差价
月	日					

图 3.52　库存商品明细账

为简化核算工作，又可随时了解各实物负责人的库存商品和进销差价的增减变动情况。财务部门将“库存商品明细账”和“库存商品进销差价明细账”相结合设置成一套明细账，同时进行登记，如图 3.53 所示。为避免平时根据商品进销存日报表登记到“库存商品明细账”时发生不必要的错误，财会部门也可不设“库存商品明细账”，可直接将各营业柜组或门市部每日报送的“商品进销存日报表”按时间顺序装订成册，代替“库存商品明细账”。

库存商品进销差价明细账

实物负责柜组：

年		凭证字号	摘要	库存商品			进销差价		
月	日			增加	减少	余额	增加	减少	余额

图 3.53　库存商品进销差价明细账

但对特种商品和贵重商品，应分类、分品种设置商品数量账，每天应结出结存数量，以便及时与实物核对相符。

活动　商品盘点溢余、短缺的核算账户

零售商品采用售价金额核算，库存商品明细分类账平时只反映商品进销存的售价金额，不反映数量变化情况。因此，定期对库存商品进行盘点，由各实务负责小组将所经营的商品按品名、规格、数量、零售单价等逐项填入商品盘存表，计算出各种商品实存数的售价总额和实务小组所经营商品的售价总金额，再与“库存商品”账户的余额进行核对，以了解和控制商品实存数量，确保账实相符。

在零售商品的销售和储存过程中，由于商品的性质或经营管理方面的因素，造成商品的实存数量与账面记录不一致，出现溢余或短缺的情况，应由实物负责人填制“商品盘存溢（缺）报告单”。

“待处理财产损溢”科目属资产类账户，用于核算企业在清查财产过程中查明的各种财产盘盈、盘亏和毁损的价值。物资在运输途中发生的非正常短缺与损耗，也通过本科目核算。企业的财产损溢，应查明原因，在期末结账前处理完毕，处理后本科目应无余额。其账户结构如图3.54所示。

借　　　　　　　　　　　　待处理财产损溢	贷
发生短缺、盘亏毁损等时损失财产成本、商品进销差价、增值税	发生溢余、盘盈等时财产的成本
批准处理溢余、盘盈时，结转本科目	批准处理短缺、盘亏毁损时，结转本科目

图3.54　“待处理财产损溢”账户结构

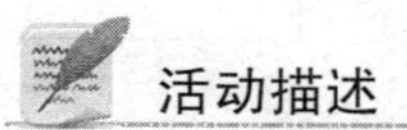
活动描述

2019年8月31日，佛山市乐华贸易有限公司进行了月末盘点，盘点结果，如图3.55所示。

商品盘存表

2019年8月31日

实物负责小组：实木类家具

商品编号	品名	单位	库存数量	实存售价金额		库存商品账面余额	溢余（售价）	短缺（售价）	上月差价率
				单价	金额				
实木培训台		张	16	750.00	12 000.00	12 750.00		750.00	9.65%
实木储物柜		组	5	2 400.00	12 000.00	9 600.00	2 400.00		12.5%
备注	原因待查								

假设实木类家具其他品种没有溢余和短缺。　　　　制单：

图3.55　商品盘存表

活动指导

零售企业实行售价金额核算，平时对于商品购进、销售、储存都只记金额，不记数

量，用金额控制数量。各实物负责人经管的商品是不断发生变化的，只有通过盘点，才能反映库存商品的数量，核算库存商品的价值。因此，零售企业每月必须实行全面盘点，以便确定商品数量，核实各实物负责人库存商品账户的金额。

商品盘点时应填制“商品盘点表”，并正确计算商品盘点表上的销售单价和商品售价总金额。然后与营业柜组、实物负责人核对商品明细账的结存金额，当发生溢余或短缺等账实不符的情况，应由实物负责人填制“商品盘点溢缺报告表”，报财会部门审批后处理。本业务中，从“商品盘存表”可以看出，两种商品账存和实存数量不符。实木培训台实存金额小于账存金额，短缺；实木储物柜，实存金额大于账存金额，溢余。实物负责人张晓晨填制了“商品盘点溢缺报告表”（图3.56）。这是零售企业储存商品过程中出现的溢余和短缺。

商品盘点溢缺报告表

实物负责人：张晓晨　　2019年8月31日　　单位：元　字第　号

品名	单位	账面金额	实存金额	溢余金额	短缺金额	原因
实木培训台	张	12 750.00	12 000.00		750.00	待查
实木储物柜	组	9 600.00	12 000.00	2 400.00		待查
领导批示		财会部门意见		实物负责人意见		

（有关人员签章）

图3.56　商品盘点溢缺报告表

（1）在商品盘点中发现商品溢余，未查明原因前，按溢余商品的售价借记“库存商品”账户，按溢余商品的进价贷记“待处理财产损溢”账户，商品的进价金额可按上月差价率计算，即：进价＝售价×（1－上月差价率），按溢余商品售价与进价的差额贷记“商品进销差价”账户。

根据以上分析，本业务实木储物柜进价＝2 400×（1－12.5%）＝2 100（元），作会计分录，见表3.32。

表3.32　记账凭证（一）

日期	摘要	会计分录	附件
2019-8-31	发现商品溢余	借：库存商品　2 400.00 贷：待处理财产损溢——待处理流动资产损溢　2 100.00 商品进销差价　300.00	—

经查，本业务中溢余的1组实木储物柜，列入营业外收入处理，会计分录见表3.33。

表3.33　记账凭证（二）

日期	摘要	会计分录	附件
2019-8-31	处理溢余商品	借：待处理财产损溢——待处理流动资产损溢　2 100.00 贷：营业外收入　2 100.00	—

（2）在商品盘点中发现商品短缺时，实物负责人应填制“商品盘点溢缺报告表”。在未查明原因前，先按短缺商品的进价借记“待处理财产损溢”账户，进价金额可按上月差价率计算，即：进价＝售价×（1－上月差价率），商品售价与进价的差额借记“商品进销差价”账户。本题商品进销差价＝750×9.65%＝72.375（元），按短缺商品的售

价贷记“库存商品”账户等，作会计分录入，见表 3.34。

表 3.34 记账凭证（三）

日期	摘要	会计分录	附件
2019-8-31	处理短缺商品	借：待处理财产损溢——待处理流动资产损溢 677.625 商品进销差价 72.375 贷：库存商品——实木培训台 750.00	—

查明原因，属于销售员李天责任过失，经研究决定，由其负责全额赔偿，并要求其负担进项税额，进项税额按短缺商品的进价计算，即 677.625×13%＝88.09（元），作会计分录，见表 3.35。

表 3.35 记账凭证（四）

日期	摘要	会计分录	附件
2019-8-31	处理短缺商品	借：其他应收款——李天 765.715 贷：待处理财产损溢——待处理流动资产损溢 677.625 应交税费——应交增值税（进项税额转出） 88.09	—

小提示

根据《增值税暂行条例》第十条规定：下列项目进项税额不得从销项税额中抵扣：

（1）非正常损失的购进货物，以及相关的劳务和交通运输服务。

（2）非正常损失的在产品、产成品所耗用的购进货物（不包括固定资产）、劳务和交通运输服务。

若属其他灾害造成的损失，应在减去保险公司赔款和残料价值后，计入营业外支出，后种情况如自然灾害不应转出不可抵扣的增值税进项税额，其他均可。

活动拓展

（1）2019 年 8 月 31 日，由于受到国内经济发展的影响，佛山市乐华贸易有限公司的家具销售额不容乐观，公司决定调整价格策略，降低部分不畅销家具的销售价格。经研究，决定对剩下的 280 张桦木儿童学习桌从下月起调低零售价格，每张由 185 调为 154 元。已收到物价部门核定的“调价商品差价调整单”，如图 3.57 所示。

调价商品差价调整单

编号：01

实物负责柜组：桦木家具　　2019 年 8 月 29 日　　调价通知日期：2019.8.31

商品编号	品名规格	单位	盘存数量	原售价		新售价		库存商品	
				单价	金额	单价	金额	增加金额	减少金额
	桦木儿童学习桌	张	280	185.00	51 800.00	154.00	43 120.00		8 680.00
合计									

制单：张穗

图 3.57 调价商品差价调整单

商品流通企业根据有关物价政策，有时会对某些商品进行适当的调价。由于零售企业的库存商品按售价金额核算，商品售价的价格的变动会直接影响库存商品收、发、存金额的变动。因此，对于因调价而调增或调减商品的售价金额都应相应记入“库存商品”账户。商品调价程序：

① 企业管理层根据有关物价政策、市场信息做出调价决策；

② 物价部门计算调整金额，填一式数联“调价商品差价调整单”，交有关部门；

③ 销售部门接单后执行新售价，财会部门接单后作相应的账务处理。

根据以上分析，本题调价属于价格调低，编制会计分录，见表 3.36 和表 3.37。

表 3.36　记账凭证（一）

日期	摘要	会计分录	附件
2019-8-29	调增价格	借：库存商品　　8 680.00 　　贷：商品进销差价　　8 680.00	—

表 3.37　记账凭证（二）

日期	摘要	会计分录	附件
2019-8-29	调低价格	借：商品进销差价　8 680.00 　　贷：库存商品　　8 680.00	—

（2）电商中心负责人接到门店中心实木家具柜负责人的电话，由于炫彩时尚衣架很畅销，仓库已经断货，需要从电商中心调货。研究后，电商中心同意了调货请求，并立即填写了“商品内部调拨单”，如图 3.58 所示。

商品内部调拨单

2019 年 8 月 29 日

收货单位实物负责组：门店中心

发货单位实物负责组：电商中心　　　　编号：01

编号	品名	单位	数量	购进价		进销差价	零售价		备注
				单价	金额		单价	金额	
	炫彩时尚衣架	个	200	5.00	1 000.00	900.00	9.5.00	1 900.00	
合计									

制表：何强

图 3.58　商品内部调拨单

本业务属于商品内部调拨的核算，适用于企业所属不独立核算的营业柜组、门市部等单位间调剂商品余缺。根据调出部门填一式数联“商品内部调拨单”，作办理商品交接及转账依据。门店中心收到商品内部调拨单时，编制如下会计分录：

① 借：库存商品——实木家具柜（门店中心）　　1 900.00

　　贷：库存商品——实木家具柜（电商中心）　　1 900.00

② 借：商品进销差价——实木家具柜（电商中心）　　900.00

　　贷：商品进销差价——实木家具柜（门店中心）　　900.00

学习与评价

1. 判断题

（1）零售企业库存商品发生溢余，溢余商品售价与进价的差额应记入“营业外收入”。（　　）

（2）零售商品发生的盘点发生的各种短缺，都作营业外支出处理。（　　）

（3）商品盘点报告表中，实存数小于账存数，属于商品盘盈。（　　）

（4）库存商品明细账采用多栏式账页格式。（　　）

（5）“待处理财产损溢”科目属于损益类科目。（　　）

2. 单项选择题

（1）零售企业库存商品盘点发生短少时，应借记的账户是（　　）。

A．商品进销差价　　B．库存商品

C．主要业务成本　　D．在途物资

（2）购进存货的短缺是指（　　）。

A．实存数大于账存数　　B．账存数大于实存数

C．实存数小于账存数　　D．账存数小于实存数

（3）采用售价金额法核算的库存商品盘点发生溢余时，按溢余商品的售价借记（　　）科目。

A．商品进销差价　　B．库存商品

C．待处理财产损溢　　D．在途物资

（4）零售企业的盘点工作通常在（　　）进行。

A．月初　　B．月中　　C．月末　　D．都可以

（5）商品盘点后应填制（　　）凭证。

A．商品盘点溢缺报告表　　B．商品盘点表

C．库存商品明细表　　D．以上都不是

3. 多项选择题

（1）零售企业库存商品减少，可以借记（　　），贷记“库存商品”账户。

A．主营业务成本　　B．待处理财产损溢

C．商品进销差价　　D．财务费用

（2）溢余商品经查明原因，属于自然升溢，处理时则记入（　　）账户。

A．主营业务成本　　B．待处理财产损溢

C．销售费用　　D．营业外支出

（3）发现商品溢余，则记入（　　）账户的贷方。

A．主营业务成本　　B．待处理财产损溢

C．商品进销差价　　D．财务费用

（4）发现商品短缺，属于营业员的责任，则不该记入（　　）账户借方。

A．主营业务成本　　B．待处理财产损溢

C．商品进销差价　　D．其他应收款

（5）发现商品短缺或溢余，则均可能记入的账户有（　　）。

A．库存商品　　B．待处理财产损溢

C．商品进销差价　　D．其他应收款

4．实务题

（1）食品柜月末盘点，实存商品 23 800 元（售价），账存 23 720 元（售价），差额 80 元，原因待查。该柜组上月平均差价率 30%，以后查明原因属于自然升溢。

要求：分别作处理前和处理后的会计分录。

（2）百货柜月末盘点，实存商品 37 800 元（售价），账存 37 980 元（售价），差额 180 元，原因待查。该柜组上月平均差价率 28%，以后查明原因属于自然损耗。

要求：分别作处理前和处理后的会计分录。

（3）某零售商店月末百货柜盘点商品，实存 56 800 元，账存 57 000 元，账实不符，原因待查，该柜组上月差价率 30%。副食柜盘点商品发生溢余 120 元，原因待查，该柜组上月差价率 25%。以后查明原因分别为自然损耗和自然升溢。

要求：分别作处理前和处理后的会计分录。

（4）某零售商店百货柜月末盘点实存商品 25 000 元，账存 25 300 元，原因待查。该柜组上月平均差价率为 30%。

要求：作出正确的账务处理。

（5）某零售商店百货柜月末盘点实存商品 28 000 元，账存 28 800 元，原因待查。该柜组上月平均差价率为 20%。

要求：作出正确的账务处理。

任务四　已销商品进销差价的计算和结转

学习目标

（1）了解常见已销商品进销差价的计算方法。

（2）学会准确运用综合差价率法计算已销商品进销差价。

（3）学会准确运用实际进销差价法计算已销商品进销差价。

（4）培养认真、细致的职业习惯。

知识链接

已销商品进销差价的相关法规制度

商品零售企业平时反映的已销商品销售成本是已销商品的零售价金额，平时不计算和结转已销商品的进销差价，“主营业务收入”和“主营业务成本”两个账户平时金额相等。为正确计算库存商品的真实价值和计算企业经营成果，月末应通过一定的方法计算出本月已销商品实现的进销差价，将平时反映的售价成本调整为进价成本，以确定已售商品实现的毛利。

1. 综合差价率计算法

商品的存、销比例平均分摊商品进销差价的计算方法。本活动主要介绍综合差价率法。所谓综合差价率计算法就是根据企业经营的全部商品的存、销比例，平均分摊全部进销差价的一种方法。其计算公式为

$$\text{商品进销差价率}=\frac{\text{月末分摊前“商品进销差价”账户余额}}{\text{月末“库存商品”账户余额}+\text{本月“主营业务收入”账户贷方发生额}}\times 100\%$$

2. 实际进销差价计算法

实际进销差价计算法又称盘存商品进销差价计算法，是根据期末库存商品盘点数量，逐一计算出盘存库存商品的进销差价，进而逆算已销商品进销差价的一种方法。

（1）月末，各营业柜组或门市通过实地盘点，得出各种库存商品的期末商品盘存数量，分别乘以各种商品的原进价或最后进价，求得期末库存商品的进价总额。

（2）将各种商品的实际库存数量乘以各种商品的售价，求得期末库存商品的售价总额。

（3）将期末库存商品的售价总额减去期末库存商品的进价总额，得出期末库存商品应分摊的进销差价。

（4）用未分摊前“商品进销差价”账户的月末余额减去期末库存商品应分摊的进销差价，得出已销商品的进销差价。

计算公式为

期末库存商品应分摊的进销差价

＝期末库存商品售价总额－期末库存商品进价总额

已销商品进销差价

＝期初“商品进销差价”贷方余额＋本期“商品进销差价”贷方发生额

－期末库存商品应分摊的进销差价

活动一　综合差价率法计算已销商品进销差价

活动描述

2019 年 8 月 25 日，财务部负责人接到总经理电话，希望能了解本月销售情况及经营成果。财务部马上组织人员进行会计核算，核算资料如图 3.59 和图 3.60 所示，以尽快将本月的盈利情况报告总经理，便于做出相应的决策。

资料一：佛山市乐华贸易有限公司 2019 年 8 月库存商品进销差价的明细资料

单位：元

柜组	月初库存商品进销差价	本月发生的商品进销差价	分摊前商品进销差价余额
实木柜	49 000.00	294 000.00	343 000.00
沙发柜	37 500.00	187 500.00	225 000.00
布艺柜	70 200.00	280 800.00	351 000.00
合计	156 700.00	762 300.00	919 000.00

制表：

图 3.59　商品进销差价的明细

资料二：佛山市乐华贸易有限公司 2019 年 8 月库存商品明细资料

单位：元

柜组	月初库存商品余额	本月库存商品增加额	本月库存商品减少额	月末库存商品余额
实木柜	350 000.00	2 100 000.00	2 250 000.00	200 000.00
沙发柜	312 500.00	1 562 500.00	1 625 800.00	249 200.00
布艺柜	280 800.00	1 137 950.00	1 244 880.00	173 870.00
合计	943 300.00	4 800 450.00	5 120 680.00	623 070.00

假设佛山市乐华贸易有限公司只设置了实木柜、沙发柜、布艺柜三个实物柜组。　制表：

图 3.60　库存商品明细

要求：① 计算 2019 年 8 月库存商品综合差价率。

② 计算 2019 年 8 月已销商品应分摊的进销差价并进行账务处理。

③ 计算 2019 年 8 月末库存商品应分摊的进销差价。

④ 计算 2019 年 8 月的销售毛利。

活动指导

财务部主管会计分析，要计算出本月公司的经营成果，必须计算出已销商品的进价成本，根据主营业务收入总账金额减去已销商品进价成本，即可得出本月经营毛利。要计算出已销商品的进价成本，关键是根据本月所销商品的存、销比例，计算出差价率，这就是综合差价率。

商品进销差价率

$$=\frac{\text{月末分摊前“商品进销差价”账户余额}}{\text{月末“库存商品”账户余额}+\text{本月“主营业务收入”账户贷方发生额}}\times 100\%$$

本月销售商品应分摊的进销差价

＝本月“主营业务收入”账户贷方发生额×进销差价率

上述公式中“主营业务收入”是指含税收入。此外，如果企业有委托代销商品等业务，上述计算差价率公式中的分母还应加上月末“委托代销商品”和“发出商品”账户余额。

本月已销商品的进价成本＝本月“主营业务成本”账户借方发生额－本月已销商品的进销差价

根据以上资料分析，得出：

① 该公司 2019 年 8 月库存商品综合差价率$=\dfrac{919\,000}{623\,070+5\,120\,680}=16\%$。

② 该公司 2019 年 8 月已销商品应分摊的进销差价＝5120 680×16%＝819 308.8(元)。

根据①和②的计算结果，编制会计分录，见表 3.38。

表 3.38 记账凭证

日期	摘要	会计分录	附件
—	结转进销差价	借：商品进销差价 819 308.80 贷：主营业务成本 819 308.80	—

③ 该公司 2019 年 8 月末库存商品应分摊的进销差价＝919 000－819 308.8＝99 691.2（元）。

通过③的计算和结转并入账后，“商品进销差价”账户月末贷方余额为 99 691.2 元，即为月末库存商品 623 070 元应留的（或未实现的）进销差价。“主营业务成本”账户的余额为 5 120 680－819 308.8＝430 1371.2（元），即为本月已销商品的进价成本。

④ 该公司 2019 年 8 月的销售毛利$=\dfrac{5\,120\,680}{1+13\%}-4\,301\,371.2=230\,204.02$（元）。

企业的差价率各月比较均衡的，也可以采用上月差价率计算分摊本月已销商品应负担的进销差价。无论采用本月还是上月差价率计算分摊进销差价，会计期末，均应对商品的进销差价进行一次核实调整。

采用这种计算方法手续比较简单，但各类商品如果按同一差价率计算已销商品进销差价，计算结果可能不太准确，所以这种方法主要适用于各类商品进销差价率相差不大的零售企业。

活动二 分组（或柜组）差价率法计算已销商品进销差价

活动描述

若总经理需要掌握实木柜、沙发柜、布艺柜三个实物柜组的具体销售数据及经营成果。

要求：① 根据综合差价率计算法的实训资料，按柜组计算分类差价率。

② 按柜组计算公司 2019 年 8 月已销商品应分摊的进销差价，并进行账务处理。

③ 按柜组计算公司 2019 年 8 月末库存商品应分摊的进销差价。

④ 按柜组计算公司 2019 年 8 月末各已销商品的销售毛利。

活动指导

分类（柜组）差价率计算法是按各类（或柜组）商品的存、销比例，分别计算进销差价率，据以分摊各类（或柜组）已销商品进销差价的一种方法。它的计算公式与综合差价率法基本相同，只是把计算范围由全部商品缩小为每类商品。采用这种方法时，要求“库存商品”“商品进销差价”“主营业务收入”“主营业务成本”等账户，均应按营业柜组或实物负责人分别设置明细户，以便取得有关计算资料。

根据资料，分析如下。

① 各柜组计算分类差价率，计算如下：

$$实木柜分类差价率=\frac{343\,000}{200\,000+2\,250\,000}=14\%$$

$$沙发柜分类差价率=\frac{225\,000}{249\,200+1\,625\,800}=12\%$$

$$布艺柜分类差价率=\frac{351\,000}{173\,870+1\,244\,880}=24.74\%$$

② 各柜组应分摊的已销商品应分摊的进销差价，计算如下：

实木柜已销商品进销差价＝2 250 000×14%＝315 000（元）

沙发柜已销商品进销差价＝1 625 800×12%＝195 096（元）

布艺柜已销商品进销差价＝1 244 880×24.74%＝307 983.31（元）

根据计算结果，编制会计分录，见表 3.39。

表 3.39　记账凭证

日期	摘要	会计分录	附件
—	结转进销差价	借：商品进销差价——实木柜　315 000.00 ——沙发柜　195 096.00 ——布艺柜　307 983.31 贷：主营业务成本——实木柜　315 000.00 ——沙发柜　195 096.00 ——布衣柜　307 983.31	—

各柜组已销商品的进价成本如下：

实木柜已销商品进价成本＝2 250 000－315 000＝1 935 000（元）

沙发柜已销商品进价成本＝1 625 800－195 096＝1 430 704（元）

布艺柜已销商品进价成本＝1 244 880－307 983.31＝936 896.69（元）

③ 各柜组 2019 年 8 月末库存商品应分摊的进销差价，计算如下：

实木柜库存商品进销差价＝343 000－315 000＝28 000（元）

沙发柜库存商品进销差价＝225 000－195 096＝29 904（元）

布艺柜库存商品进销差价＝351 000－307 983.31＝43 011.69（元）

④ 公司 2019 年 8 月末的销售毛利，计算结果如下：

2019 年 8 月末各柜组不含税销售收入为

$$实木柜不含税销售收入=\frac{2\,250\,000}{1+13\%}=1\,991\,150.44(元)$$

$$沙发柜不含税销售收入=\frac{1\,625\,800}{1+13\%}=1\,438\,761.06(元)$$

$$布艺柜不含税销售收入=\frac{1\,244\,800}{1+13\%}=1\,101\,592.92(元)$$

各柜组 2019 年 8 月销售毛利为

实木柜销售毛利＝1 991 150.44－1 935 000＝－56 150.44（元）

沙发柜销售毛利＝1 438 761.06－1 430 704＝8 057.06（元）

布艺柜销售毛利＝1 101 592.92－936 896.69＝164 696.23（元）

本月，佛山市乐华贸易有限公司所有商品柜组的销售毛利为 164 696.23+8 057.06+56 150.44=228 903.73 元。这与综合差价率法计算出的销售毛利 230 204.02 元，结果相差不大。但是这种方法计算出的结果更为准确，让管理层对于各柜组的具体销售及盈利情况一目了然，对于销售不好的商品，便于及时采取管理措施。

采用这种方法在柜组或者大类商品范围内，商品差价率相差不大，计算结果比综合差价率法的准确度要高一些，较为接近实际。但这种方法计算比较烦琐，且每个事物的负责人所经营商品的进销差价率也高低不同，因此不能做到完全准确。

活动三　实际进销差价法计算已销商品进销差价

活动描述

公司领导认为，采用差价率法计算出的已销商品进销差价不够准确，希望采用通过期末盘点库存商品数量的方法，倒算出本期已销商品的进销差价，相关资料见表 3.40 和表 3.41。

表 3.40　佛山市乐华贸易有限公司 2019 年 12 月库存商品进销差价的明细资料

单位：元

柜组	月初库存商品进销差价	本月增加的商品进销差价	本月已销商品应分摊的进销差价	月末库存商品应分摊进销差价
实木储物柜	49 000.00	294 000.00		36 000.00
实木矮凳	37 500.00	187 500.00		32 752.00
实木培训台	70 200.00	280 800.00		18 360.00
合计	156 700.00	762 300.00		87 112.00

表 3.41　佛山市乐华贸易有限公司库存商品盘存及进销差价计算表

2019 年 12 月 31 日

柜组	库存商品售价金额			库存商品进价金额			库存商品进销差价
	数量	单价	金额	数量	单价	金额	
实木储物柜	200	1 000.00	200 000.00	200	820.00	164 000.00	36 000.00
实木矮凳	356	700.00	249 200.00	356	608.00	216 448.00	32 752.00
实木培训台	180	750.00	135 000.00	180	648.00	116 640.00	18 360.00

要求：① 计算该公司 2019 年 12 月末库存商品应分摊的进销差价。

② 计算该公司 2019 年 12 月已销商品应分摊的进销差价并进行账务处理。

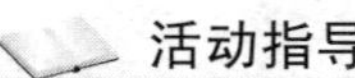

活动指导

这种根据期末商品盘点数量，先求出库存商品应保留的进销差价，然后倒算出已销商品进销差价的方法，称为盘存商品进销差价计算法，又称实际差价计算法。它不需要计算差价率，但要与商品盘点结合起来。

① 各柜组 12 月末库存商品应分摊的进销差价如下：

库存实木储物柜应保留的进销差价＝200 000－164 000＝36 000（元）

库存实木矮凳应保留的进销差价＝249 200－216 448＝32 752（元）

库存实木培训台应保留的进销差价＝135 000－116 640＝18 360（元）

② 12 月已销商品应分摊的进销差价，计算结果如下：

已销实木储物柜应分摊的进销差价＝49 000＋294 000－36 000＝307 000（元）

已销实木矮凳应分摊的进销差价＝37 500＋187 500－32 752＝192 248（元）

已销实木培训台应分摊的进销差价＝70 200＋280 800－18 360＝332 640（元）

根据计算结果，编制会计分录，见表 3.42。

表 3.42　记账凭证

日期	摘要	会计分录	附件
—	结转进销差价	借：商品进销差价——实木柜　307 000.00 ——沙发柜　192 248.00 ——布艺柜　332 640.00 贷：主营业务成本——实木柜　307 000.00 ——沙发柜　192 248.00 ——布衣柜　332 640.00	—

如果已销商品进销差价计算结果为正数，说明平时少分摊了已销商品进销差价，应继续分摊，借记“商品进销差价”账户，贷记“主营业务成本”账户。如为负数，说明平时多分摊了已销商品进销差价，应予以冲回，借记“主营业务成本”账户，贷记“商品进销差价”账户。

盘存商品进销差价计算法计算结果准确，补收已销商品中各种不同差价和所占销售比重的影响。但要对全部商品逐一进行盘点、计价，计算工作量大。在实际工作中为了简化计算手续，平常月份多采用差价率计算法，到年终时（12 月）才采用盘存商品进销差价计算法进行调整，以保证整个年度会计核算资料的准确性。

学习与评价

1. 判断题

（1）采用盘存商品进销差价计算法计算已销产品的进销差价，其计算结果不够准确。（　　）

（2）库存商品发生短缺，不论是自然损耗还是责任事故，经领导批准均列入企业“销售费用”项目。（　　）

（3）零售企业年度终了，应采用差价率法计算和结转已销产品进销差价。（　　）

（4）结转已销产品进销差价的三种方法，各有其利弊。（　　）

（5）“商品进销差价”账户期末贷方余额，反映本月已销商品应分摊的进销差价。（　　）

2. 单项选择题

（1）本活动内容中，介绍的计算已销商品差价的方法有（　　）种。

A. 6　　B. 3　　C. 4　　D. 2

（2）采用盘存商品进销差价计算法，要求先计算出（　　）。

A. 售价总额　　B. 已销商品进销差价

C. 进价总额　　D. 应分摊的进销差价

（3）采用分类（柜组）差价率计算法，“库存商品”账户应按（　　）设置明细账。

A. 种类　　B. 数量　　C. 营业柜组　　D. 供货单位

（4）计算综合差价率中的“主营业务收入”是指（　　）。

A. 不含税收入　　B. 含税收入

C. 不包括委托代销商品收入　　D. 以上均可

（5）采用综合差价率法计算的缺点是（　　）。

A. 手续简单　　B. 计算结果太准确

C. 计算结果不够准确　　D. 手续复杂

3. 多项选择题

（1）采用分类差价率法计算已销商品进销差价，要求（　　）账户按实物负责人设置明细账户。

A. 库存商品　　B. 商品进销差价

C. 主营业务收入　　D. 在途物资

（2）零售企业计算已销产品进销差价的方法有（　　）。

A. 差价率计算法　　B. 备抵法

C. 加权平均法　　D. 盘存商品进销差价计算法

（3）下列有关盘存商品进销差价计算法的说法中，正确的有（　　）。

A. 不需要计算差价率　　B. 要与商品盘点相结合

C. 在年度终了时采用　　D. 计算结果准确

（4）“商品进销差价”账户的贷方反映的内容有（　　）。

A. 购入商品售价大于进价的差额

B. 已销商品应分摊的进销差价

C. 盘点溢余商品的进销差价

D. 盘点短缺商品进销差价

（5）售价金额核算法的基本内容有（　　）。

A. 建立实务负责制　　B. 售价记账金额控制

C. 进价记账盘存计销　　D. 设置“商品进销差价”账户

4. 实务题

某商业零售企业（一般纳税人）百货柜 2019 年 8 月初“库存商品”账户借方余额 61 000 元，“商品进销差价”账户贷方余额为 18 300 元，本月发生以下业务：

（1）购进商品，取得专用发票，进价金额为 173 160 元，增值税 22 510.80 元，款项已支付，商品由百货柜验收。含税售价为 234 000 元。

（2）以存款支付商品运费 2 100 元，按 9%计算进项税额。

（3）销售商品，取得含税销售金额 238 680 元，款项存入银行，同时结转成本 238 680 元。

（4）盘点商品，商品账存金额 56 320 元（售价），实存金额 56 620 元，相差 300 元，原因待查，上月差价率为 30%。

（5）月末按差价率计算法计算和结转本月已销商品应分摊的进销差价，假定本月差价率为 28%。

要求：① 作出上述业务的分录。

② 计算“库存商品”和“商品进销差价”账户的月末余额。

③ 计算月末库存商品的进价金额。

模块四　处理电商模式下商品流转的会计核算业务

电子商务通常是指在因特网开放的网络环境下，基于浏览器/服务器应用方式，买卖双方不谋面地进行各种商贸活动，实现消费者的网上购物、商户之间的网上交易和在线电子支付，以及各种商务活动、交易活动、金融活动和相关的综合服务活动的一种新型的商业运营模式。主要模式有：B2B（business to business，企业对企业电子商务）、B2C（business to customer，企业对顾客电子商务）、C2B（customer to business，顾客对企业电子商务）、C2C（customer to customer，顾客对顾客电子商务）等。本书主要介绍 B2C 模式。图 4.1 为电商企业工作的情境图。

图 4.1　电商企业工作情境

任务一　处理电商模式下商品流转的销售业务

学习目标

（1）了解电子商务未来的发展趋势。

（2）能够处理有担保方（支付宝）先付款后发货模式的会计核算业务。

（3）能够处理无担保方先付款后发货模式的会计核算业务。

（4）能够处理先发货后付款业务的会计核算业务。

（5）能够处理退货、退款及拒收商品等非正常销售的会计核算业务。

（6）养成销售确认的职业判断能力。

知识链接

电商模式下商品流转销售业务的法规制度

1. 电商模式下销售收入的确认

电商模式下的资金流转与传统购销模式下的资金转移有所不同，电商模式下资金不是直接在银行账户之间转移，而是多了一个第三方支付平台，如支付宝（仅以支付宝为例，下同）。如购货方将其银行存款转移到支付宝账户购货，然后网商发货，经购货方确认后，通知支付宝付款，这时资金才转移到销售商。具体业务流程如图 4.2 所示。

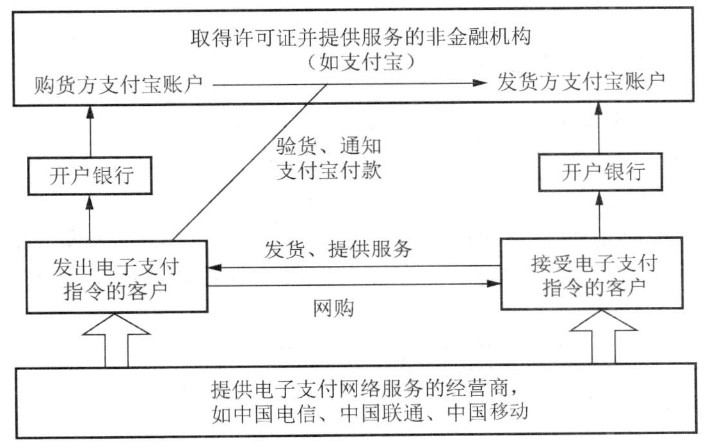

图 4.2　电商模式下业务流程图

从图 4.2 可以看出，购货方发出电子支付指令，从其银行向支付宝划拨款项时，应视同发生了一笔业务。因为支付宝从本质上看是一个网络支付平台，为交易双方的资金往来提供安全和方便的服务。根据佛山市乐华贸易有限公司的设置，电商中心销售的货物是采用传统方式购入的，储存在公司配送中心，通过电商模式销售商品时，通过网络接受购货方的订单，确定业务后，从配送中心领出商品，并通过第三方物流公司向购买方发货。本章主要介绍佛山市乐华贸易有限公司在电商模式下销售商品的会计核算。

根据最新《企业会计准则——收入准则》收入的确认计量，采用五步模型法：识别与客户订立的合同、识别合同中单独的履约义务、确定交易价格、将交易价格分摊至单独的履约义务、履行每一项履约义务时确认收入。

企业应当在履行了合同中的履约义务，即在客户取得相关商品控制权时确认收入。因此，企业与客户之间的合同同时满足下列条件时，企业应当在客户取得相关商品控制权时确认收入：①合同各方已批准该合同并承诺将履行各自义务；②该合同明确了合同各方与所转让商品或提供劳务（以下简称“转让商品”）相关的权利和义务；③该合同有明确的与所转让商品相关的支付条款；④该合同具有商业实质，即履行该合同将改变企业未来现金流量的风险、时间分布或金额；⑤企业因向客户转让商品而有权取得的对价很可能收回。

对于不符合上述收入确认规定的合同，企业只有在不再负有向客户转让商品的剩余义务，且已向客户收取的对价无须退回时，才能将已收取的对价确认为收入；否则，应当将已收取的对价作为负债进行会计处理。基于以上分析，电商企业收入的确认应以客户最终确认收货作为收入实现的时点。

从电商业务的特点来看，电商业务收入的确认显然不能按传统交易模式的收款或发货作为收入实现的时点，而应以客户确认收货作为收入确认的时点。只有以客户确认收货作为收入实现时点，才能满足“能够可靠计量”“很可能流入企业”的要求。

2. 电商模式下销售业务的分类

在电商销售业务中，销售模式具体可以分为：有担保方的先付款后发货、无担保方的先付款后发货、先发货后付款三种。无论哪种销售模式，销售收入应以客户确认收货作为收入确认的时点。同时，应根据商品进价结转销售成本。购物网站销售商品给个人，一般开具增值税普通销售发票。

3. 电商模式下销售业务主要涉及的账户

电商模式下销售业务主要涉及的账户有：发出商品、库存商品、主营业务收入、主营业务成本、预收账款、销售费用等。除发出商品外，其余账户与批发零售企业核算内容相似，此处不再介绍。

“发出商品”账户是资产类账户，核算企业未满足收入确认条件但已发出商品的实际成本。本科目按商品类别、购货单位和品种进行明细核算。该账户结构如图 4.3 所示。

借　　发出商品（资产类）	贷
未满足收入确认条件但已发出商品的实际成本	已确认收入，结转入主营业务成本
已发出尚未确认收入的商品实际成本	

图 4.3 “发出商品”账户结构

活动一　有担保方（支付宝）的先付款后发货销售模式

活动描述

2019 年 8 月 2 日，佛山市乐华贸易有限公司电商中心 7 号店接到客户赵庆的网购订单，订单显示：对方需购买实木储物柜 2 组，协商价格为每组 1 186.5 元（含税）。客户通过购物网站订货后，付款至支付宝。7 号店根据支付宝的通知发货，填写商品出库单（图 4.4）和发货单（图 4.5），并开具增值税普通发票（图 4.6）及售后卡（图 4.7）。由圆通将货物快递发出，以现金支付快递费（图 4.8），并收到运费增值税专用发票（图 4.9）。客户验货后，通知支付宝支付货款（假设支付宝按货款的 0.5%收取手续费，见图 4.10）。

商品出库单

用途：网店销售　　2019 年 8 月 2 日　　编号：0366322

产品名称规格	计量单位	出库数量	单位成本	备注
实木储物柜	组	2	950.00	

部门负责人：钟朗　　审批人：　　发货人：张华

图 4.4　商品出库单

佛山市乐华贸易有限公司商品发货单

2019 年 8 月 2 日

交易订单号：455055604730659						
NO	货品名称	座位号	商家编号	数量	单价	金额
1	纯实木环保储物柜 颜色：白	B3-2-5	GDB2702t916	2	1 186.5	2 373.00
备注：同城配送＋搬楼，安装 商家备注：发货后 7 天付款 合计金额¥2 531.17＋运费¥0－优惠金额¥158.17＝实际付款¥2 373.00 共 2 组 http://lehua.tmail.com/ 地址：广东省佛山市新城区中山九路德富大厦 B 区 2-5 号，邮编 528315 联系电话：0757-83000025						

图 4.5　商品发货单

4400246233

广东增值税普通发票

No.03256533

此联不做报销、扣税凭证使用　　开票日期 2019 年 08 月 02 日

购货单位	名　　称：赵庆 纳税人识别号： 地 址、电 话：肇庆市德庆封平镇十八组 13945617892 开户行及账号：中国工商银行 4124567895214563				密码区	（略）	
货物或应税劳务名称	规格型号	单位	数　量	单　价	金　额	税率	税　额
储物柜		组	2	1 050.00	2 100.00	13%	273.00
合　计					¥2 100.00		¥273.00
价税合计（大写）	⊗贰仟叁佰柒拾叁圆整				（小写）¥2 373.00		
销货单位	名　　称：佛山市乐华贸易有限公司 纳税人识别号：440103190488800123 地 址、电 话：佛山市新城区中山九路 12 号 83000025 开户行及账号：佛山市建行新城区支行 4402123596217954				备注	佛山市乐华贸易有限公司 44010319048880123 发票专用章	

收款人：钱前　　复核：黄小美　　开票人：钱前　　销货方（章）

第一联：记账联　销货方记账凭证

图 4.6　增值税普通发票

售 后 卡

退换货须知

签收后 48 小时内请先联系售后客服。

以下情况有权拒绝退换货：

（1）退换货前未与客服联系直接退回；

（2）超过七日退换货期限（自签收之日开始的七日内）；

（3）未在退换货中提供货物发货单或退换货申请表；

（4）影响二次销售的商品（如污损破坏商品）；

（5）进行过一次换货且非质量问题的；

（6）商品进行过人为损坏情况的。

我们收到商品后会在三日内及时将退换货的商品寄出（如顾客问题导致换货请先及时补拍邮费）。

退换货运费支付方

退换货原因	换货寄出运费支出方	
商品质量问题	佛山市乐华贸易有限公司	
发错商品或缺少附件	佛山市乐华贸易有限公司	对于运费由我方承担的部分，请您先
你不喜欢收到的商品	顾客	垫付，收到正确商品的时候退还给您
商品尺码不合适	顾客	注：只接受申通和圆通的快递
色差、小瑕疵等非质量问题	顾客	

图 4.7　售后卡

现 金 支 出 凭 单　　第　01　号

附件　1　张　　　　2019 年 8 月 2 日　　　　对方科目编号：

用款事项：支付物流费		现金付讫
人民币（大写）　玖拾元整		¥109.00
主管人员　黄小美（签章）	会计人员　管　彰（签章）	出纳员付讫　钱莆（签章）

图 4.8　现金支出凭单

4400246233　　**广东增值税专用发票**　　No.032542111

此联不做报销、扣税凭证使用　　开票日期 2019 年 08 月 02 日

购货单位	名　　称：佛山市乐华贸易有限公司 纳税人识别号：440103190488800123 地 址、电 话：佛山市新城区中山九路 12 号 83000025 开户行及账号：佛山市建行新城区支行　4402123596217954				密码区	（略）		
货物或应税劳务名称	规格型号	单位	数　量	单　价	金　额	税率	税　额	
运费		项	1	100	100.00	9%	9.00	
合　计					¥100.00		¥ 9.00	
价税合计（大写）	⊗壹佰零玖圆整				（小写）¥109.00			
销货单位	名　　称：圆通运输有限公司 纳税人识别号：401023734562122147 地 址、电 话：佛山市新城区政通路 5 号 86544512 开户行及账号：中国建设银行佛山新城支行 451522600154321				备注	圆通运输有限公司 401023734562122147 发票专用章		

第三联：发票联　购货方记账凭证

收款人：张小冰　　复核：李虹虹　　开票人：张小冰　　销货方（章）

图 4.9　增值税专用发票

中国建设银行 网上银行电子回单

币别：人民币		日期：2019-08-02　10:36			凭证号码：000150774898		
付款人	户名	赵庆			收款人	户名	佛山市乐华贸易有限公司
	账号	4124567895214563				账号	4002123596217954
	开户银行	工商银行德庆支行封平营业点				开户银行	佛山市建行新城区支行
大写金额		贰仟肆佰伍拾柒元整			小写金额	¥2 457.00	
用途		网银活期互转			验证码		
交易状态		银行受理成功				交易时间	20190802　15:42:53
交易流水号		3720926	操作员	01ZK001		交易渠道	网银渠道
制单：						中国建设银行股份有限公司 电子回单专用章	
复核：							
主管：							
重要提示：银行受理成功，本回执不作为收、付款交易确认的最终依据。							

图 4.10　网银入账回单

活动指导

该业务属于有担保方（支付宝）的先付款后发货的销售模式。有担保方的先付款后发货模式是客户先付款至担保方，担保方收款后通知商家发货，客户确认收货后通知担保方付款，其交易流程及会计处理见表 4.1。

表 4.1 有担保方（支付宝）的先付款后发货的销售模式账务处理流程

交易流程类型	交易步骤	会计处理及说明
网店订单→买家付款至担保方→网店组织发货→买家确认收货→担保方清算货款（先付款后发货、有第三方担保、正常交易）	第一步：接受买家订单	此步为交易协调阶段，买卖双方交流沟通，协商确定交易价格，无须进行会计核算
	第二步：买家付款至担保方	由于网购交易的不确定性，此款项是否最终流入企业存在未知数，故在买家付款至担保方时，购物网站不作会计处理
	第三步：网店组织发货	发货仍未能确定能否成交，不能确认收入和成本，先从库存商品转为发出商品： 借：发出商品 　　贷：库存商品 由物流公司送货时发生物流费用： 借：销售费用 　　应交税费——应交增值税（进项税额） 　　贷：应付账款或现金等
	第四步：买家确认收货	此步骤标志网购交易成功，此时可以进行收入和成本确认。确认收入分录： 借：应收账款 　　贷：主营业务收入 　　　　应交税费——应交增值税（销项税额） 结转销售成本分录： 借：主营业务成本 　　贷：发出商品
	第五步：担保方清算货款	客户确认付款，收到经担保方（支付宝）扣了手续费的货款， 借：其他货币资金——支付宝账户 　　财务费用 　　贷：应收账款

佛山市乐华贸易有限公司的电商中心以发货作为会计核算的起点，在发货时，只是改变商品的状态，由在库改为发出，并按商品成本进行计量。在电商企业中售后服务卡跟随商品一起邮寄给客户，只是建立一种售后服务关系，不用作账务处理（下同）。

根据发货单作出账务处理，见表 4.2。

表 4.2 记账凭证（一）

日期	摘要	会计分录	附件
2019-8-2	发出商品	借：发出商品——实木储物柜　　1 900.00 　　贷：库存商品——实木储物柜　　1 900.00	1

根据货运增值税专用发票和现金支出凭单作出账务处理，见表 4.3。

表 4.3　记账凭证（二）

日期	摘要	会计分录	附件
2019-8-2	支付运费	借：销售费用　100.00 应交税费——应交增值税（进项税额）　9.00 贷：库存现金　109.00	2

商品运达，客户验货，根据增值税专用发票作出账务处理，见表 4.4。

表 4.4　记账凭证（三）

日期	摘要	会计分录	附件
2019-8-6	销售商品	借：应收账款——支付宝　2 373.00 贷：主营业务收入　2 100.00 应交税费——应交增值税（销项税额）　273.00	1

根据商品出库单作出账务处理，见表 4.5。

表 4.5　记账凭证（四）

日期	摘要	会计分录	附件
2019-8-6	结转成本	借：主营业务成本　1 900.00 贷：发出商品　1 900.00	1

根据支付宝转账凭证作出账务处理，见表 4.6。

表 4.6　记账凭证（五）

日期	摘要	会计分录	附件
2019-8-6	收回货款	借：其他货币资金——支付宝账户　2 361.13 财务费用　11.87 贷：应收账款——支付宝　2 373.00	1

活动拓展

2019 年 8 月 3 日，佛山市乐华贸易有限公司电商 7 号店接到客户的网购订单，订单显示：对方需要购买实木储物柜 2 组，协商价格为每组 1 186.5 元（含税）。客户通过购物网站订货后，付款至支付宝。支付宝通知佛山市乐华贸易有限公司电商中心网店配发货物，网店通过佛山市顺丰物流有限公司将货物发出（现金支付物流费用 109 元，含税）。客户验货，发现商品有质量问题只收取 1 组，另 1 组退货。客户通知支付宝支付 1 组的货款，假设支付宝按货款的 0.5%收取 7 号店的手续费，余款退回。实木储物柜每组成本为 950 元，增值税税率为 13%（单据略）。

该业务属于先付款后发货、有第三方担保、被拒收并取消交易的业务，其网购交易流程及会计处理见表 4.7。

表 4.7　有担保方的先付款后发货、被拒收并取消交易的业务账务处理流程及会计处理

交易流程类型	交易步骤	会计处理及说明
网店订单→买家付款至担保方→发货→拒收退回→担保方退款（先付款后发货、有第三方担保、被拒收并取消交易）	第一步：接受买家订单	此步为交易协调阶段，买卖双方交流沟通，协商确定交易价格，无须进行会计核算
	第二步：买家付款至担保方	该笔款项未能确定最终是否流入企业，此时不作会计处理
	第三步：网站组织发货	发货仍未能确定能否成交，不能确认收入和成本，先从库存商品转为发出商品： 借：发出商品 　　贷：库存商品 由物流公司送货时发生物流费用： 借：销售费用 　　应交税费——应交增值税（进项税额） 　　贷：库存现金
	第四步：买家拒收退回	将退回货品从发出商品转回库存商品： 借：库存商品 　　贷：发出商品
	第五步：担保方退款	款项未流入企业，不作会计处理

根据以上分析，编制如下会计分录。

（1）发出商品时，会计分录为：

借：发出商品——实木储物柜　　1 900.00

　　贷：库存商品——实木储物柜　　1 900.00

（2）商品通过物流公司进行配送，购物网站用现金向物流公司支付物流运输费等费用，则会计分录为：

借：销售费用　　100.00

　　应交税费——应交增值税（进项税额）　　9.00

　　贷：库存现金　　109.00

（3）商品运达，客户验货，根据客户对货物的接收情况，进行会计处理。客户接收1组商品，确认销售收入，并结转销售成本；拒收1组商品作退货处理。编制会计分录如下：

确认收入时：

借：应收账款——支付宝　　1 186.5

　　贷：主营业务收入　　1 050

　　　　应交税费——应交增值税（销项税额）　　136.5

确认成本时：

借：主营业务成本　　950

　　贷：发出商品　　950

（4）退货时，会计分录为：

借：库存商品　　950

　　贷：发出商品　　950

（5）购物网站收到支付宝结算货款时，作收款处理。其中，支付宝扣除的手续费作“财务费用”入账，会计分录为：

借：银行存款　　1 180.57

　　财务费用　　5.93

　　贷：应收账款——支付宝　　1 186.5

活动二　无担保方先付款后发货销售模式

活动描述

2019 年 8 月 10 日，佛山市乐华贸易有限公司电商中心购物网站接到客户李朗的网购订单，订单显示：对方需要购买实木储物柜 2 组，协商价格为每组 1 186.5 元（含税）。客户通过购物网站订货后，直接付款至 7 号店的支付宝账户（图 4.11），网站收到货款后配发货物填写出库单（图 4.12）和发货单（图 4.13），并开具增值税普通发票（图 4.14）及售后卡（图 4.7），通过佛山市顺丰物流有限公司将货物发出，取得货运增值税专用发票（图 4.15），与物流公司协议定期支付。

中国建设银行　网上银行电子回单

币别：人民币		日期：2019-08-10　15:36:53		凭证号码：150700074857		
付款人	户名	李朗		收款人	户名	佛山市乐华贸易有限公司
	账号	4152145632456789			账号	4002123596217954
	开户银行	招商银行荆州支行			开户银行	佛山市建行新城区支行
大写金额		贰仟叁佰柒拾叁元整		小写金额	¥2 373.00	
用途		网银活期互转		验证码		
交易状态		银行受理成功				
交易流水号		9263720	操作员	01cg008	交易渠道	网银渠道
制单：				中国建设银行股份有限公司 电子回单专用章		
复核：						
主管：						
重要提示：银行受理成功，本回执不作为收、付款交易确认的最终依据。						

图 4.11　网银进账凭证

商品出库单

用途：网店销售　　2019 年 8 月 10 日　　编号：0366323

产品名称规格	计量单位	出库数量	单位成本	备注
实木储物柜	组	2	950.00	

部门负责人：钟朗　　审批人：　　发货人：张华

图 4.12　商品出库单

佛山市乐华贸易有限公司商品发货单

2019 年 8 月 10 日

交易订单号：455055604730662

NO	货品名称	座位号	商家编号	数量	单价	金额
1	纯实木环保储物柜 颜色：白	B3-2-5	GDB2702t916	2	1 186.5	2 373.00

备注：同城配送＋搬楼，安装

商家备注：发货后 7 天付款

合计金额¥2 531.17＋运费¥0－优惠金额¥158.17＝实际付款¥2 373.00 共 2 组

http://lehua.tmail.com/

地址：广东省佛山市新城区中山九路德富大厦 B 区 2-5 号，邮编 528315

联系电话：0757-83000025

图 4.13　商品发货单

4400246225

广东增值税普通发票

No.03256555

此联不做报销、扣税凭证使用　　开票日期 2019 年 08 月 10 日

购货单位	名　　称：李朗 纳税人识别号： 地 址、电 话： 开户行及账号：				密码区	（略）		
货物或应税劳务名称	规格型号	单位	数　量	单　价	金　额	税率	税　额	
储物柜		组	2	1 050.00	2 100.00	13%	273.00	
合　计					¥2 100.00		¥273.00	
价税合计（大写）	⊗贰仟叁佰柒拾叁圆整				（小写）¥2 373.00			
销货单位	名　　称：佛山市乐华贸易有限公司 纳税人识别号：440103190488800123 地 址、电 话：佛山市新城区中山九路 12 号 83000025 开户行及账号：佛山市建行新城区支行　4402123596217954				备注	佛山市乐华贸易有限公司 440103190488800123 发票专用章		

第一联：记账联　销货方记账凭证

收款人：钱前　　复核：黄小美　　开票人：钱前　　销货方（章）

图 4.14　增值税普通发票

广东增值税专用发票　　No.0325421451

4400244543　　此联不做报销、扣税凭证使用　　开票日期 2019 年 08 月 10 日

购货单位	名　　称：佛山市乐华贸易有限公司 纳税人识别号：440103190488800123 地 址、电 话：佛山市新城区中山九路 12 号 83000025 开户行及账号：佛山市建行新城区支行　4402123596217954				密码区	（略）	
货物或应税劳务名称	规格型号	单位	数　量	单　价	金　额	税率	税　额
运费		项	1	600	600.00	9%	54.00
合　计					¥600.00		¥54.00
价税合计（大写）	⊗陆佰伍拾肆圆整				（小写）¥654.00		
销货单位	名　　称：顺丰物流有限公司 纳税人识别号：401023736547891258 地 址、电 话：佛山市新城区爱华路 2 号 89911969 开户行及账号：中国建设银行佛山新城支行 440622600155678				备注	顺丰物流有限公司 401023736547891258 发票专用章	

收款人：张小　　复核：李达　　开票人：张小　　销货方（章）

第三联：发票联　购货方记账凭证

图 4.15　增值税专用发票

活动指导

该业务属于无担保方的先付款后发货的销售模式。无担保方的先付款后发货模式是客户通过相关支付方式付款至商家，商家收款后发货，其网购交易流程及会计处理见表 4.8。

表 4.8　无担保方的先付款后发货的销售模式的账务处理

交易流程类型	交易步骤	会计处理及说明
网店订单→客户付款直接到账→发货→确认收货（先付款后发货、无第三方担保、正常交易）	第一步：接受买家订单	此步为交易协调阶段，买卖双方交流沟通，协商确定交易价格，无须进行会计核算
	第二步：客户付款到账	款项已流入企业先作预收处理，有结算手续费时作费用： 借：其他货币资金——支付宝账户 　　财务费用 　　贷：预收账款
	第三步：网店组织发货	发货仍未能确定能否成交，不能确认收入和成本，先从库存商品转为发出商品： 借：发出商品 　　贷：库存商品； 由物流公司送货时发生物流费用： 借：销售费用 　　应交税费——应交增值税（进项税额） 　　贷：应付账款或现金等

续表

交易流程类型	交易步骤	会计处理及说明
网店订单→客户付款直接到账→发货→确认收货（先付款后发货、无第三方担保、正常交易）	第四步：买家确认收货	此步骤标志交易成功，可以确认收入和成本，将预收款转为收入分录： 借：预收账款 　　贷：主营业务收入 　　　　应交税费——应交增值税（销项税额） 结转销售成本分录： 借：主营业务成本 　　贷：发出商品

根据以上分析，本业务会计账务处理如下。

根据网银进账凭证作出账务处理，见表 4.9。

表 4.9　记账凭证（一）

日期	摘要	会计分录	附件
2019-8-10	预收货款	借：其他货币资金——支付宝账户　2 373.00 　　贷：应收账款——支付宝　2 373.00	1

根据发货单作出账务处理，见表 4.10。

表 4.10　记账凭证（二）

日期	摘要	会计分录	附件
2019-8-10	发出商品	借：发出商品——实木储物柜　1 900.00 　　贷：库存商品——实木储物柜　1 900.00	1

根据货运增值税专用发票作出账务处理，见表 4.11。

表 4.11　记账凭证（三）

日期	摘要	会计分录	附件
2019-8-10	支付运费	借：销售费用　600.00 　　应交税费——应交增值税（进项税额）　54.00 　　贷：应付账款　654.00	1

商品运达，客户验货，根据增值税专用发票作出账务处理，见表 4.12。

表 4.12　记账凭证（四）

日期	摘要	会计分录	附件
2019-8-15	销售商品	借：预收账款　2 373.00 　　贷：主营业务收入　2 100.00 　　　　应交税费——应交增值税（销项税额）　273.00	1

根据商品出库单作出账务处理，见表 4.13。

表 4.13　记账凭证（五）

日期	摘要	会计分录	附件
2019-8-15	结转成本	借：主营业务成本　1 900.00 　　贷：发出商品　1 900.00	1

活动拓展

2019 年 8 月 12 日，佛山市乐华贸易有限公司电商中心购物网站接到客户赵庆的网购订单，订单显示：对方需要购买实木储物柜 2 组，协商价格为每组 1 186.5 元（含税）。客户通过购物网站订货后，直接付款至电商中心购物网站，网站收到货款后配发货物，通过佛山市顺丰物流有限公司将货物发出，发生费用 109 元，与物流公司协议定期支付。客户验货，发现商品有问题只收取 1 组，另 1 组退货。实木储物柜每组成本为 950 元，增值税税率为 13%。

该业务属于先付款后发货、无第三方担保、被拒收并取消交易的业务，其网购交易流程及会计处理见表 4.14。

表 4.14　无担保方的先付款后发货、被拒收并取消交易的业务流程及会计处理

交易流程类型	交易步骤	会计处理及说明
网店订单→买家付款直接到账→发货→拒收退回→退款（先付款后发货、无第三方担保、被拒收并取消交易）	第一步：接受买家订单	此步为交易协调阶段，买卖双方交流沟通，协商确定交易价格，无须进行会计核算
	第二步：买家付款直接到账	款项已流入企业先作预收处理，有结算手续费时作费用： 借：银行存款或其他科目 　　财务费用 　　贷：预收账款
	第三步：网站组织发货	发货仍未能确定能否成交，不能确认收入和成本，先从库存商品转为发出商品： 借：发出商品 　　贷：库存商品 由物流公司送货时发生物流费用： 借：销售费用 　　应交税费——应交增值税（进项税额） 　　贷：应付账款
	第四步：买家拒收退回	将退回货品从发出商品转回库存商品： 借：库存商品 　　贷：发出商品
	第五步：网站退款	取消交易退回货款： 借：预收账款 　　贷：银行存款或其他科目

根据以上分析，本业务会计账务处理如下。

（1）客户付款到账。款项流入企业，作为预收负债处理，结算手续费时作费用处理，会计分录如下：

借：银行存款　　2 361.13
　　财务费用　　11.87
　　贷：预收账款　　2 373.00

（2）发出商品时，会计分录为：

借：发出商品——实木储物柜　　1 900.00

贷：库存商品——实木储物柜　1 900.00

（3）商品通过物流公司进行配送，购物网站需要向物流公司支付物流运输费等费用，本业务中购物网站与物流公司签有费用定期结算协议，则会计分录为：

借：销售费用　600.00
　　应交税费——应交增值税（进项税额）　54.00
　贷：应付账款——佛山市顺丰物流有限公司　654.00

（4）商品运达，客户验货，根据客户对货物的接收情况，进行会计处理。客户接收 1 组商品，确认销售收入，并结转销售成本；拒收 1 组商品作退货处理。编制会计分录如下：

确认收入时，会计分录为：

借：预收账款——赵庆　1 186.5
　贷：主营业务收入　1 050
　　　应交税费——应交增值税（销项税额）　136.5

确认成本时，会计分录为：

借：主营业务成本　950
　贷：发出商品　950

（5）退货时，会计分录为：

借：库存商品　950
　贷：发出商品　950

（6）网站即卖家退款，会计分录为：

借：预收账款　1 186.5
　贷：银行存款　1 186.5

活动三　先发货后付款销售模式

活动描述

2019 年 8 月 15 日，佛山市乐华贸易有限公司电商 7 号店接到客户程虹的网购订单，订单显示：对方需要购买实木储物柜 2 组，协商价格为每组 1 186.5 元（含税）。客户订货后，商家根据订单先发货，填写出库单（图 4.16）和发货单（图 4.17），并开具增值税普通发票（图 4.18）及售后服务卡（图 4.7），通过佛山市顺丰物流有限公司将货物发出，取得货运增值税专用发票（图 4.19），货款由物流公司代收，定期支付与物流公司结算。

商品出库单

用途：网店销售　　2019 年 8 月 15 日　　编号：0366345

产品名称规格	计量单位	出库数量	单位成本	备注
实木储物柜	组	2	950.00	

部门负责人：钟朗　　审批人：　　发货人：张华

图 4.16　商品出库单

佛山市乐华贸易有限公司商品发货单

2019 年 8 月 15 日

<table>
<tr><td colspan="7">交易订单号：455055604730678</td></tr>
<tr><td>No</td><td>货品名称</td><td>座位号</td><td>商家编号</td><td>数量</td><td>单价</td><td>金额</td></tr>
<tr><td>1</td><td>纯实木环保储物柜
颜色：白</td><td>B3-2-5</td><td>GDB2702t916</td><td>2</td><td>1 186.5</td><td>2 373.00</td></tr>
<tr><td colspan="7">备注：同城配送＋搬楼，安装
商家备注：发货后 7 天付款
合计金额¥2 531.17＋运费¥0－优惠金额¥158.17＝实际付款¥2 373.00 共 2 组
http://lehua.tmail.com/
地址：广东省佛山市新城区中山九路德富大厦 B 区 2-5 号，邮编：528315
联系电话：0757-83000025</td></tr>
</table>

图 4.17　商品发货单

全国统一发票监制章

4400246244　　**广东增值税普通发票**　　No.03256577

此联不做报销、扣税凭证使用　　开票日期 2019 年 08 月 15 日

<table>
<tr><td>购货单位</td><td colspan="4">名　　称：程虹
纳税人识别号：
地 址、电 话：
开户行及账号：</td><td>密码区</td><td colspan="3">（略）</td></tr>
<tr><td colspan="2">货物或应税劳务名称</td><td>规格型号</td><td>单位</td><td>数　量</td><td>单　价</td><td>金　额</td><td>税率</td><td>税　额</td></tr>
<tr><td colspan="2">储物柜</td><td></td><td>组</td><td>2</td><td>1 050.00</td><td>2 100.00</td><td>13%</td><td>273.00</td></tr>
<tr><td colspan="2">合　　计</td><td></td><td></td><td></td><td></td><td>¥2 100.00</td><td></td><td>¥273.00</td></tr>
<tr><td colspan="2">价税合计（大写）</td><td colspan="7">⊗贰仟叁佰柒拾叁圆整　　（小写）¥2 373.00</td></tr>
<tr><td>销货单位</td><td colspan="5">名　　称：佛山市乐华贸易有限公司
纳税人识别号：440103190488800123
地 址、电 话：佛山市新城区中山九路 12 号 83000025
开户行及账号：佛山市建行新城区支行　4402123596217954</td><td>备注</td><td colspan="2">佛山市乐华贸易有限公司
440103190488800123
发票专用章</td></tr>
</table>

收款人：钱前　　复核：黄小美　　开票人：钱前　　销货方（章）

第一联：记账联　销货方记账凭证

图 4.18　增值税普通发票

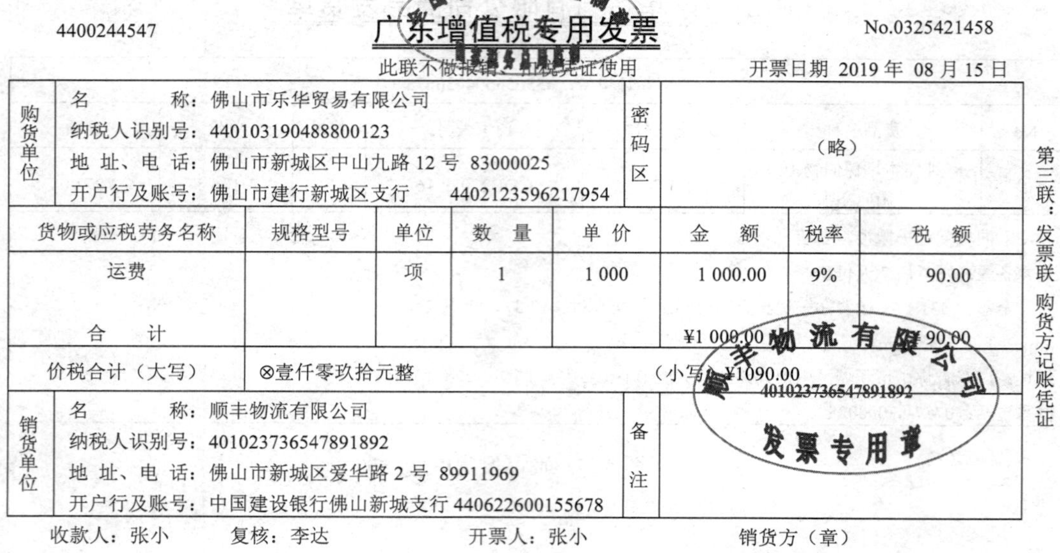

4400244547　　广东增值税专用发票　　No.0325421458

此联不做报销、扣税凭证使用　　开票日期 2019 年 08 月 15 日

购货单位	名　　称：佛山市乐华贸易有限公司 纳税人识别号：440103190488800123 地 址、电 话：佛山市新城区中山九路 12 号 83000025 开户行及账号：佛山市建行新城区支行 4402123596217954	密码区	（略）

货物或应税劳务名称	规格型号	单位	数 量	单 价	金 额	税率	税 额
运费		项	1	1 000	1 000.00	9%	90.00
合 计					¥1 000.00		¥90.00
价税合计（大写）	⊗壹仟零玖拾元整				（小写）¥1090.00		

销货单位	名　　称：顺丰物流有限公司 纳税人识别号：401023736547891892 地 址、电 话：佛山市新城区爱华路 2 号 89911969 开户行及账号：中国建设银行佛山新城支行 440622600155678	备注	

收款人：张小　　复核：李达　　开票人：张小　　销货方（章）

第三联：发票联 购货方记账凭证

图 4.19　增值税专用发票

活动指导

该业务属于先发货后付款业务，即商家根据订单先发货，客户收货后同时付款，其网购交易流程及会计处理见表 4.15。

表 4.15　先发货后付款业务销售业务的账务处理

交易流程类型	交易步骤	会计处理及说明
网店订单→组织发货→买家确认收货和收款（先发货后付款、正常交易）	第一步：接受买家订单	此步为交易协调阶段，买卖双方交流沟通，协商确定交易价格，无须进行会计核算
	第二步：组织发货	货到付款先发货时，不能确认交易是否成功，先将货品成本转至发出商品： 借：发出商品 　贷：库存商品 由物流公司送货时发生物流费用： 借：销售费用 　应交税费——应交增值税（进项税额） 　贷：应付账款或现金等
	第三步：买家确认收货并付款	买方收货并支付货款，确认收入分录： 借：现金或银行存款（物流公司代收时挂应收账款） 　贷：主营业务收入 　　应交税费——应交增值税（销项税额） 结转销售成本分录： 借：主营业务成本 　贷：发出商品

根据以上分析，本业务会计账务处理如下。

根据发货单作出账务处理，见表4.16。

表4.16　记账凭证（一）

日期	摘要	会计分录	附件
2019-8-15	发出商品	借：发出商品——实木储物柜　1 900.00 贷：库存商品——实木储物柜　1 900.00	1

根据货运增值税专用发票作出账务处理，见表4.17。

表4.17　记账凭证（二）

日期	摘要	会计分录	附件
2019-8-15	支付运费	借：销售费用　1 000.00 应交税费——应交增值税（进项税额）　90.00 贷：应付账款　1 090.00	1

商品运达，客户验货，根据增值税专用发票作出账务处理，见表4.18。

表4.18　记账凭证（三）

日期	摘要	会计分录	附件
2019-8-20	销售商品	借：应收账款——顺丰公司　2 373.00 贷：主营业务收入　2 100.00 应交税费——应交增值税（销项税额）　273.00	1

根据商品出库单作出账务处理，见表4.19。

表4.19　记账凭证（四）

日期	摘要	会计分录	附件
2019-8-20	结转成本	借：主营业务成本　1 900.00 贷：发出商品　1 900.00	1

学习与评价

1．判断题

（1）无担保方的先付款后发货业务是客户通过支付宝付款至商家，商家收款后发货的一种业务。（　　）

（2）买家付款至担保方时，购物网站应作会计处理。（　　）

（3）网店组织发货时，由于货物所有权已经转移，此时可以进行收入和成本确认。（　　）

（4）在电商企业中，售后服务卡跟随商品一起邮寄给客户，只是建立一种售后服务关系，不用作账务处理。（　　）

（5）电商模式下商品流转过程中，资金可以直接在银行账户之间转移。（　　）

2．单项选择题

（1）电商模式下，销售收入应以（　　）作为收入确认的时点。

A．商品发出后　　B．客户确认收货

C．货物转移时　　D．网站收到货款后

（2）下列选项中，（　　）不是无担保方的先付款后发货模式下的交易步骤。

A．网店订单　　B．买家付款至担保方

C．发货　　D．确认收货

（3）某客户网购 A 商品 2 件，协商价格为每件 234 元（含税），客户通过购物网站订货后，直接付款至购物网站。购物网站收到货款后配发货物，通过甲物流公司将货物发出（发生物流费用 30 元）。商品运达，客户验货。A 商品每件成本为 150 元，增值税税率为 13%。该交易业务属于（　　）模式。

A．有担保方的先付款后发货

B．无担保方的先付款后发货

C．先发货后付款

D．先发货后付款，有第三方担保，被拒收并取消交易

（4）下列步骤中，（　　）标志网购交易成功，此时可以进行收入和成本确认。

A．接受买家订单　　B．买家付款至担保方

C．网店组织发货　　D．买家确认收货

3．多项选择题

（1）电子商务模式下，主要有（　　）会计核算。

A．有担保方的先付款后发货模式

B．无担保方的先付款后发货模式

C．先付款后发货，有第三方担保，被拒收并取消交易模式

D．先发货后付款模式

（2）电商主要模式有（　　）。

A．B2B（business to business）　　B．B2C（business to customer）

C．C2B（customer to business）　　D．C2C（customer to customer）

（3）“发出商品”账户是资产类账户，该科目可以按（　　）进行明细核算。

A．商品类别　　B．购货单位　　C．品种　　D．销货单位

（4）某客户网购 A 商品 2 件，协商价格为每件 234 元（含税），客户通过购物网站订货后，直接付款至购物网站。购物网站收到货款后配发货物，通过甲物流公司将货物发出（发生物流费用 30 元）。客户验货，发现商品有问题只收取 1 件，另 1 件退货。A 商品每件成本为 150 元，增值税税率为 13%。该交易业务不属于（　　）模式。

A．有担保方的先付款后发货

B．无担保方的先付款后 发货

C．先发货后付款

D．先发货后付款，有第三方担保，被拒收并取消交易

4. 实务题

（1）某客户网购 A 商品 2 件，协商价格为每件 226.00 元（含税），客户通过购物网站订货后，付款至支付宝。支付宝通知网店配发货物，网店通过甲物流公司将货物发出（发生物流费用 30 元）。客户验货后，通知支付宝支付货款（支付宝按货款的 0.5%收取手续费）。A 商品每件成本为 150 元，增值税税率为 13%。

要求：① 判断该业务属于哪种发货模式。

② 写出其交易流程及步骤。

③ 编制每一交易步骤的会计分录。

（2）某客户网购 A 商品 2 件，协商价格为每件 226.00 元（含税），客户通过购物网站订货后，商家根据订单先发货，客户收货同时付款。网站通过顺丰物流公司将货物发出，发生物流运输费用 110 元，与物流公司协议定期支付。A 商品每件成本为 150 元，增值税税率为 13%。

要求：① 判断该业务属于哪种发货模式。

② 写出其交易流程及步骤。

③ 编制每一交易步骤的会计分录。

（3）某客户网购 A 商品 2 件，协商价格为每件 226.00 元（含税），客户通过购物网站订货后，付款至支付宝。支付宝通知网店配发货物，网店通过甲物流公司将货物发出（发生物流费用 30 元）。客户验货，发现商品有问题只收取 1 件，另 1 件退货。客户通知支付宝支付 1 件的货款（支付宝按货款的 0.5%收取手续费），余款退回。A 商品每件成本为 150 元，增值税税率为 13%。

要求：① 判断交易业务的类型。

② 写出其交易流程及步骤。

③ 编制每一交易步骤的会计分录。

任务二　处理电商企业费用的业务

学习目标

（1）了解电商企业费用的种类。

（2）能够处理电商企业固定费用业务。

（3）能够处理电商企业营销费用业务。

（4）养成依法依规办事的工作态度。

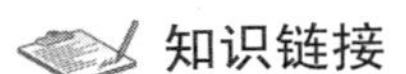

知识链接

电商企业费用处理业务的法规制度

电商企业的费用主要分为固定费用、营销费用、管理费用、财务费用等。管理费用、

财务费用的核算与一般批发企业并无差别，这里只介绍固定费用和营销费用。

1. 电商企业的固定费用

电商企业的固定费用一般是指由电商中介（本书以某猫为例）收取的保证金和技术服务费。

（1）保证金（押金）：主要是用于保证商家按照某猫的规则进行经营，并且在商家有违规行为时，根据《某猫服务协议》及相关规则规定用于向某猫及消费者支付违约金。某猫商城的保证金是根据店铺性质而决定的保证金收费金额，如品牌旗舰店、专卖店：带有 TM 商标的 10 万元，全部为 R 商标的 5 万元；专营店：带有 TM 商标的 15 万元，全部为 R 商标的 10 万元。

（2）技术服务费：某猫年度技术服务费类似店铺的年度某猫平台使用费用，商家在某猫经营必须交纳年费，分为 3 万元或 6 万元两档；第一年是企业汇款过去，以后年度通常为年初的时候从余额中通过相关支付协议扣减。当年度技术服务费达到店铺与某猫协议销量时，该费用将给予返还。

年度技术服务费在企业店铺未达到与某猫协议销量时，该费用将扣减，同时需要向某猫申请开具年度技术服务费发票，及时催收发票，收到发票后作为销售费用。

如果年度运营中若有店铺关停现象，按实际发生的技术服务费扣减，同时冲减费用和其他应收款。如年度根据协议销售量可以确定当年度需承担技术服务费，则应在当年度即计提和确认该笔费用。

2. 电商企业的营销费用

在电商业务中常见的有直通车、钻展、聚划算推广费，淘宝客佣金等营销费用。

（1）直通车、钻展、聚划算推广费是指为了保证店铺公司流量的提升，同时最终形成销售做铺垫推广所产生的相关费用。一般在年末进行计提并对直通车、钻展、聚划算账号进行充值。使用消耗后，及时在后台某猫公司申请对应的促销费用发票。

（2）淘宝客佣金是指客户在购买过程中，通过淘宝客（中介性质）进入店铺后，到最终完成交易，商家给淘宝客给予的相关交易比例的返点金额。一般是交易完成后的一周内给予从支付宝余额中扣减。一般在年末进行计提并账号进行充值由淘宝客佣金形成的相关交易，于次月 10 号左右向某猫公司申请开具发票。

活动一　电商企业的固定费用

活动描述

7 号店开业之初向某猫交纳保证金，取得电汇凭证及收据（图 4.20 和图 4.21）；交纳技术服务费，取得收据（图 4.22）。假设网店年末未到达协议销售量，取得某猫开具的增值税专用发票（图 4.23 和图 4.24）。

中国建设银行 电汇凭证（回单）　1

√普通　□加急　　委托日期 2019 年 8 月 1 日

付款人	全 称	佛山市乐华贸易有限公司	收款人	全 称	某猫股份有限公司
	账 号	4002123596217954		账 号	3215678658750881
	汇出地点	广东省　佛山　市/县		汇入地点	浙江省　义乌　市/县
汇出行名称		建设银行新城区支行	汇入行名称		工行干将路支行

金额	人民币（大写）壹拾万元整	亿	千	百	十	万	千	百	十	元	角	分
				¥	1	0	0	0	0	0	0	0

中国建设银行股份有限公司 佛山市新城支行 2019.08.1 业务办理章

汇出银行盖章

支付密码

附加信息及用途：保证金

复核　　记账

此联汇出行给汇款人回单

图 4.20　保证金电汇凭证

收　　据

2019 年 8 月 1 日　　No.0023423

今收到

佛山市乐华贸易有限公司网店（7 号店）交纳的保证金。

金额（大写）　壹拾万零仟零佰零拾零元零角零分（¥100 000.00）

单位盖章　　某猫股份有限公司 收款专用章

负责人：　　会计：林萧　　出纳：　　记账：刘明

第三联 记账

图 4.21　保证金收据

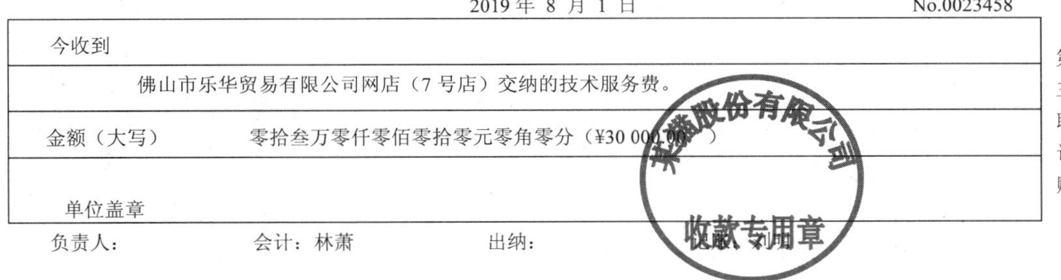

收　　据

2019 年 8 月 1 日　　No.0023458

今收到

佛山市乐华贸易有限公司网店（7 号店）交纳的技术服务费。

金额（大写）　零拾叁万零仟零佰零拾零元零角零分（¥30 000.00）

单位盖章　　某猫股份有限公司 收款专用章

负责人：　　会计：林萧　　出纳：　　记账：刘明

第三联 记账

图 4.22　技术服务费收据

3300131140　　浙江增值税专用发票　　No.11323458

开票日期 2019年12月15日

购货单位	名　　称：佛山市乐华贸易有限公司 纳税人识别号：440103190488800123 地 址、电 话：佛山市新城区中山九路12号 83000025 开户行及账号：佛山市建行新城区支行 4402123596217954	密码区	（略）				
货物或应税劳务名称	规格型号	单位	数 量	单 价	金 额	税率	税 额
技术服务费		项	1	28 301.89	28 301.89	6%	1 698.11
合 计					¥28 301.89		¥1 698.11
价税合计（大写）	⊗叁万圆整				（小写）¥30 000.00		
销货单位	名　　称：某猫股份有限公司 纳税人识别号：330756786587508815 地 址、电 话：浙江省义乌市爱华路2号 0579-89911969 开户行及账号：中国工商银行义乌爱华支行 340622600155678	备注					

收款人：张小　复核：李达　开票人：张小　销货方（章）

第二联：抵扣联 购货方扣税凭证

图 4.23　增值税专用发票（第二联）

3300131140　　浙江增值税专用发票　　No.11323458

开票日期 2019年12月15日

购货单位	名　　称：佛山市乐华贸易有限公司 纳税人识别号：440103190488800123 地 址、电 话：佛山市新城区中山九路12号 83000025 开户行及账号：佛山市建行新城区支行 4402123596217954	密码区	（略）				
货物或应税劳务名称	规格型号	单位	数 量	单 价	金 额	税率	税 额
技术服务费		项	1	28 301.89	28 301.89	6%	1 698.11
合 计					¥28 301.89		¥1 698.11
价税合计（大写）	⊗叁万圆整				（小写）¥30 000.00		
销货单位	名　　称：某猫股份有限公司 纳税人识别号：330756786587508815 地 址、电 话：浙江省义乌市爱华路2号 0579-89911969 开户行及账号：中国工商银行义乌爱华支行 340622600155678	备注					

收款人：张小　复核：李达　开票人：张小　销货方（章）

第三联：发票联 购货方记账凭证

图 4.24　增值税专用发票（第三联）

活动指导

保证金只有在电商企业发生违规时才会被电商平台或顾客收取，未发生违规时应作为企业的一项资产在其他应收款中核算，根据保证金收据作出账务处理，见表 4.20。

表 4.20　记账凭证（一）

日期	摘要	会计分录	附件
2019-8-1	交纳保证金	借：其他应收款——某猫股份有限公司　100 000.00 　贷：银行存款　100 000.00	1

由于交纳技术服务费时会与平台签署协议，当销量达到规定数量后，技术服务费返还。所以交纳时作为企业的一项资产在其他应收款科目中核算，返还时对冲分录；未达到销量时作为销售费用核算，按 6%抵扣进项税额。

根据交纳技术服务费收据作出账务处理，见表 4.21。

表 4.21　记账凭证（二）

日期	摘要	会计分录	附件
2019-8-1	预交技术服务费	借：其他应收款——某猫股份有限公司　30 000.00 　贷：银行存款　30 000.00	1

根据增值税专用发票作出账务处理，见表 4.22。

表 4.22　记账凭证（三）

日期	摘要	会计分录	附件
2019-12-31	交纳技术服务费	借：销售费用——某猫年度技术服务费　28 301.89 　应交税费——应交增值税（进项税额）　1 698.11 　贷：其他应收款——某猫股份有限公司　30 000.00	1

活动二　电商企业的营销费用

活动描述

佛山市乐华贸易有限公司 8 月 1 日向聚划算充值，取得某猫平台开具的收据（图 4.25）；8 月 15 日聚划算取得某猫平台开具的增值税专用发票（图 4.26 和图 4.27）。

收　　据

2019 年 8 月 1 日　　No.0023475

今收到　佛山市乐华贸易有限公司充值费。

金额（大写）　零拾贰万零仟零佰零拾零元零角零分（¥20 000.00）

单位盖章

（印章：某猫股份有限公司 收款专用章）

第三联 记账

负责人：　会计：林萧　出纳：　记账：刘明

图 4.25　充值费收据

3300131140 浙江增值税专用发票 No.11323458

开票日期 2019 年 08 月 15 日

购货单位	名称：佛山市乐华贸易有限公司 纳税人识别号：440103190488800123 地址、电话：佛山市新城区中山九路 12 号 83000025 开户行及账号：佛山市建行新城区支行 4402123596217954	密码区	（略）				
货物或应税劳务名称	规格型号	单位	数量	单价	金额	税率	税额
充值费		项	1	9 433.96	9 433.96	6%	566.04
合计					¥9 433.96		¥566.04
价税合计（大写）	⊗壹万圆整				（小写）¥10 000.00		
销货单位	名称：某猫股份有限公司 纳税人识别号：330756786587508815 地址、电话：浙江省义乌市爱华路 2 号 0579-89911969 开户行及账号：中国工商银行义乌爱华支行 340622600155678	备注					

收款人：张小 复核：李达 开票人：张小 销货方（章）

第二联：抵扣联 购货方扣税凭证

图 4.26 增值税专用发票（第二联）

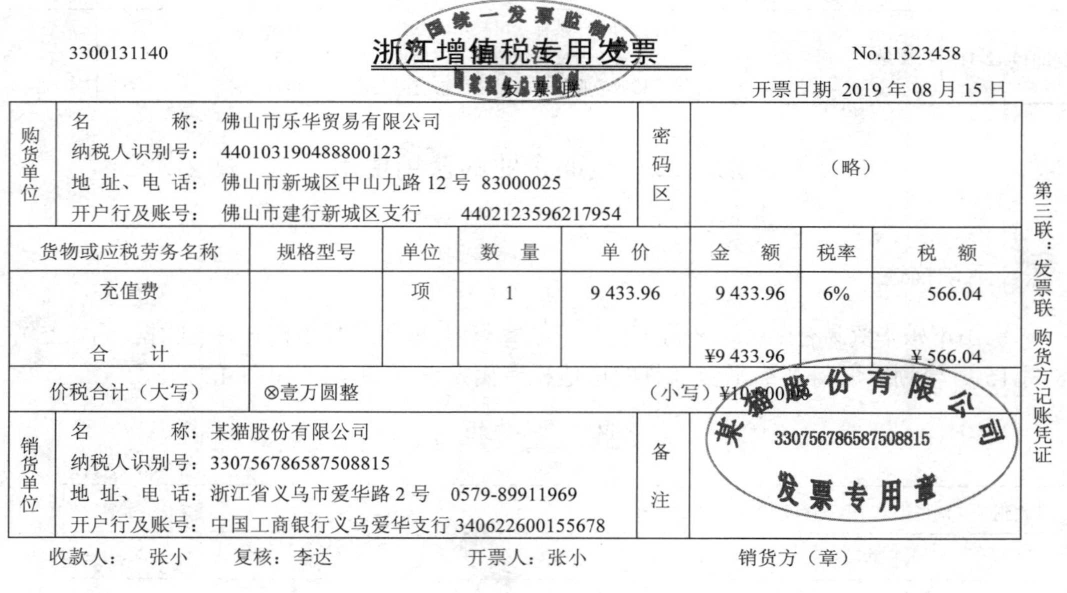

3300131140 浙江增值税专用发票 No.11323458

开票日期 2019 年 08 月 15 日

购货单位	名称：佛山市乐华贸易有限公司 纳税人识别号：440103190488800123 地址、电话：佛山市新城区中山九路 12 号 83000025 开户行及账号：佛山市建行新城区支行 4402123596217954	密码区	（略）				
货物或应税劳务名称	规格型号	单位	数量	单价	金额	税率	税额
充值费		项	1	9 433.96	9 433.96	6%	566.04
合计					¥9 433.96		¥566.04
价税合计（大写）	⊗壹万圆整				（小写）¥10 000.00		
销货单位	名称：某猫股份有限公司 纳税人识别号：330756786587508815 地址、电话：浙江省义乌市爱华路 2 号 0579-89911969 开户行及账号：中国工商银行义乌爱华支行 340622600155678	备注					

收款人：张小 复核：李达 开票人：张小 销货方（章）

第三联：发票联 购货方记账凭证

图 4.27 增值税专用发票（第三联）

活动指导

向直通车、钻展、聚划算充值时应该作为企业的一项资产在其他应收款中核算，根据聚划算充值收据作出账务处理，见表 4.23。

表 4.23　记账凭证（一）

日期	摘要	会计分录	附件
2019-8-1	聚划算充值	借：其他应收款——某猫股份有限公司　20 000.00 　贷：银行存款　20 000.00	1

使用聚划算时应该作为销售费用，应及时向某猫平台申请开具发票，根据增值税专用发票作出账务处理，见表 4.24。

表 4.24　记账凭证（二）

日期	摘要	会计分录	附件
2019-8-15	使用聚划算	借：销售费用——某猫年度技术服务费　9 433.96 　应交税费——应交增值税（进项税额）　566.04 　贷：其他应收款——某猫股份有限公司　10 000.00	1

学习与评价

1. 判断题

（1）年度技术服务费在未达到店铺与某猫协议销量时，该费用将给予返还。（　　）

（2）直通车、钻展、聚划算推广费是指为了保证店铺公司流量的提升，同时最终形成销售做铺垫推广所产生的相关费用。（　　）

（3）如果年度运营中有店铺关停现象，按实际发生的技术服务费扣减，同时冲减费用和其他应收款。（　　）

2. 单项选择题

（1）保证金在电商企业未发生违规时，应作为企业的一项资产在（　　）科目核算。

A. 其他应收款　B. 应收账款　C. 预付账款　D. 其他货币资金

（2）使用聚划算时应该作为（　　）费用，及时向电商平台申请开具发票，根据增值税专用发票作出账务处理。

A. 管理　B. 销售　C. 财务　D. 营销

（3）由于交纳技术服务费时会与电商平台签署协议，当销量达到规定数量后，技术服务费返还；未达到销量时，需按（　　）进行账务处理，抵扣进项税额。

A. 9%　B. 6%　C. 13%　D. 17%

3. 多项选择题

（1）电商企业的费用主要有（　　）。

A. 固定费用　B. 营销费用　C. 管理费用　D. 财务费用

（2）电商企业的固定费用一般是指（　　）。

A. 保证金　B. 推广费用

C. 技术服务费用　D. 佣金

（3）在电商业务中常见的营销费用有（　　）。

A．直通车推广费　　B．聚划算推广费

C．淘宝客佣金　　D．钻展推广费

（4）年度技术服务费在未达到店铺与某猫协议销量时，进行账务处理涉及的账户有（　　）。

A．销售费用　　B．应交税费——应交增值税（进项税额）

C．其他应收款　　D．银行存款

4．实务题

鸿海塑料贸易有限公司（简称鸿海公司）于本月初与某电商平台签订协议，开了一家网上销售塑料的店铺，协议规定：鸿海公司向电商平台交纳保证金 50 000 元、技术服务费 15 000 元；当年度技术服务费达到店铺与电商协议销量 80 吨时，该费用将返还鸿海公司，否则该费用将被扣减，鸿海公司将其作为销售费用。由于经济不景气，导致鸿海公司接受订单受到影响，到本年年末尚未完成协议销量。

请根据鸿海公司实际情况进行各账务处理。

模块五　处理连锁经营模式下商品流转的会计核算业务

连锁经营是现代市场经济中商品流通普遍采用的经营方式和组织形式。连锁经营一般分为直营和加盟连锁，其中，加盟连锁是小企业扩张业务的重要途径。加盟连锁总部购进与配送、加盟店销售与总部的往来都是重要的会计核算内容。本章主要介绍加盟连锁企业总部与加盟店的会计核算。图 5.1 为连锁经营配送的情境图。

图 5.1　连锁经营配送的情境

任务一　处理加盟店总部的经济业务

学习目标

（1）了解特许加盟连锁经营的经营方式。
（2）能够处理收取加盟费的业务。
（3）能够处理总部购进的业务。
（4）能够处理总部配送的业务。
（5）培养与人沟通、协同完成工作的能力。

知识链接

加盟店总部经济业务的法规制度

1. 特许加盟连锁经营的概念

特许加盟连锁经营是指特许者将自己所拥有的商标、商号、产品、专利和专有技术、经营模式等以特许经营合同的形式授予被特许者使用，被特许者按合同规定，在特许者统一的业务模式下从事经营活动，并向特许者支付相应的费用。由于特许企业的存在形式具有连锁经营统一形象、统一管理等基本特征，因此也称之为特许连锁。

2. 总部收取加盟费

特许连锁的方式来发展加盟店，总部无须投资过大，能快速地占领市场。总部在接收加盟店时，要收取一次性的加盟费；在经营过程中要按规定的时间和金额收取保证金和权力金，还要按期收取和销售产品的加价等后续费用以及广告基金费用。这些可以统称为特许经营使用费。如果合同或协议规定一次性收取使用费，且不提供后续服务的，应当一次性确认收入；如需要提供后续服务的，应在合同或协议规定的有效期内分期确认收入。总部收取的特许经营使用费是总部的收入，记入“其他业务收入”账户，按照现行税法总部收取的加盟费增值税税率为6%。

3. 总部采购

连锁经营模式下可以有总部集中采购制度和总部授权采购制度，总部集中采购制度能保证产品质量、降低采购成本，能够统一核算和统一促销，充分体现连锁企业的优势。本书主要采用集中采购模式进行采购。

连锁企业商品采购成本包括买价、运杂费和相关税金等。公式可表示为

连锁企业商品采购成本＝买价＋采购费用＋相关税金

其中，买价即发票上注明的价格；购货费用即采购过程中发生的相关支出，包括运杂费、运输途中的合理损耗、入库前的挑选整理费等；相关税金即采购商品时发生的应计入采购成本的税金，如消费税、关税等。

4. 总部配送

连锁加盟店是一个独立的单位，它的产权不归总部所有。因此，总部向加盟店调拨商品时，商品的产权也随之发生变化，即商品的产权由总部转移到加盟店。因此，连锁总部在向加盟店调拨商品时，只要符合商品销售的确认条件，就应以调拨价向加盟店开具发票，确认销售收入。

此时，加盟店并不关心总部采购商品的进价，它只关心总部按照什么价格向它调拨商品。这个调拨价对于总部而言，相当于销售商品的销售价，对加盟店而言，相当于商品的进价。

5. 总部经济业务核算涉及的账户

总部经济业务主要涉及收取加盟费、总部采购、总部配送的核算。收取加盟费涉及“其他业务收入”账户，该账户结构如图5.2所示。

借　　　　其他业务收入（损益类）	贷
结转至本年利润账户	收取的各项特许经营使用费

图5.2 “其他业务收入”账户结构

总部采购主要涉及的账户有“在途物资”“库存商品”“应付账款”等。总部采购与一般采购涉及的账户相同，此处不再赘述。

总部配送主要涉及的账户有“应收账款”“主营业务收入”“主营业务成本”“应交税费——应交增值税（销项税额）”等。

“应收账款”账户属于资产类账户，用来核算向加盟店调拨商品应收未收的各种款项，该账户结构如图 5.3 所示。

借　　应收账款（资产类）	贷
向加盟店配送商品应收未收的款项	收到加盟店解缴的款项
应收未收加盟的款项	

图 5.3 “应收账款”账户结构

其他账户与销售涉及的账户相同，此处不再赘述。

活动一　收取特许经营使用费

活动描述

2019 年 8 月 1 日，佛山市乐华贸易有限公司连锁中心与佛山市腾飞贸易有限公司达成特许连锁加盟协议（图 5.4），根据协议开出增值税专用发票（图 5.5），收到银行进账单（图 5.6）。

连锁加盟协议书　　合同编号：1608001

甲方：佛山市乐华贸易有限公司（以下简称甲方）

乙方：佛山市腾飞贸易有限公司（以下简称乙方）

经乙方申请，甲方审核批准同意，就乙方以连锁经营形式加盟“乐华贸易”专卖店/柜事宜，经甲乙双方友好协商，达成以下条款，以便共同遵守。

第一条：乙方加盟甲方使用甲方“乐华贸易”进行经营。加盟期限 3 年，加盟期满本协议自动废止。

第二条：甲方一次收取加盟费 106 000.00 元，每月按乙方营业额的 2%收取广告基金。

第三条：乙方销售商品由甲方统一配送，乙方营业额每月最后一天解缴至甲方指定账户，由甲方扣除商品配送款广告基金后返还。乙方不许销售甲方配送之外的商品。

第四条：……

未尽事宜由双方友好协商解决，协商不成，可向双方指定的人民法院起诉。

本协议一式两份，甲方一份，乙方一份。本协议自 2019 年 8 月 1 日起生效。

甲方（盖章）　佛山市乐华贸易有限公司
纳税人识别号：440103190488800123
地址：佛山市新城区中山九路 12 号
电话：83000025
开户行：佛山市建行新城区支行
账号：4402123596217954

乙方（盖章）佛山市腾飞贸易有限公司
纳税人识别号：402042903777125872
地址：佛山市新城区中山九路 12 号
电话：28911969
开户行：佛山市农行新城支行
账号：4302123212217921

图 5.4　连锁加盟协议

4400246233　　**广东增值税专用发票**　　No.03256558

此联不做报销、扣税凭证使用　　开票日期 2019 年 08 月 01 日

购货单位	名　称：佛山市腾飞贸易有限公司 纳税人识别号：402042903777125872 地 址、电 话：佛山市新城区华泰路 132 号 28911969 开户行及账号：佛山市农行新城支行 4302123212217921				密码区	（略）		
货物或应税劳务名称	规格型号	单位	数量	单价	金额	税率	税额	
加盟费				10 000.00	10 000.00	6%	600.00	
合　计					¥10 000.00		¥600.00	
价税合计（大写）	⊗壹万零陆佰圆整				（小写）¥10 600.00			
销货单位	名　称：佛山市乐华贸易有限公司 纳税人识别号：440103190488800123 地 址、电 话：佛山市新城区中山九路 12 号 83000025 开户行及账号：佛山市建行新城区支行 4402123596217954				备注	佛山市乐华贸易有限公司 440103190488800123 发票专用章		

收款人：钱前　　复核：黄小美　　开票人：钱前　　销货方（章）

第一联：记账联 销货方记账凭证

图 5.5　增值税专用发票

中国建设银行进账单　（回单）　**1**

2019 年 8 月 1 日　　XV767348231

付款人	全　称	佛山市腾飞贸易有限公司	收款人	全　称	佛山市乐华贸易有限公司
	账　号	4302123212217921		账　号	4402123596217954
	开户银行	中国农业银行佛山市新城区支行		开户银行	中国建设银行佛山市建行新城区支行
金额	人民币（大写）	壹万零陆佰元整		亿 千 百 十 万 千 百 十 元 角 分	¥ 1 0 6 0 0 0 0
票据种类	支票	票据张数	壹张		
票据号码	231552211			中国建设银行股份有限公司 佛山市新城区支行 ★ 2019.8.1 ★ 业务办理章	
	复核　　记账			开户银行盖章	

此联是开户银行交给持票人的收款通知

图 5.6　银行进账单

活动指导

本活动加盟协议中明确指出，加盟费一次收取且不提供后续相关服务，因此该费用一次性确认为其他业务收入。8 月 1 日，根据增值税专用发票和银行进账单作出账务处理，见表 5.1。

表 5.1　记账凭证

日期	摘要	会计分录	附件
2019-8-1	收到特许经营使用费	借：银行存款　10 600.00 　贷：其他业务收入　10 000.00 　　应交税费——应交增值税（销项税额）　600.00	2

活动拓展

佛山市乐华贸易有限公司连锁中心与佛山市腾飞贸易有限公司签订的协议规定，每月按毛收入的3%收取管理服务费，并按月收取。8月份加盟店的销售收入80 000元，毛利合计为38 000元。8月底，收到佛山市腾飞贸易有限公司划转到佛山市乐华贸易有限公司总部指定银行的销售货款，总部将规定的管理服务费扣除。

上述业务中，佛山市乐华贸易有限公司向佛山市腾飞贸易有限公司收取的管理服务费属于特许经营的后续费用。管理服务费一般按照加盟店取得的毛收入的一定百分比确定。该业务中，在收取管理服务费的同时根据最新税法规定，还需要缴纳6%的增值税。账务处理如下：

借：银行存款　1 208
　贷：其他业务收入　1 140
　　应交税费——应交增值税（销项税额）　68

活动二　总部集中采购

活动描述

2019年8月5日，采购部门采购实木储物柜一批，收到增值税专用发票（图5.7和图5.8）和商品验收单（图5.9）。

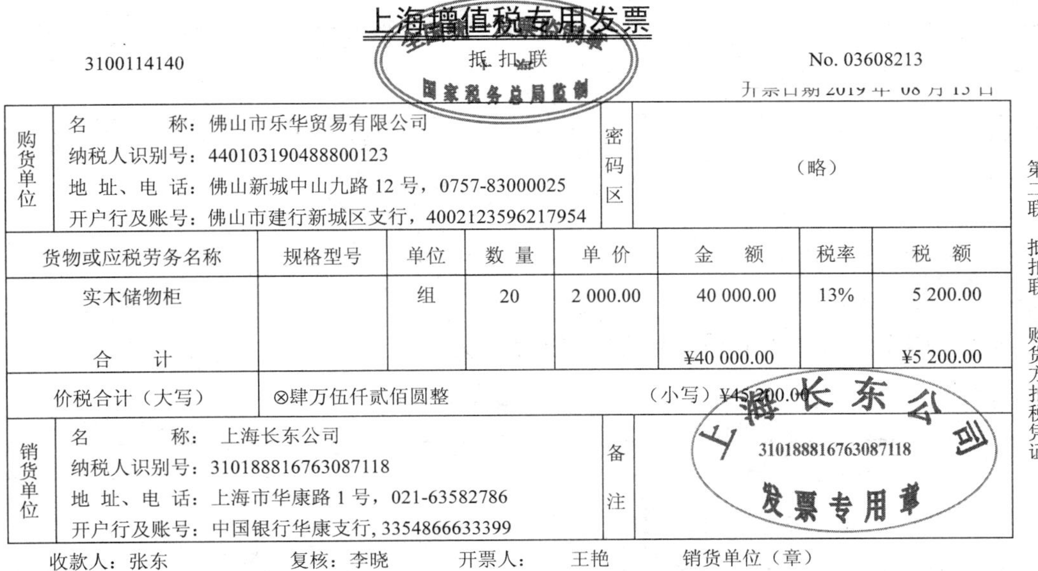

上海增值税专用发票

3100114140　　抵扣联　　No. 03608213

开票日期 2019 年 08 月 15 日

购货单位	名　　称：佛山市乐华贸易有限公司 纳税人识别号：440103190488800123 地 址、电 话：佛山新城中山九路12号，0757-83000025 开户行及账号：佛山市建行新城区支行，4002123596217954	密码区	（略）				
货物或应税劳务名称	规格型号	单位	数 量	单 价	金　额	税率	税　额
实木储物柜		组	20	2 000.00	40 000.00	13%	5 200.00
合　计					¥40 000.00		¥5 200.00
价税合计（大写）	⊗肆万伍仟贰佰圆整				（小写）¥45 200.00		
销货单位	名　　称：上海长东公司 纳税人识别号：310188816763087118 地 址、电 话：上海市华康路1号，021-63582786 开户行及账号：中国银行华康支行，3354866633399	备注					

第二联：抵扣联　购货方扣税凭证

收款人：张东　　复核：李晓　　开票人：王艳　　销货单位（章）

图 5.7　增值税专用发票（第二联）

3100114140　　　　上海增值税专用发票　　　　No. 03608213

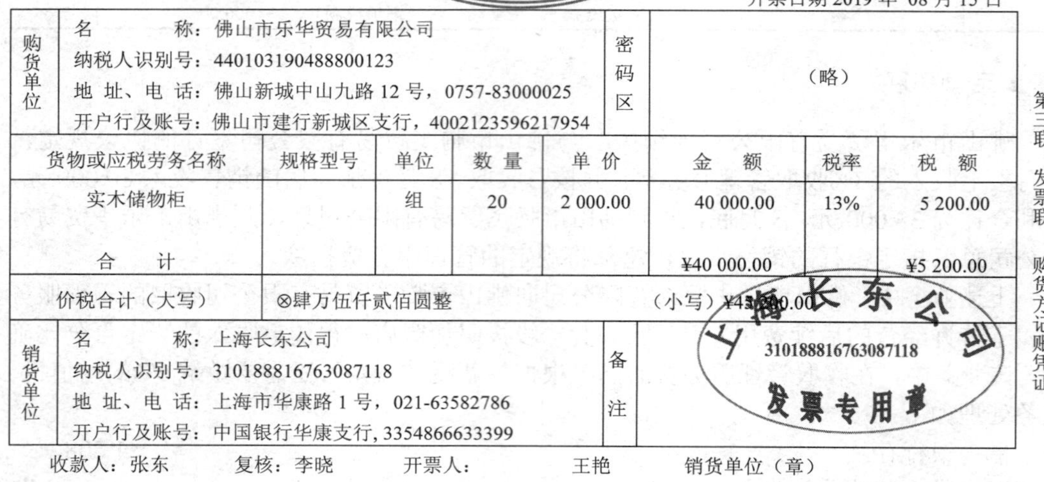

开票日期 2019 年 08 月 15 日

购货单位	名　　称：佛山市乐华贸易有限公司 纳税人识别号：440103190488800123 地 址、电 话：佛山新城中山九路 12 号，0757-83000025 开户行及账号：佛山市建行新城区支行，4002123596217954				密码区	（略）		
货物或应税劳务名称	规格型号	单位	数 量	单 价	金　额		税率	税　额
实木储物柜		组	20	2 000.00	40 000.00		13%	5 200.00
合　　计					¥40 000.00			¥5 200.00
价税合计（大写）	⊗肆万伍仟贰佰圆整				（小写）¥45 200.00			
销货单位	名　　称：上海长东公司 纳税人识别号：310188816763087118 地 址、电 话：上海市华康路 1 号，021-63582786 开户行及账号：中国银行华康支行, 3354866633399				备注	上海长东公司 310188816763087118 发票专用章		

收款人：张东　　复核：李晓　　开票人：　　王艳　　销货单位（章）

第三联：发票联　购货方记账凭证

图 5.8　增值税专用发票（第三联）

商品验收单

供货单位：上海长东公司　　2019 年 8 月 15 日　　字第 04 号

收货单位：乐华贸易有限公司

货号	品名	单位	实收（进价）			实收（零售）			商品进销差价
			数量	单价	金额	数量	单价	金额	
	实木储物柜	组	20	2000.00	40 000.00				
备注：									

复核：　　会计：管彰　　验收人：钟明　　制单：张华

第二联　财会联

图 5.9　商品验收单

活动指导

根据增值税专用发票和商品验收单作出账务处理，见表 5.2。

表 5.2　记账凭证

日期	摘要	会计分录	附件
2019-8-15	购入实木储物柜	借：库存商品——实木储物柜　40 000.00 应交税费——应交增值税（进项税额）　5 200.00 贷：应付账款——上海长东公司　45 200.00	2

活动三　总 部 配 送

活动描述

2019 年 8 月 16 日，总部向连锁店调拨商品一批，根据连锁协议（图 5.4）填制商品出库单（图 5.10），开出增值税专用发票（图 5.11）。

商品出库单

用途：调拨至连锁店　　　　2019 年 8 月 16 日　　　　编号：0366320

产品名称规格	计量单位	出库数量	单位成本	备注
储物柜	组	10	950.00	

部门负责人：钟朗　　　　审批人：　　　　发货人：张华

图 5.10　商品出库单

4400246212　　　　**广东增值税专用发票**　　　　No.032542108

此联不做报销、扣税凭证使用　　　　开票日期 2019 年 08 月 16 日

购货单位	名　　称：佛山市腾飞贸易有限公司 纳税人识别号：402042903777125872 地 址、电 话：佛山市新城区华泰路 132 号 28911969 开户行及账号：佛山农行新城支行　3302123212217921				密码区	（略）	
货物或应税劳务名称	规格型号	单位	数　量	单　价	金　额	税率	税　额
储物柜		组	10	1 000.00	10 000.00	13%	1 300.00
合　计					¥10 000.00		¥ 1 300.00
价税合计（大写）	⊗壹万壹仟叁佰圆整				（小写）¥11 300.00		
销货单位	名　　称：佛山市乐华贸易有限公司 纳税人识别号：440103190488800123 地 址、电 话：佛山市新城区中山九路 12 号 83000025 开户行及账号：佛山市建行新城区支行　4402123596217954				备注	佛山市乐华贸易有限公司 440103190488800123 发票专用章	

第一联：记账联　销货方记账凭证

收款人：　钱前　　复核：黄小美　　　　开票人：钱前　　　　销货方（章）

图 5.11　增值税专用发票

活动指导

根据增值税专用发票作出账务处理，见表 5.3。

表 5.3　记账凭证（一）

日期	摘要	会计分录	附件
2019-8-16	向连锁店调拨商品	借：应收账款——加盟店　11 300.00 　贷：主营业务收入——储物柜　10 000.00 　　应交税费——应交增值税（销项税额）　1 300.00	1

根据收料单作出账务处理，见表 5.4。

表 5.4 记账凭证（二）

日期	摘要	会计分录	附件
2019-8-16	结转调拨商品成本	借：主营业务成本——储物柜 9 500.00 贷：库存商品——储物柜 9 500.00	1

学习与评价

1. 判断题

（1）连锁经营已成为当今商品流通业中最具活力的流通方式。（ ）

（2）总部集中采购模式能保证产品质量、降低采购成本，能够统一核算和统一促销，充分体系连锁企业的优势。（ ）

（3）如果加盟合同或协议规定一次性收取使用费，且提供后续服务的，可以一次性确认收入。（ ）

（4）连锁加盟店是一个独立的单位，它的产权不归总部所有。（ ）

（5）总部在向加盟店调拨商品时，只要符合商品销售的确认条件，就应以调拨价向加盟店开具发票，确认销售收入。（ ）

2. 单项选择题

（1）总部收取的特许经营使用费，应记入（ ）账户。

A．主营业务收入 B．其他业务收入

C．营业外收入 D．管理费用

（2）总部向加盟店调拨商品，对加盟店而言，商品的进价成本就是（ ）。

A．总部调拨商品的售价 B．商品市场价

C．总部销售商品的进价 D．买价

（3）连锁企业商品采购成本中的采购费用包括（ ）。

A．运杂费 B．运输途中的合理损耗

C．入库前的挑选整理费 D．保险费

3. 多项选择题

（1）特许经营具有（ ）基本特征。

A．统一形象 B．统一管理

C．管理方式的规范化和现代化 D．经营方式的集约化

（2）下列选项中，属于特许经营使用费有（ ）。

A．加盟费 B．保证金 C．广告费 D．收取的加价手续费

（3）连锁经营模式下，企业商品采购成本包括（ ）。

A．买价 B．运杂费 C．消费税 D．关税

（4）总部向加盟店调拨商品时，进行账务处理涉及的账户有（ ）。

A．主营业务收入 B．应收账款

C. 主营业务收入　　　　　　　　　D. 主营业务成本

4. 实务题

（1）2019 年 4 月，泰富加盟店与佛山市乐华贸易有限公司签订加盟协议，规定每年收取 100 000 元的加盟费，每月按毛利的 5%收取管理服务费用，并按季度收取。第一季度，加盟店的销售收入 800 000 元，其中第三个月的销售收入是 300 000 元，第一季度合计毛利 340 000 元。6 月底，加盟店将销售货款划转到总部所指定的银行，总部将规定的管理费用扣除。假定加盟店自己缴纳增值税。

要求：根据上述资料分析，编制会计分录。

（2）佛山市鑫鑫家具经营部属于自愿加入佛山市乐华贸易有限公司的连锁家具经营部，取得一般纳税人资格。2019 年 5 月 18 日，总部采购儿童桦木学习台和樟木餐台，采购明细账如图 5.12 所示。

采购明细账

2019 年 5 月 18 日　　　　　　　　金额单位：元

货号	品名	单位	进价金额			内部调拨价		
			数量	单价	金额	数量	单价	金额
	儿童桦木学习台	套	280	680.00	190 400.00	280	700.00	19 6000.00
	樟木餐台	张	200	850.00	170 000.00	200	900.00	18 0000.00

图 5.12　采购明细账

要求：根据上述资料分析，编制会计分录。

（3）2019 年 8 月 16 日，佛山市乐华贸易有限公司总部将 150 张实木培训台调拨到上华店（加盟店）。该实木培训台每张不含税进价为 120 元，不含税售价为 165 元，增值税税率为 13%。商品调拨单如图 5.13 所示。

商品调拨单

收货单位实物负责组：

发货单位实物负责组：　　　　年　月　日　　　　编号：

编号	品名	单位	数量	购进价		进销差价	零售价		备注
				单价	金额		单价	金额	
合计									

制表：

图 5.13　商品调拨单

要求：根据上述资料分析，进行账务处理。

任务二　处理加盟店的经济业务

学习目标

（1）能够处理支付加盟费及后续及后续费用的业务。
（2）能够处理接受总部调拨商品的业务。
（3）能够处理加盟店销售的业务。
（4）能够处理与总部结算的业务。
（5）培养与人沟通、协同完成工作的能力。

小提示

本任务核算的内容是加盟店的会计业务，需要转换会计主体为佛山市腾飞贸易有限公司。

知识链接

加盟店经济业务的法规制度

1. 特许加盟店的特征

在特许加盟连锁经营模式下，加盟店具有独立的企业法人资格，具备完全的财权和人事权，自负盈亏。但加盟店的店名、店貌、经营、价格、服务和管理等各方面必须服从主导企业的规范管理。

2. 支付总部加盟费

加盟店加盟成功后，首先需要交纳加盟费，在运营过程中还需要交纳管理费、广告基金等支出。加盟费属于加盟企业的无形资产，该资产应该在加盟合同期内进行摊销，计入管理费用。

3. 接受总部调拨来的商品

总部对各加盟店的商品配送不仅仅是商品在连锁企业内部的地点转移，同时还实现了商品所有权的转移。因此，加盟店接受总部调拨来的商品，相当于从总部以调拨价购入商品。

4. 加盟店销售商品

特许加盟店具备独立法人资格，销售商品是正常确认商品销售收入和结转销售成本。

5. 加盟店与总部的结算

虽然加盟店与总店在核算上是相互独立的，但是连锁企业为了便于统一管理，要求加盟店将营业款解缴到连锁企业总部财务处，由连锁企业总部财务处统一管理。加盟店解缴的款项中，由连锁企业总部财务处扣除商品配送款、总部收取的广告基金等一些必要费用后，剩余部分就是加盟店可以动用的资金，予以返还。

6. 加盟店经济业务核算涉及的账户

加盟店经济业务主要涉及支付总部加盟费、接受总部调拨商品、加盟店销售商品、加盟店与总部的结算等核算。

支付加盟费涉及“无形资产”账户，该账户结构如图 5.14 所示。

无形资产（资产类）

借	贷
向总部支付的特许经营使用费用	与总部解除连锁或者经营破产
总部特许经营期间允许使用的权利	

图 5.14　“无形资产”账户结构

接受总部调拨商品涉及“库存商品”“应付账款”账户。

“库存商品”账户用于核算小企业库存的各种商品，该账户应按商品的类别、品种和规格设置明细账。“库存商品”账户结构如图 5.15 所示。

库存商品（资产类）

借	贷
验收入库商品的实际成本	销售商品的实际成本
库存商品的实际成本	

图 5.15　“库存商品”账户结构

“应付账款”账户用于核算小企业购买商品和接受劳务等日常生产经营活动应支付的款项，该账户应按供货单位（个人）的名称设置明细账。“应付账款”账户结构如图 5.16 所示。

应付账款（负债类）

借	贷
1. 偿付的应付款项 2. 转出无法偿付的应付款项	购买商品应付未付的款项 收到总部调拨商品应付未付的款项
	小企业尚未支付的应付款项

图 5.16　“应付账款”账户结构

加盟店销售商品涉及“主营业务收入”“主营业务成本”账户，该账户与一般销售相同，此处不再赘述。

加盟店与总部的结算涉及“销售费用”账户，该账户结构如图 5.17 所示。

销售费用（损益类）

借	贷
为销售商品发生的各种费用 向总部支付的广告基金	结转至本年利润账户

图 5.17　“销售费用”账户结构

活动一 支付加盟费

活动描述

2019 年 8 月 1 日，与佛山市乐华贸易有限公司连锁中心达成特许连锁加盟协议（图 5.4），收到增值税专用发票（图 5.18 和图 5.19），签发支票付款（图 5.20）。

4400246233　　**广东增值税专用发票**　　No.03256598

抵扣联

开票日期 2019 年 08 月 01 日

购货单位	名　　称：佛山市腾飞贸易有限公司 纳税人识别号：402042903777125872 地 址、电 话：佛山市新城区华泰路 132 号 28911969 开户行及账号：佛山农行新城支行　3302123212217921				密码区	（略）		
货物或应税劳务名称	规格型号	单位	数量	单 价	金　额	税率	税　额	
加盟费				10 000.00	10 000.00	6%	600.00	
合　计					¥10 000.00		¥ 600.00	
价税合计（大写）	⊗壹万零陆佰圆整				（小写）¥10 600.00			
销货单位	名　　称：佛山市乐华贸易有限公司 纳税人识别号：440103190488800123 地 址、电 话：佛山市新城区中山九路 12 号 83000025 开户行及账号：佛山市建行新城区支行　4402123596217954				备注	佛山市乐华贸易有限公司 440103190488800123 发票专用章		

收款人：钱前　　复核：黄小美　　开票人：钱前　　销货方（章）

第二联：抵扣联 购货方扣税凭证

图 5.18 增值税专用发票（第二联）

4400246233　　**广东增值税专用发票**　　No.03256598

发票联

开票日期 2019 年 08 月 01 日

购货单位	名　　称：佛山市腾飞贸易有限公司 纳税人识别号：402042903777125872 地 址、电 话：佛山市新城区华泰路 132 号 28911969 开户行及账号：佛山农行新城支行　3302123212217921				密码区	（略）		
货物或应税劳务名称	规格型号	单位	数量	单 价	金　额	税率	税　额	
加盟费				10 000.00	10 000.00	6%	600.00	
合　计					¥10 000.00		¥ 600.00	
价税合计（大写）	⊗壹万零陆佰圆整				（小写）¥10 600.00			
销货单位	名　　称：佛山市乐华贸易有限公司 纳税人识别号：440103190488800123 地 址、电 话：佛山市新城区中山九路 12 号 83000025 开户行及账号：佛山市建行新城区支行　4402123596217954				备注	佛山市乐华贸易有限公司 440103190488800123 发票专用章		

收款人：钱前　　复核：黄小美　　开票人：钱前　　销货方（章）

第三联：发票联 购货方记账凭证

图 5.19 增值税专用发票（第三联）

中国建设银行
支票存根
50255432
44012215
附加信息
出票日期：2019 年 8 月 1 日
收款人：佛山市乐华贸易有限公司
金额：¥10 600.00
用途：支付加盟费
单位主管：李腾飞　会计：张蕾

图 5.20　支票存根

活动指导

根据增值税专用发票和支票存根，作出账务处理，见表 5.5。

表 5.5　记账凭证

日期	摘要	会计分录	附件
2019-8-1	支付加盟费	借：无形资产——特许权使用费　10 000.00 应交税费——应交增值税（进项税额）　600.00 贷：银行存款　10 600.00	2

活动二　接受总部调拨商品

活动描述

2019 年 8 月 5 日，收到总部调拨的一批商品，收到增值税专用发票（图 5.21 和图 5.22），填制商品验收单（图 5.23）。

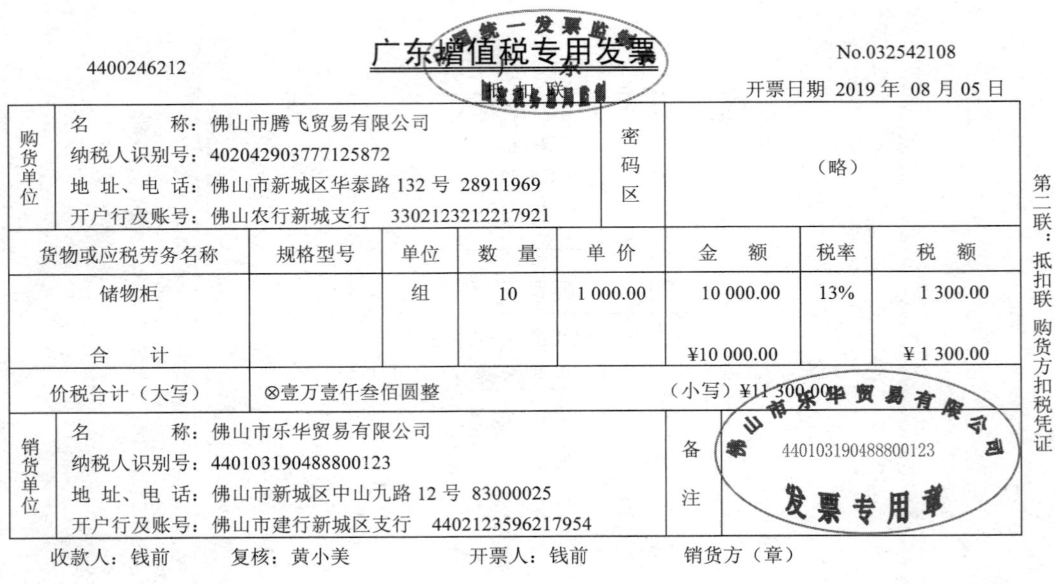

4400246212　　广东增值税专用发票　　No.032542108

抵扣联

开票日期 2019 年 08 月 05 日

购货单位	名　　称：佛山市腾飞贸易有限公司 纳税人识别号：402042903777125872 地 址、电 话：佛山市新城区华泰路 132 号 28911969 开户行及账号：佛山农行新城支行　3302123212217921				密码区	（略）	
货物或应税劳务名称	规格型号	单位	数 量	单 价	金 额	税率	税 额
储物柜		组	10	1 000.00	10 000.00	13%	1 300.00
合　计					¥10 000.00		¥ 1 300.00
价税合计（大写）	⊗壹万壹仟叁佰圆整				（小写）¥11 300.00		
销货单位	名　　称：佛山市乐华贸易有限公司 纳税人识别号：440103190488800123 地 址、电 话：佛山市新城区中山九路 12 号 83000025 开户行及账号：佛山市建行新城区支行　4402123596217954				备注	佛山市乐华贸易有限公司 440103190488800123 发票专用章	

收款人：钱前　　复核：黄小美　　开票人：钱前　　销货方（章）

第二联：抵扣联 购货方扣税凭证

图 5.21　增值税专用发票（第二联）

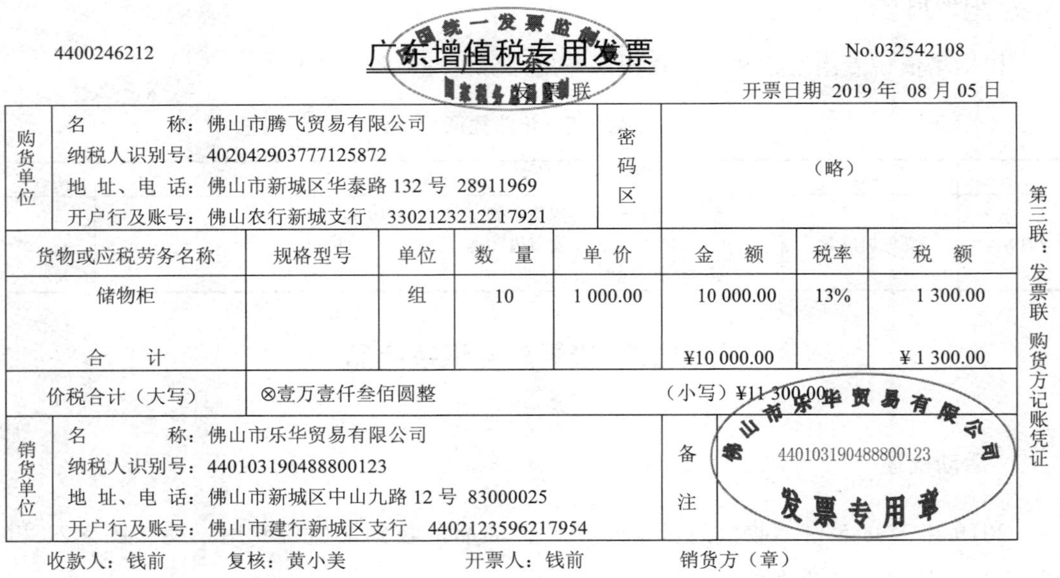

4400246212　　广东增值税专用发票　　No.032542108

发票联

开票日期 2019 年 08 月 05 日

购货单位	名　　称：佛山市腾飞贸易有限公司 纳税人识别号：402042903777125872 地 址、电 话：佛山市新城区华泰路 132 号 28911969 开户行及账号：佛山农行新城支行　3302123212217921				密码区	（略）	
货物或应税劳务名称	规格型号	单位	数 量	单 价	金 额	税率	税 额
储物柜		组	10	1 000.00	10 000.00	13%	1 300.00
合　计					¥10 000.00		¥ 1 300.00
价税合计（大写）	⊗壹万壹仟叁佰圆整				（小写）¥11 300.00		
销货单位	名　　称：佛山市乐华贸易有限公司 纳税人识别号：440103190488800123 地 址、电 话：佛山市新城区中山九路 12 号 83000025 开户行及账号：佛山市建行新城区支行　4402123596217954				备注	佛山市乐华贸易有限公司 440103190488800123 发票专用章	

收款人：钱前　　复核：黄小美　　开票人：钱前　　销货方（章）

第三联：发票联 购货方记账凭证

图 5.22　增值税专用发票（第三联）

商品验收单

供货单位：佛山市乐华贸易有限公司总部　　2019 年 8 月 5 日　　字第 04 号

收货单位：佛山市腾飞贸易有限公司

货号	品名	单位	实收（进价）			实收（零售）			商品进销差价
			数量	单价	金额	数量	单价	金额	
	储物柜	组	10	1 000.00	10 000.00				
备注：									

第二联　财会联

复核：　　会计：管彰　　验收人：钟明　　制单：张华

图 5.23　商品验收单

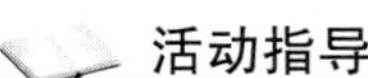

活动指导

8 月 5 日，根据增值税专用发票和商品入库单，作出账务处理，见表 5.6。

表 5.6　记账凭证

日期	摘要	会计分录	附件
2019-8-5	从总部调入商品	借：库存商品　10 000.00 　应交税费——应交增值税（进项税额）　1 300.00 　贷：应付账款——乐华总部　11 300.00	2

活动三　销 售 商 品

活动描述

2019 年 8 月 8 日，加盟店现金零售储物柜一组，填制商品出库单（图 5.24）开出增值税普通发票（图 5.25）。

商品出库单

用途：调拨至连锁店　　2019 年 8 月 8 日　　编号：0320663

产品名称规格	计量单位	出库数量	单位成本	备注
储物柜	组	1	1 000.00	

部门负责人：钟朗　　审批人：　　发货人：张华

图 5.24　商品出库单

4400246212　　**广东增值税普通发票**　　No.03254223

此联不作报销、扣税凭证使用　　开票日期 2019 年 08 月 08 日

购货单位	名　　称：汪明 纳税人识别号： 地 址、电 话：佛山市新城区新桂路 76 号 0757-28911988 开户行及账号：				密码区	（略）		
货物或应税劳务名称	规格型号	单位	数 量	单 价	金 额	税率	税 额	
储物柜		组	1	1 050.00	1 050.00	13%	136.50	
合　计					¥1 050.00		¥136.50	
价税合计（大写）	⊗壹仟壹佰捌拾陆元伍角整				（小写）¥1 186.50			
销货单位	名　　称：佛山市乐华贸易有限公司 纳税人识别号：440103190488800123 地 址、电 话：佛山市新城区中山九路 12 号　83000025 开户行及账号：佛山市建行新城区支行　4402123596217954				备注	佛山市乐华贸易有限公司 440103190488800123 发票专用章		

第一联：记账联　销货方记账凭证

收款人：钱前　　复核：黄小美　　开票人：钱前　　销货方（章）

图 5.25　增值税专用发票

活动指导

（1）8 月 8 日，根据增值税普通发票作出账务处理，见表 5.7。

表 5.7　记账凭证（一）

日期	摘要	会计分录	附件
2019-8-8	零售商品	借：库存现金　1 186.50 　贷：主营业收入　1 050.00 　　应交税费——应交增值税（销项税额）　136.50	1

（2）8 月 8 日，根据商品出库单作出账务处理，见表 5.8。

表 5.8　记账凭证（二）

日期	摘要	会计分录	附件
2019-8-8	结转成本	借：主营业务成本　1 000.00 　贷：库存商品　1 000.00	1

活动四　与总部结算

活动描述

2019 年 8 月 31 日，根据加盟协议：月末向总部电汇解缴当月营业款，银行进账单如图 5.26 所示，并支付广告基金，收到总部返还的资金（图 5.27）。

中国建设银行进账单　（回单）　**1**

2019 年　8 月 31 日　　　　　　XV767348300

付款人	全　称	佛山市乐华贸易有限公司	收款人	全　称	佛山市腾飞贸易有限公司
	账　号	4402123596217954		账　号	3302123212217921
	开户银行	中国农业银行佛山市新城区支行		开户银行	中国建设银行佛山市建行新城区支行

金额	人民币（大写）	叁佰伍拾伍元整	亿	千	百	十	万	千	百	十	元	角	分
								¥	3	5	5	0	0

票据种类	支票	票据张数	壹张
票据号码	231555544		

复核　　记账

中国农业银行股份有限公司
佛山市新城区支行
★ 2019.8.31 ★
业务办理章

开户银行盖章

此联是开户银行交给持票人的收款通知

图 5.26　银行进账单

中国建设银行
支票存根
50255432
44012278
附加信息
出票日期：2019 年　8 月　31 日
收款人：佛山市乐华贸易有限公司
金额：¥11 865.00
用途：解缴营业款
单位主管：李腾飞　　会计：张蕾

图 5.27　支票存根

活动指导

加盟店一般定期把营业款解缴到总部指定的账户，解缴的营业款中包含总部应当收取的商品调拨款和加盟店每期应当缴纳的加盟费（如广告基金、总部管理费等）。加盟店每期缴纳的加盟费根据费用性质不同确认为销售费用或管理费用。

月末加盟店佛山市腾飞贸易有限公司共销售 10 组储物柜，销售单价为 1 050.00 元，共计价款 10 500.00 元，应向总部支付广告基金 210（10 500×2%）元。加盟店支付的广告基金作为加盟店的销售费用，总部收取的广告基金作为其他业务收入。月末加盟店佛山市腾飞贸易有限公司向总部解缴的营业款为 11 865.00［10×1 050×（1+13%）］元，扣除商品调拨款 11 300.00［10×1 000×（1+13%）］元及广告基金 210.00 元后，余额为 355.00 元，作为总部应该返还的资金。

8 月 31 日，根据支票存根作出账务处理，见表 5.9。

表 5.9 记账凭证（一）

日期	摘要	会计分录	附件
2019-8-31	解缴营业款	借：应付账款——总部 11 655.00 销售费用 210.00 贷：银行存款 11 865.00	1

总部扣除商品配送款及一些必要费用后，剩余部分返还给连锁企业。

8 月 31 日，根据进账单作出账务处理，见表 5.10。

表 5.10 记账凭证（二）

日期	摘要	会计分录	附件
2019-8-31	收到总部返还款	借：银行存款 355.00 贷：应付账款——总部 355.00	1

活动拓展

2019 年 8 月 31 日，佛山市乐华贸易有限公司连锁中心收到加盟店解缴的营业款及当月的广告基金 11 865.00 元（广告基金按销售收入 10 500 元的 2%收取）。佛山市乐华贸易有限公司连锁中心扣除相应的加盟费及调拨款后返还余款给加盟店。

佛山市乐华贸易有限公司连锁中心的账务处理如下：

收到营业款时：

借：银行存款 11 865.00

贷：其他业务收入 185.84

应交税费——应交增值税（销项税额） 24.16

应收账款——加盟店 11 655.00

返还余款时：

借：应收账款——加盟店 355.00

贷：银行存款 355.00

学习与评价

1. 判断题

（1）在特许加盟连锁经营模式下，加盟店具有独立的企业法人资格，但不具备完全的财权和人事权。（ ）

（2）加盟费应该在加盟合同期内进行摊销，计入管理费用。（ ）

（3）总部对各加盟店的商品配送，仅仅实现了在连锁企业内部的地点转移，商品的所有权没有转移。（ ）

（4）加盟店解缴的款项中，总部财务处扣除商品配送款及一些必要费用后，剩余部

分会返还给加盟店。（　　）

（5）加盟店的店名、店貌、经营、价格、服务和管理等各方面必须服从主导企业的规范管理。（　　）

2. 单项选择题

（1）加盟费属于加盟企业的（　　）。

A. 无形资产　B. 管理费用　C. 销售费用　D. 债权

（2）加盟店接受总部调拨来的商品，入账时的价格以（　　）为准。

A. 总部的进价　B. 总部的售价

C. 商品的市场价　D. 买价

（3）加盟店支付给总部的加盟费，计入（　　）账户。

A. 无形资产　B. 应收账款　C. 销售费用　D. 财务费用

3. 多项选择题

（1）特许加盟店销售商品时，涉及的账户有（　　）。

A. 主营业务成本　B. 主营业务收入

C. 银行存款　D. 库存商品

（2）加盟店接受总部调拨的商品时，正确的账务处理是（　　）。

A. 借：库存商品　1 000.00
　　应交税费——应交增值税（进项税额）　130.00
　　贷：应付账款——总部　1 130.00

B. 借：库存商品　1 000.00
　　应交税费——应交增值税（进项税额）　130.00
　　贷：银行存款　1 130.00

C. 借：在途物资　1 000.00
　　应交税费——应交增值税（进项税额）　130.00
　　贷：银行存款　1 130.00

D. 借：在途物资　1 000.00
　　应交税费——应交增值税（进项税额）　130.00
　　贷：应付账款——总部　1 130.00

（3）加盟店向总部解缴营业款时，涉及的账户有（　　）。

A. 应付账款　B. 银行存款　C. 销售费用　D. 应收账款

4. 实务题

（1）2019 年 8 月 1 日，接到镇安店（加盟店）通知，佛山市乐华贸易有限公司总部调拨的 150 张 M80 会议椅到货。该会议椅每张不含税进价为 85 元，不含税售价为 128 元，增值税税率为 13%。商品调拨单如图 5.28 所示。

商品调拨单

年 月 日

收货单位实物负责组：

发货单位实物负责组： 编号：

编号	品名	单位	数量	购进价		进销差价	零售价		备注
				单价	金额		单价	金额	
合计									

制表：

图 5.28 商品调拨单

要求：根据上述资料分析，进行账务处理。

（2）2019 年 8 月 31 日，佛山市艾娃贸易公司收到加盟店（乐泰店）解缴的营业款及当月的广告基金 108 000 元（广告基金按销售收入 100 000 元的 1.5%收取）。艾娃公司总部扣除加盟费及调拨款后，将余款返还给加盟店。

要求：根据上述资料分析，进行账务处理。

模块六　费用、税金及利润的核算

商品流通企业的利润是指企业在一定会计期间的经营成果。利润由收入减去费用后的净额、投资收益、营业外收支和所得税费用构成。小企业以当年净利润弥补以前年度亏损等剩余的税后利润，按照《中华人民共和国公司法》的规定提取法定盈余公积和任意盈余公积，向投资者分配利润。图 6.1 为财务部门讨论费用的情境。

图 6.1　财务部门讨论费用的情境

任务一　商品流通费的核算

学习目标

（1）了解商品流通费的核算范围。

（2）能够说出销售费用、管理费用和财务费用的内容。

（3）了解“销售费用”“管理费用”“财务费用”账户的结构。

（4）正确处理销售费用、管理费用和财务费用的核算业务。

（5）养成认真细致的好习惯，具有与人沟通、协同完成工作的能力。

知识链接

商品流通核算的法规制度

一、商品流通费的核算范围

1. 商品流通企业的费用

商品流通企业的费用通常称为商品流通费，是指企业在组织商品购销存等日常活动中发生的经济利益的流出。

2. 商品流通费的开支范围

（1）商品在购、销、存过程中发生的价值损耗。

（2）从事商品流通工作人员的薪酬。

（3）支付给国民经济其他部门的报酬，如运杂费、水电费、通信费、广告费等。

（4）商品流通过程中的各种物质消耗，如低值易耗品或包装物摊销、折旧等。

（5）应列入费用的各种税金支出，如车船税、印花税、房产税、土地使用税等。

（6）企业经营期间发生的汇兑净损失、利息净支出、支付给金融机构的手续费等。

3. 不属于商品流通费开支的范围

（1）构建企业长期资产的各项开支，如购置和改造固定资产、购买无形资产等。

（2）对投资以及分配给投资者的利润。

（3）自然灾害造成的财产损失。

（4）被没收的财物、支付的赔偿金、违约金、罚款及滞纳金。

（5）各种赞助和捐赠支出。

（6）企业不良资产的减值准备，如固定资产、无形资产、在建工程的减值损失等。

二、商品流通费的构成

商品流通费分为销售费用、管理费用及财务费用，如图 6.2 所示。

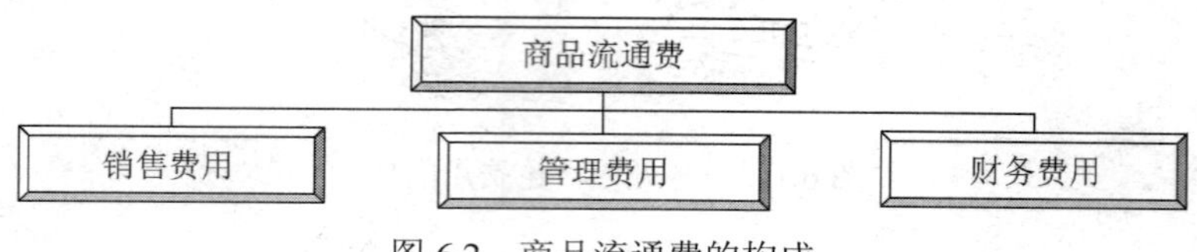

图 6.2　商品流通费的构成

1. 销售费用

商品流通企业的销售费用是指商品流通企业在购进、销售商品和材料、提供劳务的过程中发生的各项费用。具体包括：①在购进商品过程中所发生的运输费、装卸费、整理费、包装费、保险费以及运输途中的合理损耗和入库前的挑选整理费用等进货费用；②在销售商品过程中发生的运输费、装卸费、保险费、包装费、展览费和广告费、商品维修费、预计产品质量保证损失等销售费用；③为销售本企业商品而专设的销售机构（含销售网点、售后服务网点等）的职工薪酬、业务费、折旧费等经营性费用；④与专设销售机构相关的固定资产修理费用等后续支出等。

为了核算商品流通小企业在购进、销售商品和材料、提供劳务的过程中发生的各项费用，应设置“销售费用”账户，该账户为损益类账户，按费用项目进行明细核算，设置了“运费”“广告费”“商品维修费”“保险费”“业务宣传费”等明细项目。期末余额转入“本年利润”账户，结转后本账户无余额。“销售费用”账户结构如图 6.3 所示。

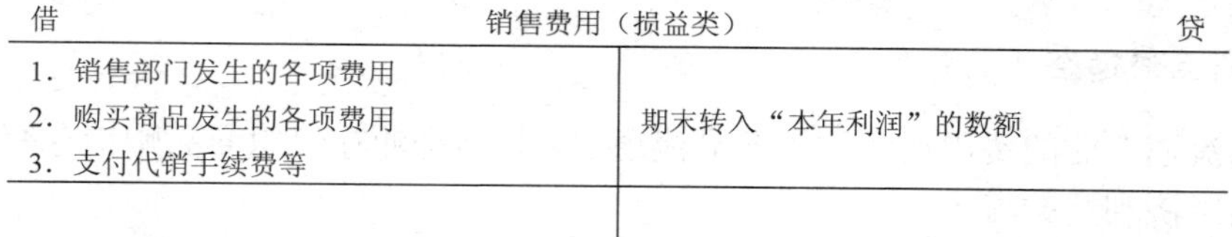

图 6.3　“销售费用”账户结构

2. 管理费用

管理费用是指小企业为组织和管理企业商品经营活动所发生的各项费用，包括小企业在筹办期间内发生的开办费、企业行政管理部门在经营管理中发生的或者应由企业统一负担的公司经费、工会经费、职工教育经费、董事会费、聘请中介机构费、咨询费、诉讼费、业务招待费、技术转让费、研究费用、审计费、诉讼费、水电费、排污费、租赁费、行政管理部门计提的固定资产折旧费、固定资产修理费及后续支出等。

“管理费用”账户为损益类账户，管理费用可按费用项目进行明细核算，设置“开办费”“业务招待费”“差旅费”“办公费”“折旧费”“职工薪酬”等专栏。期末余额转入“本年利润”账户，结转后本账户无余额。“管理费用”账户结构如图 6.4 所示。

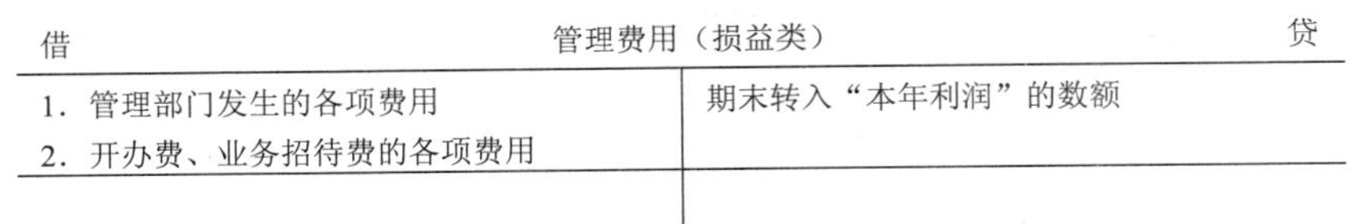

图 6.4 “管理费用”账户结构

商品流通企业管理费用不多的，可不设置“管理费用”科目，管理费用的核算内容可并入“销售费用”科目核算。

3. 财务费用

财务费用是核算小企业为筹集经营所需资金等而发生的筹资费用，包括：利息费用（减利息收入）、汇兑损失，以及相关的手续费、小企业给予的现金折扣（减享受的现金折扣）等。

小企业发生的财务费用在“财务费用”账户核算，可按费用项目“利息费用”“汇兑损失”“手续费”“现金折扣”等进行明细核算。该账户为损益类账户，期末余额转入“本年利润”账户，结转后本账户无余额。“财务费用”账户结构如图 6.5 所示。

借　　　财务费用（损益类）	贷
1. 发生的利息支出 2. 汇兑损失 3. 银行相关手续费 4. 给予的现金折扣	1. 存款利息收入 2. 享受现金折扣 3. 期末转入“本年利润”的数额

图 6.5 “财务费用”账户结构

活动一　销售费用的核算业务

活动（一）　购进产品支付运费

活动描述

2019 年 8 月 7 日，佛山市乐华贸易有限公司向欣美家具有限公司购进一批商品：儿童松木床 180 张，每张 253 元；炫彩时尚衣架 200 个，每个 30 元；实木矮凳 100 张，每张 980 元。收到增值税专用发票（略）及运费发票（图 6.6），货物售价总额 174 000 元，开具支票支付运费（图 6.7），商品验收入库（货款结算略，购进商品的会计处理略）。

4400246233　　**广东增值税专用发票**　　No. 24888954

（全国统一发票监制章　国家税务总局监制）

开票日期 2019 年 08 月 07 日

购货单位	名　　称：佛山市乐华贸易有限公司 纳税人识别号：440103190488800123 地 址、电 话：佛山市新城区中山九路 12 号 83000025 开户行及账号：佛山市建行新城区支行　4402123596217954			密码区	（略）		
货物或应税劳务名称	规格型号	单位	数 量	单 价	金　额	税率	税　额
运费		项	1	18 000.00	18 000.00	9%	1 620.00
合　计					¥18 000.00		¥1 620.00
价税合计（大写）	⊗壹万玖仟陆佰贰拾圆整				（小写）¥19 620.00		
销货单位	名　　称：佛山市顺义达物流公司 纳税人识别号：463087101888167125 地 址、电 话：佛山市镇安路 10 号，0757-28005690 开户行及账号：工行镇安路支行 400225574123421			备注	（佛山市顺义达物流公司 463087101888167125 发票专用章）		

收款人：陈飞　　复核：刘柳　　开票人：王丽　　销货单位（章）

第三联：发票联　购货方记账凭证

图 6.6　运输费增值税专用发票（抵扣联略）

中国建设银行
转账支票存根

EG
02　　05666667

附加信息

出票日期 2019 年 8 月 7 日

收款人：佛山市顺义达物流公司
金　额：¥19 620.00
用　途：运费

单位主管 乐华　会计 管彰

图 6.7　支票存根

活动指导

小企业（批发业、零售业）在购买商品过程中发生的费用（包括运输费、装卸费、包装费、保险费、运输途中的合理损耗和入库前的挑选整理费等）构成销售费用。根据分析，本业务取得的是货物运输业专用发票，按最新税法规定，运费金额应计入销售费用，运费税额计入增值税进项税额，认证后，准予在销项税额中抵扣。8 月 7 日，根据货运增值税专用发票和支票存根作出账务处理，见表 6.1。

表 6.1　记账凭证

日期	摘要	会计分录	附件
2019-8-7	支付购进商品运费	借：销售费用——运费　18 000.00 应交税费——应交增值税（进项税额）　1 620.00 贷：银行存款　19 620.00	2

活动（二）　支付商品维修器

活动描述

8 月 25 日，佛山市乐华贸易有限公司对衣柜、桌椅进行维修，支付维修费用 936 元，维修费发票及支出凭单如图 6.8 和图 6.9 所示。

34000171056　　广东增值税专用发票　　No.12220035

发票联　　开票日期 2019 年 08 月 25 日

购买方　名　称：佛山市乐华贸易有限公司
纳税人识别号：440103190488800123
地址、电话：佛山新城中山九路 12 号，0757-83000025
开户行及账号：佛山市建行新城区支行 400212359621795
密码区：（略）

货物或应税劳务名称	规格型号	单位	数量	单价	金额	税率	税额
维修费		件	40	20.00	800.00	13%	104.00
合　计					¥800.00		¥104.00
价税合计（大写）	⊗玖佰零肆圆整			（小写）¥904.00			

销售方　名　称：南海市南阳有限公司
纳税人识别号：340113248810889748
地址、电话：南海市北约路 44 号　83958506
开户行及账号：工建设银行南区支行　2254001
备注

收款人：张文丽　复核：李芳芳　开票人：张文丽　销货方（章）

第三联：发票联　购货方记账凭证

图 6.8　增值税专用发票

支 出 凭 单

附件 1 张	2019 年 08 月 25 日			第 5 号				
支出项目	金 额							
	十	万	千	百	十	元	角	分
维修费				9	0	4	0	0
现金付讫								
小计			¥	9	0	4	0	0
合计（大写）零万零仟玖佰零拾肆元零角零分								

收款人 李国立　　出纳 钱前　　会计 管彰

图 6.9　现金支出凭单

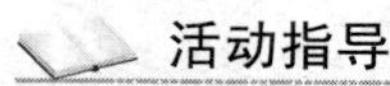

活动指导

商品维修费是指对已销售或待销售商品进行维修所发生的费用。对于所售商品，可以自行维修或转包给专业公司维修。对于“三包”期内发生的商品维修费，应由小企业负担。

根据专用发票作出账务处理，见表 6.2。

表 6.2　记账凭证

日期	摘要	会计分录	附件
2019-8-25	支付维修费	借：销售费用——维修费　800.00 应交税费——应交增值税（进项税额）　104.00 贷：库存现金　904.00	2

活动（三） 支付商品展览费

活动描述

8 月 27 日，佛山市乐华贸易有限公司到广州市琶洲会展中心进行产品展览，支付展览费及税费 3 180 元，如图 6.10 和图 6.11 所示。

44000172059　　**广东增值税专用发票**　　No.22220038

全国统一发票监制章 国家税务总局监制

开票日期 2019 年 08 月 27 日

购买方	名　称：佛山市乐华贸易有限公司 纳税人识别号：440103190488800123 地 址、电 话：佛山新城中山九路 12 号，0757-83000025 开户行及账号：佛山市建行新城区支行 40021235962179 5	密码区	（略）				
货物或应税劳务名称	规格型号	单位	数量	单 价	金　额	税率	税　额
展览费					3 000.00	6%	180.00
合　计					¥3 000.00		¥180.00
价税合计（大写）	⊗叁仟壹佰捌拾圆整				（小写）¥3 180.00		
销售方	名　称：广州市琶洲会展中心 纳税人识别号：340113248810860228 地 址、电 话：广州市北约路 44 号　83958598 开户行及账号：建设银行琶洲支行　2254009	备注	广州市琶洲会展中心 340113248810860228 发票专用章				

收款人：张丽　　复核：李芳　　开票人：张丽　　销货方（章）

第三联：发票联　购货方记账凭证

图 6.10　增值税专用发票

中国建设银行

转账支票存根

EG 02　05666668

附加信息

出票日期 2019 年 8 月 27 日

收款人：广州市琶洲会展中心
金　额：¥3180.00
用　途：展览费

单位主管 乐华　会计 管彰

图 6.11　支票存根

活动指导

展览费是指企业为开展促销活动或宣传商品等举办商品展览、展销会所支出的各项费用，其费用列支应按规定取得发票、展览的合同书、邀请函等凭证。

根据营改增最新规定，账务处理见表 6.3。

表 6.3 记账凭证

日期	摘要	会计分录	附件
2019-8-27	支付商品展览费	借：销售费用——展览费 3 000.00 应交税费——应交增值税（进项税额） 180.00 贷：银行存款 3 180.00	2

活动二 管理费用的核算业务

活动（一） 支付办公费

活动描述

2019 年 8 月 3 日，佛山市乐华贸易有限公司购买办公用具一批，取得增值税专用发票，发票及支出凭单如图 6.12 和图 6.13 所示，并于当天由各部门领用，见表 6.4。

36030171055　　广东增值税专用发票　　No. 12420086

开票日期 2019 年 08 月 03 日

购买方	名　　称：佛山市乐华贸易有限公司 纳税人识别号：440103190488800123 地 址、电 话：佛山新城中山九路 12 号，0757-83000025 开户行及账号：佛山市建行新城区支行 400212359621795	密码区	（略）

货物或应税劳务名称	规格型号	单位	数量	单价	金额	税率	税额
计算器		台	10	50.00	500.00	13%	65.00
文件夹		个	50	3.00	150.00	13%	19.50
合　计					¥650.00		¥84.50
价税合计（大写）	⊗柒佰叁拾肆圆伍角整				（小写）¥734.50		

销售方	名　　称：顺客隆有限公司 纳税人识别号：340113248810890192 地 址、电 话：佛山市振华路 44 号 28835889 开户行及账号：工建设银行振华支行 2254098	备注	

收款人：牛丽　　复核：王芳　　开票人：牛丽　　销货方（章）

第三联：发票联 购货方记账凭证

图 6.12 增值税专用发票

支　出　凭　单

附件 1 张　　2019 年 08 月 03 日　　第 1 号

支出项目	金额							
	十	万	千	百	十	元	角	分
办公用品				7	3	4	5	0
现金付讫								
小计			¥	7	3	4	5	0
合计（大写）零万零仟柒佰叁拾肆元伍角零分								

收款人：李兰　　出纳：钱前　　会计：管彰

图 6.13　现金支出凭单

表 6.4　部门领用表

2019 年 8 月 3 日

领用部门	办公用具	数量	金额	领用人
财务部	计算器	6	300.00	
销售部	计算器	2	100.00	
仓储部	计算器	2	100.00	
行政管理部	文件夹	50	150.00	
合计				

活动指导

办公费的核算内容包括：商品流通小企业用文具、纸张印刷品（包括各种规程、制度、报表、票据、账簿等的印刷费和购置费）、报纸杂志费、图书资料费、邮电通信费（包括邮票、邮费、电报、电话费、市话初装费，以及调度通信话路以外的话路租金等），以及银行结算单据工本费等。

根据增值税专用发票（图 6.12）现金支出凭单（图 6.13）和部门领用表（表 6.4）作出账务处理，见表 6.5。

表 6.5　记账凭证

日期	摘要	会计分录	附件
2019-8-3	购买办公用品并领用	借：管理费用——办公费　550.00 销售费用——办公费　100.00 应交税费——应交增值税（进项税额）　84.50 贷：库存现金　734.50	3

活动（二）　支付业务招待费

活动描述

2019 年 8 月 12 日，佛山市乐华贸易有限公司为洽谈合作事宜，晚上在外就餐花费 850 元，发票及转账支票如图 6.14 和图 6.15 所示。

全国统一发票监制章 国家税务总局监制

4400165320 广东增值税普通发票 No.26161089

发票联

开票日期 2019 年 08 月 12 日

购买方	名　　称：佛山市乐华贸易有限公司 纳税人识别号：440103190488800123 地址、电话：佛山新城中山九路 12 号，0757-83000025 开户行及账号：佛山市建行新城区支行 400212359621795				密码区	（略）		
货物或应税劳务名称	规格型号	单位	数量	单 价		金　额	税率	税　额
餐费						801.89	6%	48.11
						¥801.89		¥48.11
价税合计（大写）	⊗捌佰伍拾圆整			（小写）¥850.00				
销售方	名　　称：佛山市乐从喜洋洋饭店 纳税人识别号：440681197820142001 地　址、电　话：佛山市乐从大道 84 号，29232801 开户行及账号：工商银行乐从支行 22998466				备注	佛山市乐从喜洋洋饭店 440681197820142001 发票专用章		

第二联：发票联 购货方记账凭证

收款人：黄元　　复核：张复　　开票人：黄元　　销货单位（章）

图 6.14　增值税普通发票

中国建设银行
转账支票存根

EG 02　　05666669

附加信息

出票日期 2019 年 8 月 12 日

收款人：佛山市乐从喜洋洋饭店
金　额：¥850.00
用　途：餐费

单位主管 乐华　会计 管彰

图 6.15　支票存根

活动指导

业务招待费是企业发生的与经营活动有关的合理费用支出。业务招待费包含以下内容：①因企业生产经营需要而宴请或工作餐的开支；②因企业生产经营需要赠送纪念品的开支；③因企业生产经营需要而发生的旅游景点参观费和交通费及其他费用的开支；④因企业生产经营需要而发生的业务关系人员的差旅费开支。

根据增值税普通发票（图 6.14）和支票存根（图 6.15），作出账务处理，见表 6.6。

表 6.6　记账凭证

日期	摘要	会计分录	附件
2019-8-12	业务招待费	借：管理费用——业务招待费　850.00 贷：银行存款　850.00	2

活动（三）　支付设备租赁费

活动描述

2019 年 8 月 21 日，佛山市乐华贸易有限公司向佛山市圆通物业公司租赁一台办公室经营设备，支付租赁费用 2 260 元，发票及支票存根如图 6.16 和图 6.17 所示。

全国统一发票监制章　国家税务总局监制

4400017156　　**增值税专用发票**　　No.12220037

发票联　　开票日期 2019 年 08 月 21 日

购买方	名　　称：佛山市乐华贸易有限公司 纳税人识别号：440103190488800123 地 址、电 话：佛山新城中山九路 12 号，0757-83000025 开户行及账号：佛山市建行新城区支行 400212359621795				密码区	（略）		
货物或应税劳务名称	规格型号	单位	数量	单 价	金　额	税率	税　额	
租赁费		次	1	2 000.00	2 000.00 ¥2 000.00	13%	260.00 ¥260.00	
价税合计（大写）	⊗贰仟贰佰陆拾圆整　　（小写）¥2 260.00							
销售方	名　　称：佛山市圆通物业公司 纳税人识别号：340012345688525118 地 址、电 话：佛山市通达路 84 号　83969996 开户行及账号：工商银行东山支行 22998466				备注	佛山市圆通物业公司 340012345688525118 发票专用章		

收款人：方元　　复核：张兰　　开票人：方元　　销货单位（章）

第三联：发票联 购货方记账凭证

图 6.16　增值税专用发票

中国建设银行
转账支票存根

EG
02　　05666670

附加信息

出票日期：2019 年 8 月 21 日

收款人：佛山市圆通物业公司
金额：¥ 2 260.00
用途：　租赁费

单位主管　乐华　会计　管彰

图 6.17　支票存根

活动指导

设备租赁业务属于有形动产经营性租赁，指在约定时间内将机器设备等有形动产转让他人使用且租赁物所有权不变更的业务活动。租赁费计入哪里，要根据情况而定：①如果属于办公场地发生的租赁费，计入“管理费用”科目；②如果属于经营场地发生的租赁费，计入“销售费用”科目；③如果属于生产场地发生的租赁费，计入“制造费用”科目；④如果是融资租赁，计入“长期应付款——应付融资租赁款”中。

根据增值税专用发票（图 6.16）和支票存根（图 6.17）作出账务处理，见表 6.7。

表 6.7　记账凭证

日期	摘要	会计分录	附件
2019-8-21	办公设备租赁费	借：管理费用——租赁费　2 000.00 应交税费——应交增值税（进项税额）　260.00 贷：银行存款　2 260.00	2

活动三　财务费用的核算业务

活动（一）　支付借款利息

活动描述

2019 年 8 月 21 日，佛山市乐华贸易有限公司支付借款利息，利息清单如图 6.18 所示。

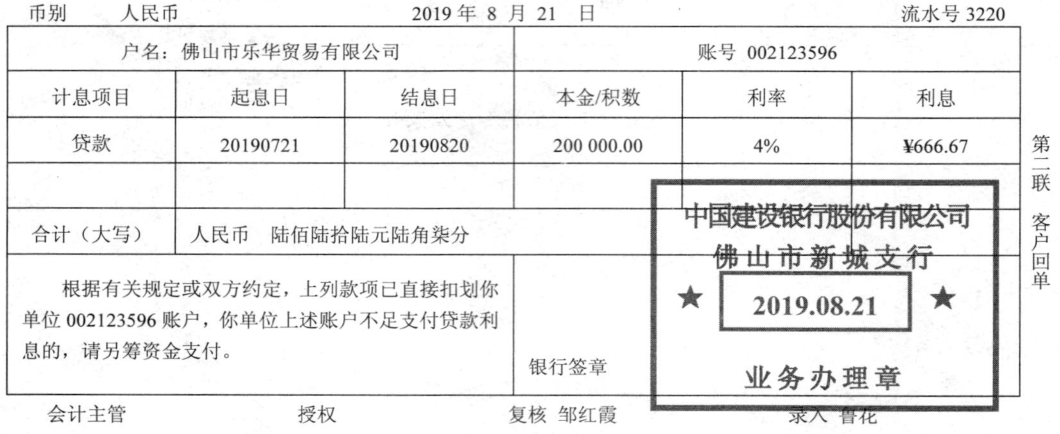

中国建设银行（计算）利息清单

币别　人民币　　2019 年 8 月 21 日　　流水号 3220

户名：佛山市乐华贸易有限公司			账号 002123596		
计息项目	起息日	结息日	本金/积数	利率	利息
贷款	20190721	20190820	200 000.00	4%	¥666.67
合计（大写）	人民币　陆佰陆拾陆元陆角柒分				
根据有关规定或双方约定，上列款项已直接扣划你单位 002123596 账户，你单位上述账户不足支付贷款利息的，请另筹资金支付。			银行签章		

第二联　客户回单

会计主管　　授权　　复核 邹红霞　　录入 曾花

图 6.18　利息清单

活动指导

根据利息清单（图 6.18），作出账务处理，见表 6.8。

表 6.8　记账凭证

日期	摘要	会计分录	附件
2019-8-21	支付利息	借：财务费用——利息支出　666.67 　贷：银行存款　666.67	1

活动（二）　支付手续费

活动描述

2019 年 8 月 25 日，佛山市乐华贸易有限公司向中国建设银行申请银行汇票一张（银行汇票申请书略），支付手续费 200 元，银行收费凭证如图 6.19 所示。

中国建设银行收费凭证

2019 年 8 月 25 日　　　　第 007 号

户名	佛山市乐华贸易有限公司			开户银行	佛山市建行新城区支行					
账号	400212359621795			收费种类	手续费					
客户在购买凭证时，在“收费种类”栏填写工本费；在“凭证种类”栏填写所购凭证名称。 客户在办理结算业务时，在“收费种类”栏分别填写手续费或邮电费；在“结算种类”栏填写办理的结算方式。	凭证（结算）种类	单价	数量	金额						
				万	千	百	十	元	角	分
	银行汇票				¥	2	0	0	0	0
	人民币 （大写）　贰佰元整　¥200.00									

复核：　　　　记账：李岚

图 6.19　收费凭证

活动指导

向银行申请银行汇票，需要支付手续费。根据收费凭证（图 6.19），作出账务处理，见表 6.9。

表 6.9　记账凭证

日期	摘要	会计分录	附件
2019-8-25	支付利息	借：财务费用——手续费　200.00 　贷：银行存款　200.00	1

活动四　职工薪酬的核算

活动描述

2019 年 8 月，佛山市乐华贸易有限公司分配本月职工工资总额 251 130 元。“工资结算汇总表（表 6.10），并通过银行存款（银行卡）直接支付。

表 6.10　佛山市乐华贸易有限公司工资结算汇总表

2019 年 8 月　　　　单位：元

车间、部门	计时工资	计件工资	奖金		夜班津贴	加班工资		应付工资	备注
			全勤奖	节约奖		延长工作加班	休息日加班		
经营人员	70 720.00	74 000.00	4 400.00	2 600.00	2 250.00	3 200.00	1 830.00	159 000.00	经营人员包括营业员、销售、采购、保管人员
行政管理人员	89 570.00		1 500.00		160.00	900.00		92 130.00	
合计	160 290.00	74 000.00	5 900.00	2 600.00	2 410.00	4 100.00	1 830.00	251 130.00	

会计主管：乐华　　　　审核：管彰　　　　制单：杨柳

活动指导

根据工资结算汇总表，分配确认本月应付职工工资，作出账务处理，见表 6.11。

表 6.11　记账凭证

日期	摘要	会计分录	附件
2019-8-31	分配工资	借：销售费用——工资　159 000.00 管理费用——工资　92 130.00 贷：应付职工薪酬——职工工资　240 220.00 ——奖金、津贴和补贴　10 910.00	1

活动拓展

职工薪酬的核算

商品流通企业在经营过程中，为获得职工提供的服务而给予或付出的各种形式对价，都构成职工薪酬。职工薪酬的内容包括：工资、奖金及津贴、职工福利、社会保险、住房公积金、工会经费、职工教育经费、非货币性福利、因解除与职工劳动关系给予的补偿等。

“应付职工薪酬”账户用于核算小企业根据有关规定应付给职工的各项报酬。该账户按照“职工工资”“奖金津贴和补贴”“职工福利”“社会保险费”“住房公积金”“工会经费”“职工教育经费”“非货币性福利”“辞退福利”等设置明细账户。“应付职工薪酬”账户结构如图 6.20 所示。

借　　　　应付职工薪酬（负债类）	贷
1．发放职工工资及奖金、津贴 2．企业缴纳社会保险费及住房公积金 3．支付工会经费、职工教育经费 4．向职工发放自产产品和外购商品 5．发放辞退职工补贴	按职工岗位性质分摊的各项薪酬
	应付未付职工薪酬

图 6.20 “应付职工薪酬”账户结构

相关账务处理如下：

（1）实际支付职工薪酬时：

借：应付职工薪酬

　　贷：银行存款

（2）企业应当根据职工提供服务的受益对象，对发生的职工薪酬分别以下情况进行处理：

① 生产部门人员的职工薪酬：

借：生产成本、制造费用

　　贷：应付职工薪酬——职工工资等

② 管理部门人员的职工薪酬：

借：管理费用

　　贷：应付职工薪酬——职工工资等

③ 销售部门人员的职工薪酬：

借：销售费用

　　贷：应付职工薪酬——职工工资等

学习与评价

1. 判断题

（1）销售部门发生的一切费用都计入销售费用。（　　）

（2）商品流通企业商品采购发生的运杂费计入销售费用。（　　）

（3）商品流通企业取得的货物运输业专用发票上的运杂费增值税额不能抵扣。（　　）

（4）销售费用是指小企业在销售商品过程中发生的相关费用。（　　）

（5）小企业的商品维修费增值税专用发票可抵扣进项税税率为 6%。（　　）

（6）小企业财务部门购买账簿、凭证的支出在“财务费用”账户核算。（　　）

（7）采购人员出差预借差旅费，应通过“管理费用”账户核算。（　　）

（8）小企业支付银行手续费通过“管理费用——手续费”账户核算。（　　）

2. 单项选择题

（1）下列各项中，不应计入销售费用的是（　　）。

A．已售商品预计保修费用

B．为推广新产品而发生的广告费用

C．随同商品出售且单独计价的包装物成本

D．随同商品出售而不单独计价的包装物成本

（2）企业对随同商品出售而不单独计价的包装物进行会计处理时，该包装物的实际成本应结转到的会计科目是（　　）。

A．制造费用　　B．管理费用　　C．销售费用　　D．其他业务成本

（3）小企业在购买商品过程中发生的运费计入（　　）。

A．库存商品　　B．管理费用　　C．销售费用　　D．其他业务成本

（4）下列费用中，不在“销售费用”科目核算的有（　　）。

A．商品损耗　　B．广告费　　C．滞纳金　　D．产品维修费

（5）下列各项中，（　　）在“销售费用”账户核算。

A．购买账簿费　　B．展览费

C．聘请中介机构费　　D．管理人员医疗费

（6）支付银行借款利息的账务处理是（　　）。

A．借：财务费用
　　贷：银行存款

B．借：利息费用
　　贷：银行存款

C．借：银行存款
　　贷：利息费用

D．借：银行存款
　　贷：财务费用

（7）下列不属于小企业财务费用核算内容的是（　　）。

A．利息费用　　B．利息收入　　C．汇兑收益　　D．汇兑损失

（8）下列费用不在“管理费用”账户中核算的是（　　）。

A．聘请中介机构　　B．财产保险费

C．工商登记变更　　D．银行存款利息

3．多项选择题

（1）下列各项费用中，应计入销售费用的有（　　）。

A．业务招待费　　B．专设销售机构的职工工资

C．销售材料发生的材料成本　　D．发出商品途中的保险费

（2）下列各项中，属于企业销售费用核算范围的有（　　）。

A．广告费　　B．董事会会费

C．预计产品质量保证损失　　D．专设销售机构发生的固定资产修理费

（3）下列属于销售费用的有（　　）。

A．业务宣传费　　B．业务招待费　　C．广告费　　D．商品维修费

（4）小企业发生（　　）费用应在“销售费用”账户核算。

A．销售部购买文具　　B．业务招待费

C．销售部门人员职工薪酬　　D．出售产品领用不单独计价的包装物

4．实务题

红星公司2019年11月发生下列经济业务：

（1）公司以转账支票支付产品广告费35 000元，取得增值税专用发票。

（2）公司在销售商品时，用银行存款支付运输费用8 500元，取得增值税专用发票。

（3）以现金支付专设销售机构办公费1 000元。

（4）公司供销部门人员出差后前来报销出差费用2 360元，原借支差旅费2 000元，差额以现金支付。

（5）结转本月公司管理部门人员工资85 000元，专设销售机构人员工资45 000元。

（6）支付银行承兑汇票手续费180元。

（7）交纳本月银行短期借款利息9 200元。

（8）支付并分配本月应付销售人员工资和奖金21 000元，同时按2%计提工会经费，

8%计提职工教育经费，14%计提职工福利费。

（9）企业从外地购进一批商品，商品进价 58 000 元，增值税 7 540 元，商品运费增值税专用发票上注明的运输费用金额 1 300 元（按 9%计算进项税额），货款及运费以支票结算，商品验收入库。

（10）黎明出差回来报销差旅费 3 200 元。其中，住宿费增值税专用发票列明金额 1 200 元，税率 6%；餐费普通发票 320 元，税率 6%。

要求：根据上述经济业务，作出账务处理。

任务二　税费的核算

学习目标

（1）学会查阅《增值税会计处理规定》（财会〔2016〕22 号）、《中华人民共和国城市维护建设税暂行条例》、《征收教育费附加的暂行规定》、《中华人民共和国印花税暂行条例》、《中华人民共和国车船税法》等。

（2）了解商品流通企业税费的分类。

（3）了解税金及附加的构成。

（4）了解“税金及附加”账户结构。

（5）能够处理税金及附加的核算业务。

（6）培养依法纳税的意识。

知识链接

关于税费的法规制度

一、税费的概述及意义

税费是企业按照规定向国家缴纳的税额。税费是国家财政收入的主要来源。从企业的角度来看，它同费用一样，都是企业的支出，应从企业相应的收入中补偿。税费与商品流通费是两种不同性质的支出。正确计算上交税费，组织税费的核算，对于正确确定企业财务成果，保证国家财政收入，具有十分重要的意义。

二、税费的分类

商品流通企业的税金，按征收对象可分为流转税、收益税和财产、行为税，如图 6.21 所示。

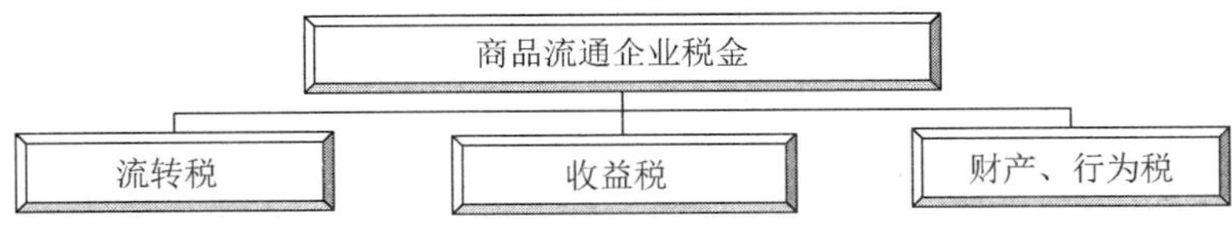

图 6.21　商品流通企业税金的分类

流转税是指按流转额为征税对象的一类税收，主要有增值税、消费税、城市维护建设税等。

收益税是指以收益额为征税对象的税收，如企业所得税。

财产税是以纳税人拥有和归其支配的财产为对象所征收的一类税收，如房产税、车船税。行为税是以纳税人的某些特定行为为征税对象的税种，如印花税。

三、税费涉及的账户

1. 税金及附加

1）税金及附加的内容

“税金及附加”是指商品流通小企业开展日常经营活动过程中发生的消费税、城市维护建设税、资源税、土地增值税、城镇土地使用税、房产税、车船税、印花税和教育费附加、矿产资源补偿费、排污费等相关税费。

2）“税金及附加”账户结构

为了核算商品流通小企业日常经营活动中应负担的各项税金及附加，应设置“税金及附加”账户，该账户为损益类账户。期末，将余额转入“本年利润”科目，结转后无余额。“税金及附加”账户结构如图 6.22 所示。

借　税金及附加（损益类）	贷
1．按规定计算本月消费税、城市维护建设税、资源税、房产税、教育费附加 2．购买印花税	期末转入“本年利润”的数额

图 6.22 “税金及附加”账户结构

2. 城市维护建设税

1）城市维护建设税的内容

城市维护建设税，简称城建税，是我国为了加强城市的维护建设，扩大和稳定城市维护建设资金的来源，对有经营收入的单位和个人征收的一个税种。城市维护建设税，以纳税人实际缴纳的消费税、增值税税额为计税依据，分别与消费税、增值税同时缴纳。

城市维护建设税的税率如下：纳税人所在地在市区的，税率为 7%；纳税人所在地在县城、镇的，税率为 5%；纳税人所在地不在市区、县城或镇的，税率为 1%。其计算公式为

应纳城市维护建设税税额＝（增值税＋消费税）×适用税率

2）“城市维护建设税”账户结构

设置“应交税费——应交城市维护建设税”账户，该账户属于负债类，用于核算企业按照税法规定计算应交纳的城市维护建设税额，其账户结构如图 6.23 所示。

借　应交税费——应交城市维护建设税	贷
已缴纳的城建税额	按规定计算应交的城建税额
	期末余额：尚未缴纳的城建税额

图 6.23 “应交税费——应交城市维护建设税”账户结构

3. 教育费附加

1）教育费附加核算内容

教育费附加是对缴纳增值税、消费税的单位和个人征收的一种附加费。其作用是发展地方性教育事业，扩大地方教育经费的资金来源。

教育费附加以纳税人实际缴纳的增值税、消费税的税额为计费依据。纳费人申报缴纳增值税、消费税的同时，申报、缴纳教育费附加。教育费附加的征收率为3%，计算公式为

应纳教育费附加＝（实际缴纳的增值税＋消费税）×3%

2）"教育费附加"账户结构

设置"应交税费——应交教育费附加"账户，该账户属于负债类，用于核算企业按照税法规定计算应交纳的教育费附加，其账户结构如图6.24所示。

借　　应交税费——应交教育费附加	贷
已缴纳的教育费附加	按规定计算应交的教育费附加
	期末余额：尚未缴纳的教育费附加

图6.24 "应交税费——应交教育费附加"账户结构

4. 房产税

1）房产税核算的内容

房产税是以房屋为征税对象，按房屋的计税余值或租金收入为计税依据，向产权所有人征收的一种财产税。对于经营自用的房屋，是以房产的原值一次性减除10%至30%后的余值来作为计税依据的（减除的比例将由各省在10%～30%的幅度内确定）。如果没有房产原值作为依据，将由房产所在地的税务机关参考同类房产核定。

该税种有以下两种计税方法：

从价计算应纳税额的计算公式：

应纳税额＝房产原值×（1－减除比率）×1.2%

从租计算应纳税额的计算公式：

应纳税额＝房产租金收入×12%

2）"房产税"账户结构

设置"应交税费——应交房产税"账户，该账户属于负债类，用于核算企业按照税法规定计算应交纳的房产税，其账户结构如图6.25所示。

借　　应交税费——应交房产税	贷
已缴纳的房产税	按规定计算应交的房产税
	期末余额：尚未缴纳的房产税

图6.25 "应交税费——应交房产税"账户结构

5. 车船税

1）车船税的核算内容

车船税是指对在我国境内应依法到公安、交通、农业、渔业、军事等管理部门办理登记的车辆、船舶，根据其种类，按照规定的计税依据和年税额标准计算征收的一种财

产税。中华人民共和国境内，车辆、船舶（以下简称车船）的所有人或者管理人为车船税的纳税人，应当依照规定缴纳车船税。

2）“车船税”账户结构

设置“应交税费——应交车船税”账户，该账户属于负债类，用于核算企业按照税法规定计算应交纳的车船税，其账户结构如图 6.26 所示。

借　　应交税费——应交车船税	贷
已缴纳的车船税	按规定计算应交的车船税
	期末余额：尚未缴纳的车船税

图 6.26 “应交税费——应交车船税”账户结构

6. 印花税

1）印花税的核算内容

印花税是对经济活动和经济交往中设立、领受具有法律效力的凭证的行为所征收的一种税。因采用在应税凭证上粘贴印花税票作为完税的标志而得名。

印花税的纳税人包括在中国境内设立、领受规定的经济凭证的企业、行政单位、事业单位、军事单位、社会团体、其他单位、个体工商户和其他个人。具体有：立合同人、立据人、立账簿人、领受人及使用人。

2）印花税的税目税率

印花税的税率有两种形式，即比例税率和定额税率。印花税的税目税率如表 6.12 所示。

表 6.12 印花税的税目税率

序号	税目	范围	税率	纳税人	说明
1	购销合同	包括供应、预购、采购、购销、结合及协作、调剂等合同	按购销金额 0.3‰贴花	立合同人	
2	加工承揽合同	包括加工、定做、修缮、修理、印刷广告、测绘、测试等合同	按加工或承揽收入 0.5‰贴花	立合同人	
3	建设工程勘察设计合同	包括勘察、设计合同	按收取费用 0.5‰贴花	立合同人	
4	建筑安装工程承包合同	包括建筑、安装工程承包合同	按承包金额 0.3‰贴花	立合同人	
5	财产租赁合同	包括租赁房屋、船舶、飞机、机动车辆、机械、器具、设备等合同	按租赁金额 1‰贴花。税额不足 1 元，按 1 元贴花	立合同人	
6	货物运输合同	包括民用航空运输、铁路运输、海上运输、联运合同	按运输费用 0.5‰贴花	立合同人	单据作为合同使用的，按合同贴花
7	仓储保管合同	包括仓储、保管合同	按仓储保管费用 1‰贴花	立合同人	仓单或栈单作为合同使用的，按合同贴花
8	借款合同	银行及其他金融组织和借款人	按借款金额 0.05‰贴花	立合同人	单据作为合同使用的，按合同贴花
9	财产保险合同	包括财产、责任、保证、信用等保险合同	按保险费收入 1‰贴花	立合同人	单据作为合同使用的，按合同贴花

续表

序号	税目	范围	税率	纳税人	说明
10	技术合同	包括技术开发、转让、咨询、服务等合同	按所载金额 0.3‰贴花	立合同人	
11	产权转移书据	包括财产所有权、版权、商标专用权、专利权、专有技术使用权、土地使用权出让合同、商品房销售合同等	按所载金额 0.5‰贴花	立据人	
12	营业账簿	生产、经营用账册	记载资金的账簿，按实收资本和资本公积的合计金额 0.5‰贴花；其他账簿按件计税 5 元/件	立账簿人	
13	权利、许可证照	包括政府部门发给的房屋产权证、工商营业执照、商标注册证、专利证、土地使用证	按件贴花 5 元	领受人	

活动一　购买印花税

活动描述

2019 年 8 月 19 日，佛山市乐华贸易有限公司转让一间仓库，按合同所载金额的 0.5‰贴花（本题只涉及印花税的账务处理，其余略）。产权转让合同、税收完税凭证及支票存根如图 6.27～图 6.29 所示。

产权转让合同　　VP:56843256587

甲方：佛山市乐华贸易有限公司
乙方：佛山市佳佳服装厂

经甲乙双方友好协商，就甲方将小布仓库转让给乙方达成如下协议：

一、甲方将一间仓库转让给乙方，所转让仓库面积合计 1 000 平方米。
乙方一次性支付给甲方人民币 5 000 000 元。
合计人民币（大写）：伍佰万元整

二、付款方式：银行转账方式付款。在签订合同后，乙方将款项划入甲方账号。

三、甲方在确认收到款项后 6 天之内，将仓库的房产证等一系列证件移交给乙方，同时仓库移交给乙方。甲方必须在 12 天之内迁出该仓库。

四、仓库转让后，乙方因仓库造成的损失，甲方一概不负责。

五、在签订合同起 7 天之内，如乙方未能支付款项，该合同自动解除法律效力。

以上协议甲乙双方各执壹份，如有异议另签补充协议，补充协议与本协议具有同等法律效力。

甲方：佛山市乐华贸易有限公司（佛山市乐华贸易有限公司 合同专用章）
代表签字：
日期：2019 年 8 月 19 日

乙方：佛山市佳佳服装厂（佛山市佳佳服装厂 合同专用章）
代表签字：
日期：2019 年 8 月 19 日

图 6.27　产权转让合同

中 华 人 民 共 和 国

税 收 完 税 凭 证

填发日期：2019 年 8 月 19 日

（032）粤地证 0325573

税务机关：国家税务总局佛山市顺德区税务分局

纳税人识别号	440103190488800123		纳税人名称	佛山市乐华贸易有限公司	
原始凭证	税种	品目名称	税款所属时期	入（退）库日期	实缴（退）金额
56843256587	印花税	产权转让合同	2019-08-01 至 2019-08-31	2019-08-19	2 500.00
金额合计	（大写）贰仟伍佰圆整				¥2 500.00
税务机关（盖章） 国家税务总局佛山市顺德区税务分局 征税专用章（五）	填票人	备注 （032）粤地证 0325573 正常申报代开发票预收税款正税自行申报 电子税票号码：687665454300985			

妥善保管，手写无效

图 6.28 税收完税凭证

中国建设银行
转账支票存根

EG
02
05666673

附加信息

出票日期 2019 年 8 月 19 日

收款人：	佛山市顺德区地方税务局
金 额：	¥2500.00
用 途：	购买印花税

单位主管 乐华 会计 管彰

图 6.29 支票存根

活动指导

印花税以应纳税凭证所记载的金额、费用、收入额和凭证的件数为计税依据，按照适用税率或者税额标准计算应纳税额。

应纳税计算公式如下：

应纳税额＝应纳税凭证记载的金额（费用、收入额）×适用税率

应纳税额＝应纳税凭证的件数×适用税额标准

根据以上分析，本业务是转让不动产，贴印花金额＝5 000 000×0.5‰＝2 500 元，账务处理见表 6.13。

表 6.13　记账凭证

日期	摘要	会计分录	附件
2019-8-19	购买印花税	借：税金及附加　2 500.00 　贷：银行存款　2 500.00	2

活动二　缴纳有关税费

活动描述

2019 年 8 月 5 日，佛山市乐华贸易有限公司缴纳各项税费，如图 6.30 和图 6.31 所示。

支行名称：新城支行　　　　网点号：432490702

佛山电子缴税系统回单

扣款日期：2019.8.5

清算日期：2019.8.5

付款人名称：佛山市乐华贸易有限公司

付款人账号：4002123596217954

付款人开户银行：佛山市建行新城区支行

收款人名称：国家税务总局佛山市新城区税务分局

收款人账号：087654321213

收款人开户银行：国家金库新城支库

款项内容：代扣税款　　　　电子税票号：711002188

小写金额：¥17 130.00

大写金额：壹万柒仟壹佰叁拾元整

纳税人编码：440103190488800123

纳税人名称：佛山市乐华贸易有限公司

税种	所属时期	纳税金额
企业所得税	20190701—20190731	¥16 500.00
城市维护建设税	20190701—20190731	¥441.00
教育费附加	20190701—20190731	¥189.00

经办：　　复核：　　打印次数：1　　打印日期

支行名称：新城支行　　　　网点号：432490702

图 6.30　电子缴税系统回单（一）

支行名称：新城支行　　　　　　　　　　　　　　　　网点号：432490702

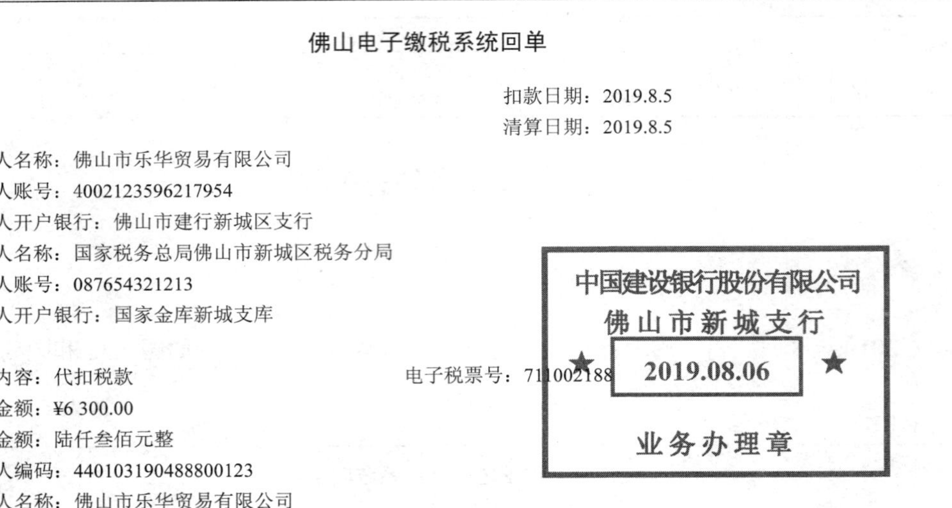

佛山电子缴税系统回单

扣款日期：2019.8.5
清算日期：2019.8.5

付款人名称：佛山市乐华贸易有限公司
付款人账号：4002123596217954
付款人开户银行：佛山市建行新城区支行
收款人名称：国家税务总局佛山市新城区税务分局
收款人账号：087654321213
收款人开户银行：国家金库新城支库

款项内容：代扣税款　　　　　　　　　　电子税票号：711002188
小写金额：¥6 300.00
大写金额：陆仟叁佰元整
纳税人编码：440103190488800123
纳税人名称：佛山市乐华贸易有限公司

税种	所属时期	纳税金额
增值税	20190701—20190731	¥6 300.00

经办：　　　复核：　　　打印次数：1　　　打印日期

支行名称：新城支行　　　　　　　　　　　　　　　　网点号：432490702

图 6.31　电子缴税系统回单（二）

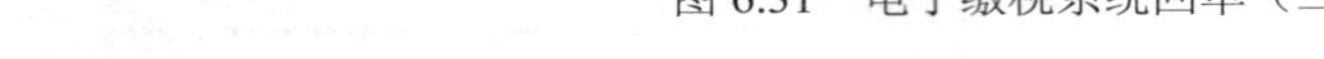

活动指导

根据电子缴税系统回单，作出账务处理，见表 6.14。

表 6.14　记账凭证

日期	摘要	会计分录	附件
2019-8-5	缴税	借：应交税费——应交所得税　16 500.00 ——应交增值税（已交税金）　6 300.00 ——应交城建税　441.00 ——应交教育费附加　189.00 贷：银行存款　23 430.00	2

活动三　计提城市维护建设税和教育费附加

活动描述

2019 年 8 月 31 日，佛山市乐华贸易有限公司会计员管彰根据当月应交流转税额编制税费计算表，见表 6.15。

表 6.15　城市维护建设税和教育费附加计提表

2019 年 8 月 31 日

项目	计税金额/元	税率	金额/元	说明
城市维护建设税	6 300.00	7%	441.00	计税金额（基数）为当月应交纳的增值税税额（企业无其他流转税）
教育费附加	6 300.00	3%	189.00	
合计			630.00	

会计主管：乐华　　审核：吴群　　制单：管彰

活动指导

城市维护建设税是对缴纳增值税、消费税的单位和个人，按其实际应缴纳上述税种的税额计算交纳的专门用于城市维护建设的一种税。城市维护建设税分别与增值税、消费税同时缴纳。税率因纳税人所在地不同从 1%～7%不等。计算公式如下：

应交城市维护建设税＝实际交纳的（增值税＋消费税）×规定税率

教育费附加是对缴纳增值税、消费税的单位和个人、按其实际应缴纳的上述税种的税额计算交纳的专门用于发展教育事业的款项。教育费附加分别与增值税、消费税同时缴纳，附加率为 3%。计算公式如下：

应交教育费附加＝实际交纳的（增值税＋消费税）×3%

根据城市维护建设税和教育费附加计提表，作出账务处理，见表 6.16。

表 6.16　记账凭证

日期	摘要	会计分录	附件
2019-7-31	计提城建税及教育费附加	借：税金及附加　630.00 　贷：应交税费——应交城市维护建设税　441.00 　　　　　　——应交教育费附加　189.00	1

学习与评价

1. 判断题

（1）企业应交的各种税金，均应通过“应交税费”科目核算。（　）

（2）小企业购买印花税通过“税金及附加”核算。（　）

（3）应计入“税金及附加”的税种包括增值税、消费税及车船使用税。（　）

（4）企业按规定计算确定的与经营活动相关的税费，借记“税金及附加”科目，贷记“应交税费”科目。（　）

（5）教育费附加的征收率为 3%。（　）

2. 单项选择题

（1）企业缴纳当月的增值税，应通过的账户是（　）。

A．应交税费——应交增值税（转出多交增值税）

B．应交税费——应交增值税（转出未交增值税）

C．应交税费——未交增值税

D．应交税费——应交增值税（已交税金）

（2）某企业用银行存款交纳本月增值税 5 600 元，则该企业应该作出的财务处理是（　　）。

A．借：应交税费——应交增值税（进项税额）　5 600
　　贷：银行存款　5 600

B．借：应交税费——应交增值税（进项税额转出）　5 600
　　贷：银行存款　5 600

C．借：应交税费——应交增值税（已交税金）　5 600
　　贷：银行存款　5 600

D．借：应交税费——应交增值税（已交税金）　5 600
　　贷：库存现金　5 600

（3）企业按照出售包装物实现的收入计算的应交城市维护建设税，应借记（　　）。

A．其他业务成本　B．应交税费——应交城市维护建设税

C．税金及附加　D．管理费用

（4）记载资金的账簿，按（　　）的合计金额 0.5‰计缴印花税。

A．实收资本和资本公积　B．实收资本和盈余公积

C．资本公积和盈余公积　D．实收资本、盈余公积和资本公积

（5）期末，应将“税金及附加”转到（　　）账户。

A．实收资本　B．本年利润　C．利润分配　D．营业外支出

3．多项选择题

（1）企业缴纳的下列税金中，应通过“应交税费”科目核算的有（　　）。

A．印花税　B．耕地占用税　C．房产税　D．土地增值税

（2）企业销售商品交纳的下列各项税费，计入“税金及附加”科目的有（　　）。

A．消费税　B．增值税　C．教育费附加　D．城市维护建设税

（3）下列各项中，应列入利润表“税金及附加”项目的有（　　）。

A．增值税　B．城市维护建设税

C．教育费附加　D．矿产资源补偿费

（4）下列各项中，不需要按照增值税、消费税税额的一定比例计算的税金有（　　）。

A．教育费附加　B．资源税

C．城市维护建设税　D．土地增值税

（5）企业交纳的下列税费中，应通过“应交税费”科目核算的有（　　）。

A．矿产资源补偿费　B．车船税

C．车辆购置税　D．印花税

4．实务题

天虹公司 8 月份发生以下经济业务。

（1）3 日，以现金购买印花税票 230 元。

（2）5 日，以银行存款上缴上月的城市维护建设税 358.25 元，教育费附加 122.75 元。

（3）18 日，以银行存款缴车船税 680 元，房产税 520 元。

（4）31 日，本月应交的增值税为 13 520 元，消费税 348 元，计算本月应交城市维护建设税（7%）和教育费附加（3%）。

要求：请根据上述经济业务作出合适的账务处理。

任务三　利润的核算

学习目标

（1）了解商品流通企业利润的形成。

（2）能够说出利润的构成及营业外收支的范围。

（3）了解“营业外收支”“本年利润”“所得税费用”“利润分配”账户的内容和结构。

（4）学会查阅《中华人民共和国公司法》《中华人民共和国企业所得税法》等。

（5）能够正确计算企业的应纳税所得额和应纳所得税额。

（6）能够处理商品流通企业营业外收支、期末结转损益、利润分配的核算业务。

（7）养成细心谨慎的职业素养，具备逻辑分析、判断的能力。

知识链接

利润核算的法规制度

利润是指商品流通企业在一定会计期间的经营成果。收入大于支出表现为利润；反之表现为亏损。利润或亏损反映的是企业在一定时期内经营活动所取得的最终经营成果，是企业一项重要的经济指标。

企业经营活动的主要目的，就是要不断提高企业的盈利水平，增强获利能力。企业只有最大限度获取利润，才能增强企业活力，才能为国家积累资金，进而促进整个社会经济的不断发展，以满足人们不断增长的物资文化生活的需要。因此，利润水平的高低，不仅反映了企业的盈利水平，而且也反映了企业对整个社会贡献的大小。由此可见，正确计算和分配利润，对于保证国家财政收入，推动现代化进程，对于企业自身发展壮大，对于提高人们物质文化水平等方面都有重要意义。

企业利润是随着企业经营活动逐渐形成的。财务部门除在日常对企业收入和支出进行核算外，还必须在月末、季末、年末根据账簿记录，计算出企业利润。为保证利润核算的正确性，在利润核算前，应做好账账核对、账实核对和账项调整等准备工作。商品流通企业利润形成的准备工作介绍如下。

1. 账账核对

（1）全部总账借方余额之和与全部总账贷方余额之和相核对。

（2）各总账户发生额与所属明细账户发生额之和相核对。

（3）各账户期末余额与所属明细账期末余额之和相核对。
（4）各种债权账务往来款项的明细账与往来单位账务记录相核对。
（5）银行存款日记账余额与银行对账单余额相核对。
（6）库存商品等存货明细账与实物保管账的数额是否相等。

2. 账实核对

（1）各项财务资产的实有数与账面数的核对。
（2）清查财产物资的同时，还应当检查质量，有质量问题，要单独罗列，提出处理意见，报批处理。

3. 账项调整

（1）对应提未提、应摊未摊、应转未转的会计事项进行提取、摊销、结转的账务处理。
（2）对核对账目中发现的不相符情况，及时按规定进行账项调整，确保账账相符。
（3）对账实核对中发现的不相符情况，及时按规定进行账项调整，确保账实相符。

一、利润的计算

1. 利润的构成

利润，是指小企业一定会计期间的经营成果，主要包括营业利润、利润总额和净利润。

（1）营业利润，是指营业收入减去营业成本、税金及附加、销售费用、管理费用、财务费用，加上投资收益（或减去投资损失）后的金额，用公式表示为

营业利润＝营业收入－营业成本－税金及附加－销售费用－管理费用
－财务费用＋投资收益（或－投资损失）

其中：

营业收入＝主营业务收入＋其他业务收入
营业成本＝主营业务成本＋其他业务成本

（2）利润总额，是指营业利润加上营业外收入，减去营业外支出后的金额。用公式表示为

利润总额＝营业利润＋营业外收入－营业外支出

（3）净利润，是指利润总额减去所得税费用后的净额。用公式表示为

净利润＝利润总额－所得税费用

2. 营业外收入

1）营业外收入的内容

营业外收入，是指小企业非日常经营活动形成的、应当计入当期损益、会导致所有者权益增加、与所有者投入资本无关的经济利益的净流入。

小企业的营业外收入包括：非流动资产处置净收益、政府补助、捐赠收益、盘盈收益、汇兑收益、出租包装物和商品的租金收入、逾期未退包装物的押金收益、确实无法偿付的应付账款、已作坏账损失处理后又收回的应收账款、违约金收益等。

小企业按照规定实行企业所得税、增值税、消费税等先征后返的，应当在实际收到

返还的企业所得税、增值税（不含出口退税）、消费税时，计入营业外收入。

通常，小企业的营业外收入应当在实现时按照其实现金额计入当期损益。

2）营业外收入核算的账户

“营业外收入”账户属于损益类账户，用于核算营业外收入的取得及结转情况。该账户按“非流动资产处置净收益”“政府补助”“捐赠收益”“盘盈收益”“汇兑收益”“包装物租金收入”“商品租金收入”“包装物押金收益”“无法偿还应付款”“违约金收益”“坏账损失重新收回”等项目设置专栏核算。“营业外收入”账户结构如图 6.32 所示。

借　　营业外收入（损益类）	贷
核算企业发生的与经营活动无直接关系的各项收入	期末转入本年利润的营业外收入金额

图 6.32　“营业外收入”账户结构

3. 营业外支出

1）营业外支出的内容

营业外支出，是指小企业非日常经营活动发生的、应当计入当期损益、会导致所有者权益减少、与向所有者分配利润无关的经济利益的净流出。

小企业的营业外支出包括：存货的盘亏、毁损、报废损失，非流动资产处置净损失，坏账损失，无法收回的长期投资债券投资损失，无法收回的长期股权投资损失，自然灾害等不可抗力因素造成的损失，税收滞纳金，罚金，罚款，被没收财物的损失，捐赠支出，赞助支出等。

通常，小企业的营业外支出应当在发生时按照其发生额计入当期损益。

2）营业外支出核算的账户

“营业外支出”账户属于损益类账户，用于核算企业发生的与本企业经营活动无直接关系的各项支出。该账户应按照“存货盘亏”“报废损失”“非流动资产处置净损失”“坏账损失”“自然灾害损失”“罚金”“没收财产损失”“捐赠支出”“赞助支出”等项目设置专栏。期末将账户余额转入本年利润后，无余额。“营业外支出”账户结构如图 6.33 所示。

借　　营业外支出（损益类）	贷
核算企业发生的与经营活动无直接关系的各项支出	期末转入本年利润的营业外支出金额

图 6.33　“营业外支出”账户结构

4. 所得税费用

1）企业所得税的内容

企业所得税是指对中华人民共和国境内的企业（居民企业及非居民企业）和其他取得收入的组织以其生产经营所得为课税对象所征收的一种所得税。作为企业所得税纳税人，应依照《中华人民共和国企业所得税法》（以下简称《企业所得税法》）缴纳企业所得税。

小企业应当按照《企业所得税法》规定计算当期应纳税额，确认所得税费用。

小企业应当在利润总额的基础上，按照《企业所得税法》规定进行纳税调整，计算出当期应纳税所得额，按照应纳税所得额与适用所得税税率为基础计算确定当期应纳税额。

2）所得税费用核算的账户

“所得税费用”账户属于损益类账户，用于核算企业按规定从当期损益中扣除的所得税。期末应将“所得税费用”账户转入“本年利润”账户，结转后“所得税费用”账户应无余额。“所得税费用”账户结构如图 6.34 所示。

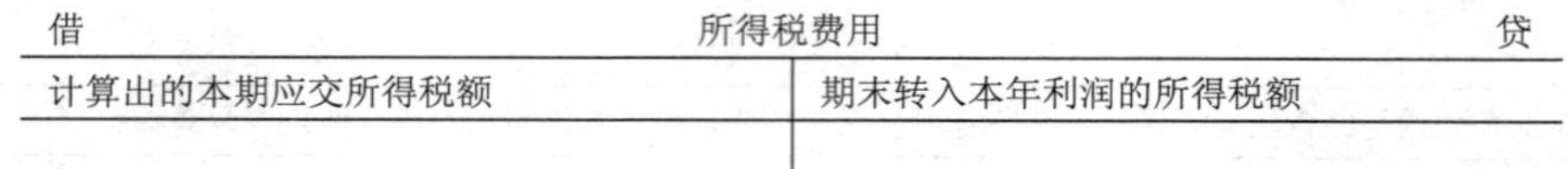

图 6.34 “所得税费用”账户结构

3）企业所得税的计算

用于规范会计行为的小企业准则与规范企业所得税的税法两者目的不同，它们对收益、成本、费用的确认和计量不完全相同。因此，会计利润总额与应纳税所得额之间存在差异。应纳税所得额是在会计利润的基础上进行纳税调整。

纳税调整增加额主要包括税法规定允许扣除项目中，企业已记入当期费用抵减当期利润但超过税法规定扣除标准的金额（如超过税法规定标准的广告费、业务招待费支出、利息支出、职工薪酬等），以及企业已计入当期损失但税法规定不允许扣除项目的金额（如税收滞纳金、罚款支出、罚金支出、赞助支出、非公益性和救济性捐赠等）。

纳税调整减少额主要包括按税法规定允许弥补的亏损和准予免税的项目，如前五年内的未弥补亏损、国债利息收入、治理“三废”净利润、安置残疾人支付工资等。

所得税计算公式为

应纳所得税额＝应纳税所得额×企业所得税税率（25%）

应纳税所得额＝利润总额＋纳税调整增加额－纳税调整减少额

二、本年利润的核算

1.“本年利润”账户设置

“本年利润”属于所有者权益类账户，用于核算企业当期实现的净利润（或发生的净亏损）。“本年利润”账户贷方余额，反映本年度自年初开始累计实现的净利润，如为借方余额反映本年度自年初开始累计发生的净亏损。年度终了，企业应将“本年利润”账户余额转入“利润分配——未分配利润”账户，转账后“本年利润”账户应无余额。“本年利润”账户结构如图 6.35 所示。

借　　本年利润	贷
期末转入的损益类账户中各费用账户的金额	期末转入的损益类账户中各收入类账户的余额
月末，本年度实现亏损额	月末，本年度实现净利润

图 6.35 “本年利润”账户结构

2. 利润额的核算方法

小企业利润额的核算有两种方法，分别是账结法和表结法，企业可选择其中一种方法进行核算。

（1）账结法，是指小企业月末编制记账凭证将各损益类账户的余额转入“本年利润”账户，通过“本年利润”账户的本月发生额计算出本年的净利润或亏损，本月余额反映本年累计净利润额或亏损额。

（2）表结法，是指小企业损益类账户各月末只结转出本月发生额和月末余额。月末，根据各损益类账户的本月发生额的净额，填写利润表“本月金额”栏。通过利润表计算各月的净利润或亏损。年终，将各损益类账户的余额转入“本年利润”账户。

三、利润分配的核算

1. 利润分配的法定顺序

利润分配是指小企业根据国家有关规定和企业章程、投资者协议等，对企业当年可供分配的利润所进行的分配。

可分配利润＝当年实现净利润＋年初未分配利润（或－年初未弥补亏损）＋其他转入利润

小企业应依照《公司法》相关规定分配利润，企业利润分配的内容和程序具体规定如下：

（1）弥补以前年度亏损。小企业发生亏损时，可用企业法定公积金弥补。法定公积金不足弥补以前年度亏损的，可以用以后年度实现的税后利润弥补。

（2）提取法定盈余公积。法定盈余公积是企业按照本年实现净利润的一定比例提取，根据《公司法》规定按净利润的10%提取，企业提取的法定盈余公积累计额已达注册资本的50%时，可以不再提取。法定盈余公积主要用于弥补以前年度亏损和转增资本金，但转增资本金后留存的法定盈余公积金不得低于注册资本的25%。

（3）提取任意盈余公积。任意盈余公积按当年净利润扣减弥补以前年度亏损后的余额提取，提取比例由企业视情况而定。任意盈余公积可用于弥补亏损和向出资者分配利润，转增资本金。法定盈余公积和任意盈余公积的区别在于其各自计提的依据不同，前者以国家法律或法令为依据提取，后者则由企业自行决定提取。

（4）分配给投资者。企业可供分配的利润减去提取法定盈余公积后，为可供投资者分配的利润，可以按规定分配给投资者。企业的可供分配利润减去提取的各种盈余公积和向投资者分配利润后的余额即为未分配利润。未分配利润是企业留待以后年度进行分配的结存利润，是企业所有者权益的组成部分。

2. 利润分配核算的账户

“利润分配”账户用于核算小企业利润的分配（或亏损的弥补）和历年分配（或弥补）后的余额。该账户按“未分配利润”“提取法定盈余公积”“提取任意盈余公积”“应付利润”“盈余公积补亏”等项目设置明细账。“利润分配”的账户结构如图6.36所示。

借　　　　利润分配	贷
1．提取法定盈余公积 2．提取任意盈余公积 3．向投资者分配利润 4．年终，转入全年已分配利润 5．年终，转入全年亏损额	1．盈余公积补亏 2．年终，转入全年净利润
累计未弥补亏损额	累计未分配利润额

图6.36　“利润分配”账户结构

活动一　处理营业外收支

活动（一）　出租包装物

活动描述

2019年8月3日，佛山市乐华贸易有限公司向佛山市美乐家具有限公司出租包装箱，收取现金904元，开出增值税专用发票（图6.37）和收据（图6.38）。

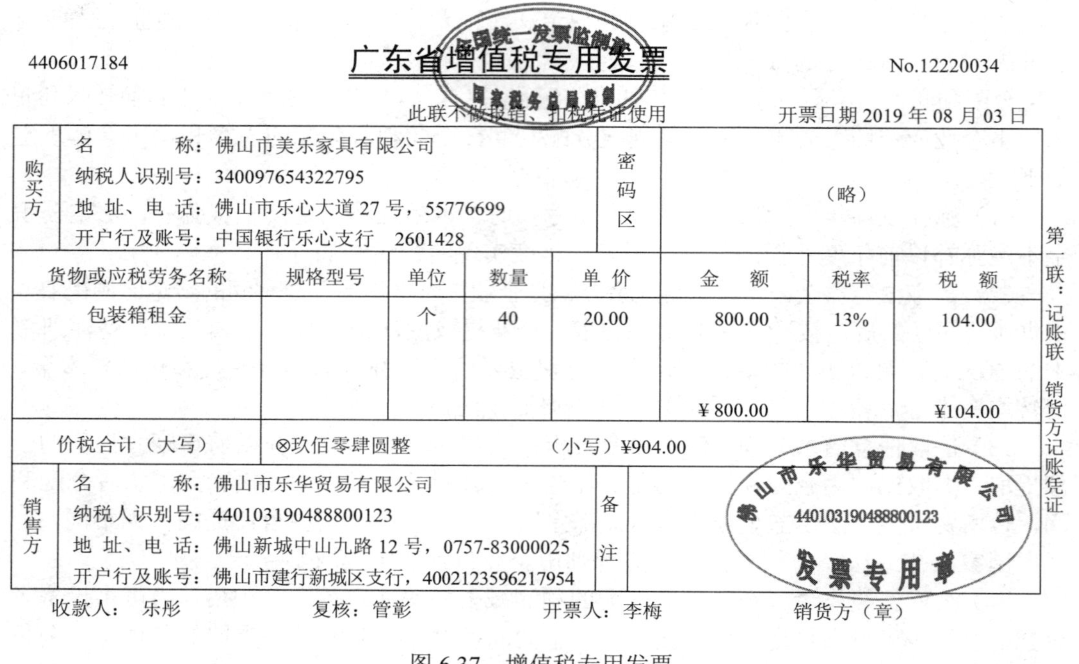

4406017184　　**广东省增值税专用发票**　　No.12220034

全国统一发票监制章　国家税务总局监制

此联不做报销、扣税凭证使用　　开票日期 2019年08月03日

购买方	名　　称：佛山市美乐家具有限公司 纳税人识别号：340097654322795 地 址、电 话：佛山市乐心大道27号，55776699 开户行及账号：中国银行乐心支行　2601428			密码区	（略）		
货物或应税劳务名称	规格型号	单位	数量	单 价	金　额	税率	税　额
包装箱租金		个	40	20.00	800.00	13%	104.00
					¥800.00		¥104.00
价税合计（大写）	⊗玖佰零肆圆整			（小写）¥904.00			
销售方	名　　称：佛山市乐华贸易有限公司 纳税人识别号：440103190488800123 地 址、电 话：佛山新城中山九路12号，0757-83000025 开户行及账号：佛山市建行新城区支行，4002123596217954			备注	佛山市乐华贸易有限公司 440103190488800123 发票专用章		

收款人：乐彤　　复核：管彰　　开票人：李梅　　销货方（章）

第一联：记账联　销货方记账凭证

图6.37　增值税专用发票

收　　　据

2019年08月03日　　NO 0024233

今收到　佛山市美乐家具有限公司包装箱租金904元

金额（大写）零拾零万零仟玖佰零肆元零角零分　　（¥904.00　　）

单位盖章　佛山市乐华贸易有限公司 收款专用章　　经手人盖章

负责人：　　会计：管彰　　出纳：钱前　　记账：管彰

第三联　记账

图6.38　收据

活动指导

公司收取的包装物租金收入，根据发票作出账务处理，见表 6.17。

表 6.17　记账凭证

日期	摘要	会计分录	附件
2019-8-3	收取包装物租金	借：库存现金　904.00 贷：营业外收入　800.00 应交税费——应交增值税（销项税额）　104.00	2

活动（二）　没收出租包装物押金

活动描述

2019 年 8 月 28 日，佛山市乐华贸易有限公司收回 3 日出租给佛山市美乐家具有限公司包装箱 35 个（押金每个 26.55 元），其中，损坏了 5 个。经协商，没收 5 个包装箱的押金，开具增值税专用发票（图 6.39）。

全国统一发票监制章 国家税务总局监制

3400017184　**广东省增值税专用发票**　No.12220302

此联不做报销、扣税凭证使用　开票日期 2019 年 08 月 28 日

购买方	名　称：佛山市美乐家具有限公司 纳税人识别号：340097654322795 地 址、电 话：佛山市乐心大道 27 号，55776699 开户行及账号：中国银行乐心支行　2601428				密码区	（略）		
货物或应税劳务名称	规格型号	单位	数量	单价	金额	税率	税额	
包装箱押金		个	5	26.55	132.75	13%	17.25	
					￥132.75		￥17.25	
价税合计（大写）	⊗壹佰伍拾圆整			（小写）￥150.00				
销售方	名　称：佛山市乐华贸易有限公司 纳税人识别号：440103190488800123 地 址、电 话：佛山新城中山九路 12 号，0757-83000025 开户行及账号：佛山市建行新城区支行，4002123596217954				备注	佛山市乐华贸易有限公司 440103190488800123 发票专用章		

第一联：记账联　销货方记账凭证

收款人：钱前　复核：管彰　开票人：李梅　销货方（章）

图 6.39　增值税专用发票

活动指导

租借方无法按期归还包装物或包装物损坏，应没收包装物押金，根据增值税专用发票作出账务处理，见表 6.18。

表 6.18 记账凭证

日期	摘要	会计分录	附件
2019-8-28	没收包装物押金	借：其他应付款——美乐家具有限公司 150.00 贷：营业外收入——包装物押金收入 132.75 应交税费——应交增值税（销项税额） 17.25	1

活动（三） 发生坏账损失

活动描述

2019年8月20日，佛山市乐华贸易有限公司召开部门经理会议，会议纪要见图6.40。

会议纪要

佛山市乐家家有限公司欠我公司货款450 000元，已有确凿证据证明该公司财务出现了问题，对方同意偿还60%，剩余作为坏账损失处理。

佛山市乐华贸易有限公司

2019年8月20日

图 6.40 会议纪要

活动指导

《小企业会计准则》第十条

小企业应收及预付款项符合下列条件之一的，减除可收回的金额后确认的无法收回的应收及预付款项，作为坏账损失：

（一）债务人依法宣告破产、关闭、解散、被撤销，或者被依法注销、吊销营业执照，其清算财产不足清偿的。

（二）债务人死亡，或者依法被宣告失踪、死亡，其财产或者遗产不足清偿的。

（三）债务人逾期3年以上未清偿，且有确凿证据证明已无力清偿债务的。

（四）与债务人达成债务重组协议或法院批准破产重整计划后，无法追偿的。

（五）因自然灾害、战争等不可抗力导致无法收回的。

（六）国务院财政、税务主管部门规定的其他条件。

应收及预付款项的坏账损失应当于实际发生时计入营业外支出，同时冲减应收及预付款项。

根据会议纪要，作出账务处理，见表6.19（只做损失部分）。

表 6.19 记账凭证

日期	摘要	会计分录	附件
2019-8-20	发生坏账	借：营业外支出——坏账损失 180 000.00 贷：应收账款——乐家家有限公司 180 000.00	1

活动二　结转期末损益业务

活动（一）　结转收益类账户

活动描述

8 月 31 日，财务中心负责人乐彤一上班就接到总经理的电话，想要了解企业本月的经营成果，包括营业收入、营业成本、营业利润、利润总额和净利润等。

佛山市乐华贸易有限公司 2019 年 8 月有关损益类科目本年累计发生额，见表 6.20。

表 6.20　损益类账户累计发生额净额

账户名称	本期余额	账户名称	本期余额
主营业务收入	9 800 000.00	管理费用	790 000.00
主营业务成本	4 500 000.00	财务费用	68 000.00
税金及附加	450 000.00	投资收益（贷）	43 000.00
其他业务收入	1 025 000.00	营业外收入	17 000.00
其他业务支出	500 200.00	营业外支出	2 000.00
销售费用	1 200 000.00		

要求：请结转佛山市乐华贸易有限公司 2019 年 8 月份损益类账户中的收益类账户。

活动指导

佛山市乐华贸易有限公司采用账结法核算利润。月末，将损益类账户累计发生额净额转入“本年利润”账户，结平收入类账户。该业务的账务处理见表 6.21。

表 6.21　记账凭证

日期	摘要	会计分录	附件
2019-8-31	结转收入	借：主营业务收入　9 800 000.00 其他业务收入　1 025 000.00 投资收益　43 000.00 营业外收入　17 000.00 贷：本年利润　10 885 000.00	—

活动（二）　结转费用类账户

活动描述

业务资料见活动描述（一）表 6.20。

活动指导

采用账结法核算利润。月末，将损益类账户累计发生额净额转入“本年利润”账户，结平费用类账户。该业务的账务处理见表 6.22。

表 6.22 记账凭证

日期	摘要	会计分录	附件
2019-8-31	结转费用	借：本年利润 7 510 200.00 贷：主营业务成本 4 500 000.00 税金及附加 450 000.00 销售费用 1 200 000.00 管理费用 790 000.00 财务费用 68 000.00 其他业务成本 500 200.00 营业外支出 2 000.00	—

活动三 处理企业所得税业务

活动（一） 计算企业所得税

活动描述

佛山市乐华贸易有限公司 2019 年 8 月末，有关损益类账户（结转前）余额见表 6.23。

表 6.23 损益类账户余额（结转前）

账户名称	本期余额	账户名称	本期余额
主营业务收入	9 800 000.00	管理费用	790 000.00
主营业务成本	4 500 000.00	财务费用	68 000.00
税金及附加	450 000.00	投资收益（贷）	43 000.00
其他业务收入	1 025 000.00	营业外收入	17 000.00
其他业务成本	500 200.00	营业外支出	2 000.00
销售费用	1 200 000.00		

若佛山市乐华贸易有限公司投资收益中含国债利息 13 000 元，营业外支出中含赞助支出 1 000 元，所得税率 25%。请计算 2019 年该公司应纳税所得额、所得税费用及净利润。

活动指导

以上各损益类账户结转后，各损益类账户均无余额。“本年利润”账户贷方余额为 3 374 800（10 885 000－7 510 200）元，表示该公司 2019 年 1～8 月累计实现的净利润。

应纳税所得额＝3 374 800－13 000＋1 000＝3 362 800（元）

应纳所得税额＝应纳税所得额×所得税税率＝3 362 800×25%＝840 700（元）

根据计算结果作出账务处理，见表 6.24。

表 6.24 记账凭证

日期	摘要	会计分录	附件
2019-8-31	计算所得税	借：所得税费用 840 700.00 贷：应交税费——应交所得税 840 700.00	—

活动（二）　结转企业所得税

活动描述

2019 年 8 月 31 日，佛山市乐华贸易有限公司会计员结转 8 月企业所得税 840 700 元。

活动指导

佛山市乐华贸易有限公司采用“账结法”，月末将“所得税费用”账户结转至“本年利润”账户，结转后该账户无余额。账务处理见表 6.25。

表 6.25　记账凭证

日期	摘要	会计分录	附件
2019-8-31	结转所得税费用	借：本年利润　840 700.00 贷：所得税费用　840 700.00	—

活动四　处理利润分配业务

活动（一）　结转全年净利润

活动描述

假设佛山市乐华贸易有限公司 2019 年度实现净利润 3 522 100 元，12 月 31 日，结转本年度净利润。

活动指导

年度终了，小企业应将本年度实现的净利润，自“本年利润”账户结转至“利润分配——未分配利润”明细账户，账务处理见表 6.26。

表 6.26　记账凭证

日期	摘要	会计分录	附件
2019-12-31	结转全年净利润	借：本年利润　3 522 100.00 贷：利润分配——未分配利润　3 522 100.00	—

活动（二）　提取盈余公积

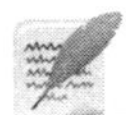

活动描述

佛山市乐华贸易有限公司 2019 年实现净利润 3 522 100 元，公司董事会于 12 月 28 日召开董事会会议，作出利润分配方案，如图 6.41 所示。

佛山市乐华贸易有限公司2019年度利润分配方案（简版）

佛山市乐华贸易有限公司 2019 年度利润分配方案如下：

一、按全年净利润的 10%提取法定盈余公积。

二、按全年净利润的 5%提取任意盈余公积。

三、按全年净利润的 30%向投资者分配利润。

佛山市乐华贸易有限公司

2019 年 12 月 28 日

图 6.41 年度利润分配方案

根据董事会决议，会计员管彰编制盈余公积金计算表，见表 6.27。

表 6.27 盈余公积计提表

2019 年 12 月 31 日

项目名称	计提基数	计提比例	计提金额	备注
法定盈余公积	3 522 100.00	10%	352 210.00	
任意盈余公积	3 522 100.00	5%	176 105.00	
合计			528 315.00	

会计主管：黄小美　　审核：乐华　　制单：管彰

活动指导

根据盈余公积计算表，作出账务处理，见表 6.28。

表 6.28 记账凭证

日期	摘要	会计分录	附件
2019-12-31	提取盈余公积	借：利润分配——提取法定公积金 352 210.00 利润分配——提取任意盈余公积 176 105.00 贷：盈余公积——法定公积金 352 210.00 盈余公积——任意盈余公积 176 105.00	—

活动（三） 向投资者分配利润

活动描述

2019 年 12 月 31 日，佛山市乐华贸易有限公司执行公司决议，按出资比例分配利润，见表 6.29。

表 6.29 应付利润分配表

2019 年 12 月 31 日

股东	分配基数	投资额	投资比例	应分配利润	备注
乐华	1 056 630.00	700 000.00	70%	739 641.00	
王明	1 056 630.00	300 000.00	30%	316 989.00	
		1 000 000.00		1 056 630.00	

会计主管：黄小美　　审核：乐华　　制单：管彰

活动指导

按应付利润分配表作出账务处理，见表 6.30。

表 6.30　记账凭证

日期	摘要	会计分录	附件
2019-12-31	分配利润	借：利润分配——应付利润　1056 630.00 　贷：应付利润——乐华　739 641.00 　　应付利润——王明　316 989.00	—

提示

企业如果发生亏损，5 年内可用税前利润弥补 5 年内未补完的，从第 6 年起要用税后利润弥补，也可以用以前年度提取的盈余公积弥补。企业以前年度亏损未弥补完，不能提取法定盈余公积。在提取法定盈余公积前，不得向投资者分配利润。

活动（四） 结转利润分配

活动描述

2019 年 12 月 31 日，佛山市乐华贸易有限公司结转全年已分配利润：提取法定盈余公积 352 210 元，提取任意盈余公积 176 105 元，向股东分配利润 1 056 630 元。

活动指导

年度终了，小企业应将“利润分配”所属明细账户的余额转入“利润分配——未分配利润”明细账户。结转后，除未分配利润外，其余账户应无余额。账务处理见表 6.31。

表 6.31　记账凭证

日期	摘要	会计分录	附件
2019-12-31	结转已分配利润	借：利润分配——未分配利润　1 584 945.00 　贷：利润分配——应付利润　1 056 630.00 　　利润分配——提取法定公积　352 210.00 　　利润分配——提取任意盈余公积　176 105.00	—

根据上述会计分录进行会计处理的结果，登记账簿后，“利润分配”账户的余额就反映在“未分配利润”明细账户中，即贷方余额为 1 584 945 元，表示该企业本年年末的未分配利润，即历年积存的累积未分配利润的数额。其他明细账户不得留余额，应全部结清。

学习与评价

1. 判断题

（1）利润是小企业在一定会计期间的经营成果。（　　）

（2）小企业发生坏账损失，日后重新收回，冲减营业外支出。（　　）

（3）小企业年末“本年利润”账户余额为零。（ ）

（4）国债利息收入属于免税利息收入。（ ）

（5）法定盈余公积可用于弥补以前年度亏损或转增资本金。（ ）

2. 单项选择题

（1）“本年利润”账户的年末余额，应结转到（ ）账户。

A．实收资本 B．盈余公积 C．利润分配 D．主营业务收入

（2）“本年利润”账户的贷方余额表示本年（ ）。

A．营业利润 B．利润总额 C．净利润 D．未分配利润

（3）不影响本期营业利润的项目是（ ）。

A．主营业务成本 B．主营业务收入

C．财务费用 D．所得税费用

（4）（ ）账户用来核算企业从净利润中提取的公积金。

A．公积金 B．资本公积 C．盈余公积 D．应付股利

（5）下列属于营业外收入的是（ ）。

A．出售产成品 B．出售半成品 C．出售原材料 D．出售固定资产

3. 多项选择题

（1）下列损失支出应列入“营业外支出”账户的有（ ）。

A．固定资产盘亏损失 B．处理固定资产净损失

C．支付职工的医药费 D．支付离退休人员工资

（2）属于营业外收入的项目有（ ）。

A．接受捐赠钱物 B．出售材料

C．无法偿付的应付账款 D．无形资产出租收入

（3）影响企业营业利润的项目有（ ）。

A．投资收益 B．管理费用 C．营业外收入 D．营业税金及附加

（4）企业的利润总额是由（ ）构成。

A．营业利润 B．投资净收益 C．期间费用 D．营业外收支净额

（5）企业实现的净利润，应按规定进行分配（ ）。

A．交纳增值税 B．弥补亏损

C．提取盈余公积 D．向股东分红

4. 实务题

（1）美华公司 2019 年年初未分配利润为贷方余额为 200 万元，本年实现利润总额为 980 万元，企业所得税率为 25%。本年不存在纳税调整事项。

要求：① 计算该公司本年所得税费用和净利润；

② 作出按 10%提取法定盈余公积、按 10%提取任意盈余公积、向投资者分配利润 80 万元的会计分录。

（2）长江公司 2019 年年终结账前有关损益类科目的年末余额如表 6.32 所示。

表 6.32　有关损益类科目的年末余额

收入科目	余额/元	费用科目	余额/元
主营业务收入	950 000.00	主营业务成本	650 000.00
其他业务收入	200 000.00	其他业务成本	150 000.00
投资收益	15 000.00	税金及附加	34 000.00
营业外收入	41 500.00	销售费用	40 000.00
		管理费用	120 000.00
		财务费用	25 000.00
		营业外支出	70 000.00

要求：① 计算公司当年营业利润、利润总额、应交所得税及净利润；

② 作出结转损益类账户和本年净利润、按本年净利润的 10%提取法定盈余公积、向投资者分配并支付现金股利 20 000 元的会计分录；

③ 作出结转全年净利润的会计分录。

模块七　财务报表编制

财务报表是财务报告的主要组成部分，它所提供的会计信息具有重要作用，能全面系统地揭示企业一定时期的财务状况、经营成果和现金流量，有利于经营管理人员了解本单位各项任务指标的完成情况，评价管理人员的经营业绩，以便及时发现问题，调整经营方向，制定措施改善经营管理水平，提高经济效益，为经济预测和决策提供依据。图 7.1 为公司会计正在编制报表。

图 7.1　公司会计正在编制报表

任务　编制财务报表

学习目标

（1）了解财务报表的组成和编报要求。

（2）了解利润表的作用和基本结构。

（3）能够正确编制利润表。

（4）了解资产负债表的作用和基本结构。

（5）能够正确编制资产负债。

（6）养成客观、公正、诚实守信的职业素质。

知识链接

一、财务报表的概念和组成

1. 财务报表的概念

财务报表是企业对外提供的反映企业某一特定日期财务状况和某一会计期间经营成果、现金流量等会计信息的文件。商品流通企业编制会计报表的目标，是向会计报表使用者提供与企业财务状况、经营成果和现金流量等有关的会计信息，反映企业管理层受托责任的履行情况，有助于会计报表使用者作出经济决策。

2. 财务报表的组成

财务报表是财务会计报告的主体，是对企业财务状况、经营成果和现金流量的结构性表述。一套完整的财务报表至少应当包括下列组成部分：①资产负债表；②利润表；③现金流量表；④所有者权益变动表；⑤附注。资产负债表、利润表和现金流量表分别从不同角度反映企业的财务状况、经营成果和现金流量。附注是财务报表不可或缺的组成部分，是对资产负债表、利润表、现金流量表和所有者权益变动表等报表中列示项目的进一步说明，以及对未能在这些报表中列示项目的说明等。

二、财务报表的编制要求和编制前的准备工作

编制会计报表，是对会计核算工作的全面总结，也是及时提供真实、完整会计资料的重要环节。因此，商品流通企业会计要充分发挥会计报表的作用，除了要认真做好日常会计核算外，还必须按照会计制度的统一规定和要求编制报表，以确保会计报表的质量。

1. 财务报表的编制要求

商品流通企业会计报表的编制，必须符合以下几个要求。

（1）各单位必须按照国家统一的会计制度规定编制月份、季度、年度等会计报表。对外提供的会计报表的编制要求、提供对象和提供期限等应当符合国家有关规定。

（2）会计报表应当根据登记完整、核对无误的会计账簿记录和其他有关资料编制，做到数字真实、计算准确、内容完整、说明清楚。

（3）会计报表之间、会计报表各项目之间，凡有对应关系的数字，应当相互一致。

（4）对外提供的财务会计报表，应当依次编定页码，加具封面，装订成册，加盖公章。封面上应当注明：单位名称，单位地址，财务会计报表所属年度、季度、月度，送出日期。财务会计报表要由单位负责人（包括主管会计工作的负责人）、总会计师、会计机构负责人（会计主管人员）签名并盖章。单位负责人对财务会计报表的真实性、完整性承担法律责任。

（5）根据法律、行政法规规定应当对财务会计报表进行审计的，财务会计报表编制单位应当先行委托注册会计师进行审计，并将注册会计师出具的审计报告随同财务会计报表一并对外提供。

2. 会计报表编制前的准备工作

企业在编制会计报表前，首先，应当对企业的资产进行全面清查，并认真核实债务，将结果及处理办法向企业的有关部门报告，并根据国家统一的会计制度规定进行相应的会计处理。其次，还应做好以下准备工作。

（1）核对各会计账簿记录与会计凭证的内容、金额等是否一致，记账方向是否相符。

（2）依照有关规定的结账日进行结账，结出有关会计账簿的余额和发生额，并核对各会计账簿之间的余额。

（3）检查相关的会计核算是否是按照国家统一的会计制度的规定进行的，对于国家统一的会计制度没有规定统一核算方法的交易事项，检查其是否按照会计核算的一般原则进行确认和计量，以及相关账务处理是否合理。

（4）检查是否存在因会计差错、会计政策变更等原因需要调整前期或者本期的相关项目。

只有在做好以上这些准备工作之后，才能着手编制会计报表。

活动一 编制资产负债表

活动描述

佛山市乐华贸易有限公司2019年8月31日总分类账户的期末余额表如表7.1所示。

要求：根据“佛山市乐华贸易有限公司2019年8月31日总分类账户的期末余额表”，编制佛山市乐华贸易有限公司2019年年度资产负债表。

表7.1 总分类账及明细分类账户余额表

2019年8月31日

账户名称	借方余额	贷方余额	明细科目
库存现金	6 000.00		
银行存款	756 605.00		
交易性金融资产	15 000.00		
应收账款	282 240.00		欣美家具有限公司
		32 400.00	长东公司
其他应收款	4 300.00		
库存商品	1 830 870.00		
商品进销差价		430 000.00	
原材料	12 000.00		
周转材料——低值易耗品	38 000.00		
周转材料——包装物	60 100.00		
固定资产	1 689 800.00		
累计折旧		392 000.00	
在建工程	1 800 000.00		
无形资产	345 125.00		
短期借款		380 000.00	

续表

账户名称	借方余额	贷方余额	明细科目
应付账款		198 000.00	长青公司
	5 380.00		美欣公司
其他应付款		27 200.00	
应付股利		442 800.00	
应付职工薪酬		174 000.00	
应交税费		65 520.00	
长期借款		600 000.00	其中 1 年内到期的有 100 000 元
实收资本		3 500 000.00	
资本公积		326 120.00	
盈余公积		40 000.00	
利润分配		237 380.00	
合计	6 845 420.00	6 845 420.00	

活动指导

资产负债表的编制方法

（1）“年初余额”栏的填写。“年初余额”栏的填写是根据上年期末资产负债表的“期末余额”栏内所列数字填列。

（2）“期末余额”栏的填写。“期末余额”栏的填写，详见表 7.2。

表 7.2　“期末余额”栏的填列方式

填列方式	具体填列依据
根据期末借方余额直接填列	应收股利、应收利息、其他流动资产、固定资产清理（若期末余额在贷方，用“－”表示）、研发支出等
根据期末贷方余额直接填列	短期借款、应付票据、应付利息、应付股利、其他应付款、其他流动负债、其他非流动负债、实收资本、资本公积、盈余公积、应付职工薪酬和应交税费（此两账户若出现解放余额，应用“－”表示）
根据有关总账或明细账期末余额分析计算后填列	货币资金＝“库存现金”期末余额＋“银行存款”期末余额＋“其他货币资金”期末余额 应收账款＝“应收账款”所属明细账借方余额＋“预收账款”所属明细账借方余额 预收账款＝“预收账款”所属明细账贷方余额＋“应收账款”所属明细账贷方余额 应付账款＝“应付账款”所属明细账贷方余额＋“预付账款”所属明细账贷方余额 预付账款＝“应付账款”所属明细账借方余额＋“预付账款”所属明细账借方余额 存货＝“在途物资”期末余额＋“原材料”期末余额＋“库存商品”期末余额＋“生产成本”期末余额＋“周转材料”期末余额＋“委托代销商品”期末余额＋“受托代销商品”期末余额 固定资产账面价值＝“固定资产”期末余额－“累计折旧”期末余额 无形资产＝“无形资产”期末余额－“累计摊销”期末余额 长期借款＝“长期借款”期末余额－1 年内（含 1 年）到期的长期借款 未分配利润： （1）账结法：未分配利润＝“本年利润”期末余额＋“利润分配”期末余额。若借方余额用“－”表示。 （2）表结法：① 1～11 月未分配利润＝“利润分配”期末余额＋利润表中净利润项目的本年累计数；② 12 月未分配利润按利润分配期末余额直接填列

（3）编制佛山市乐华贸易有限公司2019年8月31日资产负债表。

根据佛山市乐华贸易有限公司2019年8月31日总分类账和明细账余额(见表7.1)，编制2019年8月资产负债表，见表7.3。

货币资金＝库存现金＋银行存款＝6 000＋756 605＝762 605（元）

存货＝原材料＋周转材料－低值易耗品＋库存商品＋周转材料－包装物－商品进销差价＝12 000＋38 000＋1 830 870＋60 100－430 000＝1 510 970（元）

应收账款＝应收账款明细科目（借方）＝282 240（元）

固定资产＝固定资产－累计折旧＝1 689 800－392 000＝1 297 800（元）

预收账款＝应收账款所属明细账贷方余额＝32 400（元）

应付账款＝应付账款所属明细账贷方余额＝198 000（元）

预付账款＝应付账款所属明细账借方余额＝5 380（元）

一年内到期长期借款＝100 000（元）

长期借款＝长期借款贷方余额－一年内到期长期借款＝600 000－100 000＝500 000（元）

根据“佛山市乐华贸易有限公司2019年8月31日总分类账户的期末余额表”，编制的佛山市乐华贸易有限公司2019年度资产负债表，见表7.3。

表7.3 资产负债表

2019年8月31日

会小企01表

编制单位：佛山市乐华贸易有限公司　　单位：元

资产	行次	期末余额	年初余额	负债和所有者权益	行次	期末余额	年初余额
流动资产：				流动负债：			
货币资金	1	762 605.00		短期借款	31	380 000.00	
短期投资	2	15 000.00		应付票据	32		
应收票据	3			应付账款	33	198 000.00	
应收账款	4	282 240.00		预收账款	34	32 400.00	
预付账款	5	5 380.00		应付职工薪酬	35	174 000.00	
应收股利	6			应交税费	36	65 520.00	
应收利息	7			应付利息	37	442 800.00	
其他应收款	8	4 300.00		应付利润	38		
存货	9	1 510 970.00		其他应付款	39	27 200.00	
其中：原材料	10			其他流动负债	40	100 000.00	
在产品	11			流动负债合计	41	1 419 920.00	
库存商品	12			非流动负债：			
周转材料	13			长期借款	42	500 000.00	
其他流动资产	14	500 000.00		长期应付款	43		
流动资产合计	15	3 080 495.00		递延收益	44		
非流动资产：				其他非流动负债	45		
长期债券投资	16			非流动负债合计	46	500 000.00	
长期股权投资	17			负债合计	47	1 919 920.00	
固定资产原价	18	1 297 800.00					
减：累计折旧	19						
固定资产账面价值	20						

续表

资产	行次	期末余额	年初余额	负债和所有者权益	行次	期末余额	年初余额
在建工程	21	1 300 000.00					
工程物资	22						
固定资产清理	23						
生产性生物资产	24			所有者权益：			
无形资产	25	345 125.00		实收资本	48	3 500 000.00	
开发支出	26			资本公积	49	326 120.00	
长期待摊费用	27			盈余公积	50	40 000.00	
其他非流动资产	28			未分配利润	51	237 380.00	
非流动资产合计	29	2 942 925.00		所有者权益合计	52	4 103 500.00	
资产总计	30	6 023 420.00		负债及所有者权益总计	53	6 023 420.00	

单位负责人：　　　　会计主管：　　　　制表：

活动二　编制利润表

活动描述

佛山市乐华贸易有限公司 2019 年损益类总账结转前的发生额见表 7.4。

表 7.4　佛山市乐华贸易有限公司 2019 年损益类总账结转前的发生额

账户名称	借方余额	贷方余额
主营业务收入		1 250 000.00
主营业务成本	750 000.00	
其他业务收入		850 000.00
其他业务成本	425 000.00	
税金及附加	64 725.00	
销售费用	186 000.00	
管理费用	95 375.00	
财务费用	44 900.00	
投资收益	169 400.00	
营业外收入		50 000.00
营业外支出	38 200.00	
所得税费用	94 100.00	

要求：根据上述资料，编制佛山市乐华贸易有限公司 2019 年度利润表。

活动指导

1. 利润表的编制方法

（1）计算依据：损益类账户的发生额。

（2）计算公式：

① 营业利润＝营业收入－营业成本－税金及附加－销售费用－管理费用－财务费

用＋投资收益（贷方）。

② 利润总额＝营业利润＋营业外收入－营业外支出。

③ 净利润＝利润总额－所得税。

（3）填列说明：

① 营业收入＝主营业务收入＋其他业务收入。

② 营业成本＝主营业务成本＋其他业务成本。

说明：如果有销售退回，应按扣除退回后的净额填列。

③ 税金及附加：根据该账户本期发生额分析填列。

④ 销售费用、管理费用、财务费用：根据各账户本期发生额分析填列。

⑤ 投资收益：如投资净收益，则为正；如投资净损失，则为负。

⑥ 营业外收入和营业外支出：根据各自账户的本期发生额分析填列。

⑦ 所得税费用：根据该账户本期发生额分析填列。

编制年报时，应将利润表中本期净利润的数字与“本年利润”账户转到“利润分配——未分配利润”账户的数字相核对。

2. 计算结果

根据以上资料分析，计算结果如下：

营业收入＝主营业务收入＋其他业务收入＝1 250 000＋850 000＝2 100 000（元）

营业成本＝主营业务成本＋其他业务成本＝750 000＋425 000＝1 175 000（元）

2019 年度利润表详见表 7.5。

表 7.5 利润表

2019 年 8 月

会小企 02 表

编制单位：佛山市乐华贸易有限公司　　单位：元

项　　目	本年累计金额	本月金额
一、营业收入		2 100 000.00
减：营业成本		1 175 000.00
税金及附加	（略）	64 725.00
销售费用		186 000.00
管理费用		95 375.00
财务费用		44 900.00
加：投资收益（损失以“－”号填列）		−169 400.00
二、营业利润（亏损以“－”号填列）		364 600.00
加：营业外收入		50 000.00
减：营业外支出		38 200.00
三、利润总额（亏损总额以“－”号填列）		376 400.00
减：所得税费用		94 100.00
四、净利润（净亏损以“－”号填列）		282 300.00

单位负责人：乐华　　会计主管：黄小美　　制表：管彰

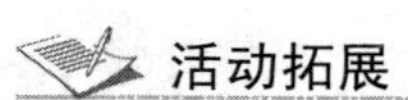
活动拓展

资产负债表和利润表的比较如表 7.6 所示。

表 7.6　比较资产负债表和利润表

区分项目	资产负债表	利润表
反映时间	某一特定日期	某一会计期间
反映内容	财务状况	经营成果
会计要素	资产、负债、所有者权益	收入、费用、利润
会计等式	资产＝负债＋所有者权益	利润＝收入－费用
资金运动形态	静态报表	动态报表
报表结构	账户式	报告式
填表依据	账户余额	账户发生额

学习与评价

1. 判断题

（1）利润表中的“税金及附加”科目是由之前的“营业税金及附加”演变而来。（　）

（2）资产负债表中确认的资产都是企业拥有的。（　）

（3）“预付账款”科目所属各明细科目期末有贷方余额的，应在资产负债表“应收账款”项目内填列。（　）

（4）小企业准则中，“营业外支出”科目包括发生的坏账损失。（　）

（5）资产负债表是反映企业一定时期内资产、负债、所有者权益等会计要素增减变动情况的会计报表。（　）

2. 单项选择题

（1）下列资产负债表项目中，应根据多个总账科目余额计算填列的是（　）。

A．应付账款　B．盈余公积　C．未分配利润　D．长期借款

（2）下列资产负债表项目，需要根据相关总账所属明细账户的期末余额分析填列的是（　）。

A．预付款项　B．应收票据　C．应付票据　D．应付职工薪酬

（3）资产负债表中货币资金项目中包含的项目是（　）。

A．银行本票存款　B．银行承兑汇票

C．商业承兑汇票　D．短期投资

（4）应收账款科目明细账中若有贷方余额，应将其计入资产负债表中的（　）项目。

A．应收账款　B．预收款项　C．应付账款　D．其他应付款

（5）下列项目中，不应在资产负债表“存货”项目下反映的是（　）。

A．委托加工物资　B．发出商品

C．工程物资　D．库存商品

3. 多项选择题

（1）下列会计科目中，在编制资产负债表时应列入“存货”项目的有（　）。

A．在途物资　　B．周转材料　　C．库存商品　　D．工程物资

（2）下列各项中，应作为资产负债表中资产列报的有（　　）。

A．委托加工物资　　B．委托代销商品

C．融资租入固定资产　　D．经营租入固定资产

（3）下列资产中，属于流动资产的有（　　）。

A．应收股利　　B．一年内到期的非流动资产

C．应收利息　　D．开发支出

（4）资产负债表中的“应收账款”项目应根据（　　）填列。

A．应收账款所属明细账借方余额合计

B．预收账款所属明细账借方余额合计

C．应收账款所属明细账贷方余额合计

D．应收账款总账科目借方余额

（5）根据《企业会计准则第 30 号——财务报表列报》规定，财务报表至少应当包括（　　）。

A．资产负债表　　B．利润表

C．现金流量表　　D．所有者权益（股东权益）变动表

4．业务题

某商业企业 2019 年末有关账户余额，见表 7.7。

表 7.7　账户余额表

账户	期末余额	账户	期末余额
库存现金	36 000.00	发出商品	6 300.00
银行存款	900 000.00	委托代销商品	30 000.00
其他货币资金	100 000.00	委托加工物资	500.00
应收账款（总账） ——A 公司（明细借方余额） ——B 公司（明细借方余额） ——C 公司（明细贷方余额）	9 000.00 8 000.00 2 000.00 1 000.00	在建工程	300 000.00
预付账款 ——甲公司（明细借方余额） ——乙公司（明细贷方余额）	40 000.00 60 000.00 20 000.00		
		应付账款（总账） ——丙公司（明细贷方余额） ——丁公司（明细借方余额）	2 000.00 7 000.00 5 000.00
周转材料	1 000.00	应交税费（借方余额）	340.00
库存商品	500 000.00	预收账款（总账） ——D 公司（明细贷方余额） ——E 公司（明细借方余额） ——F 公司（明细借方余额）	6 000.00 7 000.00 4 000.00 3 000.00
在途物资	6 000.00	——G 公司（明细贷方余额）	6 000.00
		长期借款 其中：一年内到期的借款	300 000.00 100 000.00
		利润分配（借方余额 ）	400.00

要求：根据上述资料填列资产负债表有关项目的金额，见表 7.8。

表 7.8　资产负债表有关项目表

单位：元

资产负债表项目	计算过程
货币资金	
应收账款	
预收账款	
应付账款	
预付账款	
存货	
一年内到期的其他流动资产	
在建工程	
应交税费	
一年内到期的非流动资产	
长期借款	
未分配利润	

附　资产负债表和利润表

资产负债表

会小企 01 表

编制单位：　　　　　　　　　　年　　月　　日　　　　　　　　　　单位：元

资产	行次	期末余额	年初余额	负债和所有者权益	行次	期末余额	年初余额
流动资产：				流动负债：			
货币资金	1			短期借款	31		
短期投资	2			应付票据	32		
应收票据	3			应付账款	33		
应收账款	4			预收款项	34		
预付账款	5			应付职工薪酬	35		
应收股利	6			应交税费	36		
应收利息	7			应付利息	37		
其他应收款	8			应付股利	38		
存货	9			其他应付款	39		
其中：原材料	10			其他流动负债	40		
在产品	11			流动负债合计	41		
库存商品	12			非流动负债：			
周转材料	13			长期借款	42		
其他流动资产	14			长期应付款	43		
流动资产合计	15			递延收益	44		
非流动资产：				其他非流动负债	45		
长期债券投资	16			非流动负债合计	46		
长期股权投资	17			负债合计	47		
固定资产原价	18						
减：累计折旧	19						
固定资产账面价值	20						

续表

资产	行次	期末余额	年初余额	负债和所有者权益	行次	期末余额	年初余额
在建工程	21						
工程物资	22						
固定资产清理	23						
生产性生物资产	24			所有者权益：			
无形资产	25			实收资本	48		
开发支出	26			资本公积	49		
长期待摊费用	27			盈余公积	50		
其他非流动资产	28			未分配利润	51		
非流动资产合计	29			所有者权益合计	52		
资产总计	30			负债及所有者权益总计	53		

单位负责人： 会计主管： 制表：

利润表

年 月 日

会小企 02 表

编制单位： 单位：元

项目	本年累计金额	本月金额
一、营业收入		
减：营业成本		
税金及附加	（略）	
销售费用		
管理费用		
财务费用		
加：投资收益（损失以“－”号填列）		
二、营业利润（亏损以“－”号填列）		
加：营业外收入		
减：营业外支出		
三、利润总额（亏损总额以“－”号填列）		
减：所得税费用		
四、净利润（净亏损以“－”号填列）		

单位负责人： 会计主管： 制表：

参考文献

财政部，2011．小企业准则释义[M]．北京：中国财政经济出版社．

财政部，2019．初级会计实务[M]．北京：中国财政经济出版社．

高席兰，王朝辉，2011．商品流通企业会计实务[M]．北京：科学出版社．

李海波，蒋英，2011．商品流通企业会计[M]．上海：立信会计出版社．

卢德湖，陈德洪，2016．商品流通会计实务[M]．大连：东北财经大学出版社．

谢丽萍，2016．成本会计核算实务[M]．北京：科学出版社．

姚和平，2016．商业会计实务[M]．北京：经济管理出版社．

张立波，2013．商品流通企业会计[M]．北京：高等教育出版社．